普通高等教育

『十三五』规划教材◇会计系列

主 编◇彭 浪 黄海燕

高级会计学

立信会计出版社

图书在版编目(CIP)数据

高级会计学 / 彭浪,黄海燕主编. —上海:立信会计出版社,2017.5

普通高等教育"十三五"规划教材.会计系列

ISBN 978-7-5429-5495-4

Ⅰ.①高… Ⅱ.①彭… ②黄… Ⅲ.①会计学—高等学校—教材 Ⅳ.①F230

中国版本图书馆 CIP 数据核字(2018)第 008210 号

策划编辑	赵新民　蔡伟莉　余 榕
责任编辑	赵志梅
封面设计	南房间

高级会计学

Gaoji Kuaijixue

出版发行	立信会计出版社			
地　　址	上海市中山西路 2230 号	邮政编码	200235	
电　　话	(021)64411389	传　真	(021)64411325	
网　　址	www.lixinaph.com	电子邮箱	lxaph@sh163.net	
网上书店	www.shlx.net	电　话	(021)64411071	
经　　销	各地新华书店			
印　　刷	常熟市梅李印刷有限公司			
开　　本	787 毫米×1092 毫米	1/16		
印　　张	16			
字　　数	392 千字			
版　　次	2017 年 5 月第 1 版			
印　　次	2017 年 5 月第 1 次			
印　　数	1—3100			
书　　号	ISBN 978-7-5429-5495-4/F			
定　　价	36.00 元			

前言 FOREWORD

2006年《企业会计准则》颁布近10年来不断完善,普通高等教育的教材建设也应与时俱进,将《企业会计准则》与教学内容相结合,不断更新与完善,以适应经济社会的发展并满足高等院校的教学需要。鉴于此,本教材集思广益,博采众长,组织多年在教学一线的教师精心编写。

高级会计学主要是处理特殊会计事项。本教材的主要内容包括:第一章,非货币性资产交换;第二章,或有事项;第三章,债务重组;第四章,借款费用;第五章,外币折算;第六章,租赁;第七章,会计政策、会计估计变更和会计差错更正;第八章,资产负债表日后事项;第九章,企业合并;第十章,合并财务报表。本教材具有如下特色:

(1)针对当前会计应用型本科生教育的特点,本教材结合《企业会计准则》的有关内容,注重实务性,采取将案例与理论知识相融合的方式,将深奥的会计理论形象化、通俗化,有利于读者学习领会。

(2)充分考虑会计学生就业的需要,以理论够用为原则,以会计职业能力的培养为目标。专业知识的阐述力求精准、透彻且简明扼要。

(3)每一章后配有大量的实务处理练习题,以帮助学习者及时理解和巩固关键知识点,提高会计实务的应用能力。

本书既可作为在校学生的教材使用,还可作为会计专业人员参加职业考试的参考用书。

本书的编写参考财政部发布的《企业会计准则》和其他专家学者的会计学教材及著作,本书的出版得到了立信会计出版社编辑的支持与协助,在此一并表示感谢!

由于编写时间仓促,作者业务水平所限,对有关问题的理解难免存在疏漏、不妥和错误之处,敬请专家学者和广大读者批评指正,帮助我们再版时加以修订与完善。

编　者

目录 CONTENTS

第一章　非货币性资产交换

学习目标与要求

　　掌握非货币性资产交换的认定。

　　掌握非货币性资产交换具有商业实质的条件。

　　掌握不涉及补价情况下的非货币性资产交换的会计处理。

　　掌握涉及补价情况下的非货币性资产交换的会计处理。

　　掌握涉及多项资产的非货币性资产交换的会计处理。

重点

　　非货币性资产交换的会计处理。

难点

　　非货币性资产交换具有商业实质的条件;非货币性资产交换的会计处理。

导读

　　非货币性资产交换是指交易双方主要以存货、固定资产、无形资产和长期股权投资等非货币性资产进行的交换。非货币性资产交换可以分为具有商业实质的交换和不具有商业实质的交换,分别按不同的方法进行会计处理。

第一节　非货币性资产交换的认定

一、非货币性资产交换概述

（一）货币性资产和非货币性资产的概念

1. 货币性资产

　　货币性资产是指企业持有的货币资金和将以固定或可确定的金额收取的资产,包括现金、银行存款、应收账款和应收票据,以及准备持至到期的债券投资等。

　　货币性资产包括两部分,货币资金和将以固定的或者是可确定的金额的货币收取的资产。比如,应收账款 10 万元,收取的金额是固定的,属于货币性资产;而存货收取的金额就不是固定的,如果库存商品的成本为 10 万元,变现时可能收 11 万元,也可能收 8 万元,故存货不属于货币性资产。

2. 非货币性资产

非货币性资产是指货币性资产以外的资产,包括交易性金融资产、预付账款、可供出售金融资产、存货、固定资产、无形资产、长期股权投资、投资性房地产。

特别要注意的是,收取的金额是可确定的资产也属于货币性资产,比如,准备持有至到期的债券,到期值连本带息是能准确计算的,但是,如果中途变现,则可收回金额是难以确定的,持有时间越长,变现价值越高,不知道什么时候变现,也就不知道变现的价值则为非货币性资产。

由此可见,货币性资产和非货币性资产的主要依据是资产为企业带来的未来经济利益——现金流入金额是否是固定的或可确定的。如果资产为企业带来的未来经济利益——现金流入金额是固定的或可确定的,那么该项资产就是货币性资产;反之,资产为企业带来的未来经济利益——现金流入金额是不固定的或不可确定的,那么该项资产就是非货币性资产。

(二)非货币性资产交换的概念

1. 非货币性资产交换的定义

非货币性资产交换是指交易双方主要以存货、固定资产、无形资产和长期股权投资等非货币性资产进行的交换。该交换不涉及或只涉及少量(低于 25%)的货币性资产(即补价)。

在一般情况下,企业日常所发生的各项交易活动都是货币性交易,即涉及的是货币性资产或负债的交易,如以现金支付购料款、支付设备款等。货币性资产交换的特点是:放弃货币性资产以换入货币性或非货币性资产。例如,以现金 10 万元购入原材料,在这笔交易中,企业放弃的是货币性资产 10 万元,获得了 10 万元的非货币性资产——原材料。

随着市场经济的深入发展,企业也会发生一些非货币性交易,不涉及或只涉及少量货币性资产,即非货币性资产交换。例如,企业以库存商品换入所需设备、换入所需原材料、换入无形资产等。非货币性资产交换的特点是:放弃某项非货币性资产,以换入另一项非货币性资产,其间不涉及或只涉及少量货币性资产。例如,以 10 万元库存商品换入一台所需的设备,在这笔交易中,企业放弃的是一项非货币性资产——库存商品,换入的是另一项非货币性资产——设备,未涉及货币性资产。

下列交易和事项不属于非货币性资产交换,如所有者或所有者以外的非货币性资产非互惠转让,以及在企业合并、债务重组中和发行股票取得的非货币性资产等。

2. 非货币性资产交换中的补价

在非货币性资产交换中可能涉及部分补价,按照《企业会计准则第 7 号——非货币性资产交换》的规定,补价应控制在整个资产交换金额的 25% 及以内。

$$补价所占比重 = 补价 \div 整个资产交换金额$$

整个资产交换金额即在整个非货币性资产交换中最大的公允价值。

整个资产交换金额,在收到补价的企业为换出资产的公允价值;在支付补价的企业为支付的补价加上换出资产的公允价值。

【例 1-1】 甲公司以一台闲置的机器换取乙公司一辆小汽车。该机器的账面价值为 18 万元,公允价值为 13 万元;小汽车的账面价值为 22 万元,公允价值为 16 万元。甲公司支付了补价 3 万元。则补价所占比重计算如下：

收到补价的企业补价所占比重 ＝ 补价 ÷ 整个资产交换金额 × 100% ＝ 3 ÷ 16 × 100% ＝ 18.75%

支付补价的企业补价所占比重 ＝ 补价 ÷ 整个资产交换金额 × 100% ＝ 3 ÷ (13+3) × 100% ＝ 18.75%

计算结果表明，此笔业务为非货币性资产交换。

3. 货币性资产交换与非货币性资产交换的主要区别

（1）货币性资产交换会引起确定金额的现金的流入或流出，或在预定期间内引起确定金额的现金流入或流出。非货币性资产交换不会引起现金的流入或流出，或只会涉及少量现金（即补价）的流入或流出。

（2）货币性资产交换所换入资产的成本的计量，是以换出的货币性资产的金额为基础的；换出非货币性资产的收益或损失的计量，是以换入的货币性资产的金额为基础的。例如，企业购入一批原材料，支付价款 100 万元，则这批原材料的实际成本就是所支付的价款（货币性资产）的金额 100 万元。又如，企业出售商品一批，售价 200 万元，而该批商品的销售成本为 150 万元，那么，出售该批商品所获得的毛利为 50 万元（200－150）。而非货币性资产交换换入的资产的成本计量和换出资产的损益或损失的计量，对"具有商业实质"的非货币性交换，一般以换出资产公允价值为基础确认换入资产的入账价值，并确认换出资产的转让损益；对"不具有商业实质"的非货币性资产交换，一般以换出资产的账面价值为基础确认换入资产的入账价值，不确认换出资产的转让损益。

二、非货币性资产交换的分类

非货币性资产交换可以分为具有商业实质的交换和不具有商业实质的交换，分别按不同的方法进行会计处理。

第二节　非货币性资产交换的确认与计量

一、非货币性资产交换的确认和计量原则

在非货币性资产交换的情况下，无论是一项资产换入一项资产、一项资产换入多项资产、多项资产换入一项资产，还是多项资产换入多项资产，《企业会计准则第 7 号——非货币性资产交换》规定了确定换入资产成本的两种计量基础和交换所产生损益的确认原则。

（一）公允价值

非货币性资产交换同时满足下列两个条件的，应当以公允价值和应支付的相关税费作为换入资产的成本，公允价值与换出资产账面价值的差额计入当期损益：

第一，该项交换具有商业实质。

第二，换入资产或换出资产的公允价值能够可靠地计量。资产存在活跃市场，是资产公允价值能够可靠计量的明显证据，但不是唯一要求。公允价值是否能够可靠计量，应该具备以下三种情形之一：

（1）换入资产或换出资产存在活跃市场。

（2）换入资产或换出资产不存在活跃市场，但同类或类似资产存在活跃市场。

（3）换入资产或换出资产不存在同类或类似资产可比市场交易，采用估值技术确定其公允价值，但是，采用估值技术确定的公允价值必须符合以下条件之一：

一是采用估值技术确定的公允价值估计数的变动区间很小。这种情况是指虽然企业通过估值技术确定的资产的公允价值不是一个单一的数据，但是介于一个变动范围很小的区间内，可以认为资产的公允价值能够可靠计量。

二是在公允价值估计数变动区间内，各种用于确定公允价值估计数的概率能够合理确定。

这种情况是指采用估值技术确定的资产公允价值在一个变动区间内，区间内出现各种情况的概率或可能性能够合理确定，企业可以采用类似《企业会计准则第13号——或有事项》计算最佳估计数的方法确定资产的公允价值，这种情况视为公允价值能够可靠计量。换入资产和换出资产公允价值均能够可靠计量的，应当以换出资产公允价值作为确定换入资产成本的基础，一般来说，取得资产的成本应当按照所放弃资产的对价来确定，在非货币性资产交换中，换出资产的公允价值就是放弃的对价。

值得注意的是，如果换入资产的公允价值能够可靠确定，应当优先考虑按照换出资产的公允价值作为确定换入资产成本的基础；如果有确凿证据表明换入资产的公允价值更加可靠的，应当以换入资产公允价值为基础确定换入资产的成本，这种情况多发生在非货币性资产交换存在补价的情况，因为存在补价表明换入资产和换出资产公允价值不相等，一般不能直接以换出资产的公允价值作为换入资产的成本。

（二）账面价值

不具有商业实质或交换涉及资产的公允价值均不能可靠计量的非货币性资产交换，应当按照换出资产的账面价值和应支付的相关税费作为换入资产的成本，无论是否支付补价，均不确认损益；收到或支付的补价作为确定换入资产成本的调整因素，其中，收到补价方应当以换出资产的账面价值减去补价加上应支付的相关税费作为换入资产的成本；支付补价方应当以换出资产的账面价值加上补价和应支付的相关税费作为换入资产的成本。

二、商业实质的判断

非货币性资产交换具有商业实质，是换入资产能够采用公允价值计量的重要条件之一，也是《企业会计准则第7号——非货币性资产交换》引入的重要概念。在确定资产交换是否具有商业实质时，企业应当重点考虑由于发生了该项资产交换预期使企业未来现金流量发生变动的程度，通过比较换出资产和换入资产预计产生的未来现金流量或其现值，确定非货币性资产交换是否具有商业实质。只有当换出资产和换入资产预计未来现金流量或其现值两者之间的差额较大时，才能表明交易的发生使企业经济状况发生了明显改变，非货币性资产交换因而具有商业实质。

（一）判断条件

根据《企业会计准则第7号——非货币性资产交换》的规定，符合下列条件之一的，视为具有商业实质：

第一，换入资产的未来现金流量在风险、时间和金额方面与换出资产显著不同。

换入资产的未来现金流量在风险、时间和金额方面与换出资产显著不同，通常包括但不仅限于以下几种情况：

（1）未来现金流量的风险、金额相同，时间不同。比如，某企业以一批存货换入一项设备，因存货流动性强，能够在较短的时间内产生现金流量，设备作为固定资产要在较长的时间内为企业带来现金流量，假定两者产生的未来现金流量风险和总额均相同，但由于两者产生现金流量的时间跨度相差较大，则可以判断上述存货与固定资产的未来现金流量显著不同，因而该两项资产的交换具有商业实质。

（2）未来现金流量的时间、金额相同，风险不同。比如，A企业以其用于经营出租的一幢公寓楼，与B企业同样用于经营出租的一幢公寓楼进行交换，两幢公寓楼的租期、每期租金总额均相同，但是A企业是租给一家财务及信用状况良好的企业（该企业租用该公寓是给其单身职工居住），B企业的客户则都是单个租户，相比较而言，A企业取得租金的风险较小，B企业由于租给散户，租金的取得依赖于各单个租户的财务和信用状况；因此，两者现金流量流入的风险或不确定性程度存在明显差异，则两幢公寓楼的未来现金流量显著不同，进而可判断该两项资产的交换具有商业实质。

（3）未来现金流量的风险、时间相同，金额不同。比如，某企业以一项商标权换入另一企业的一项专利技术，预计两项无形资产的使用寿命相同，在使用寿命内预计为企业带来的现金流量总额相同，但是换入的专利技术是新开发的，预计开始阶段产生的未来现金流量明显少于后期，而该企业拥有的商标每年产生的现金流量比较均衡，两者各年产生的现金流量金额差异明显，则上述商标权与专利技术的未来现金流量显著不同，因而这两项资产的交换具有商业实质。

第二，换入资产与换出资产的预计未来现金流量现值不同，且其差额与换入资产和换出资产的公允价值相比是重大的。企业如按照上述第一个条件难以判断某项非货币性资产交换是否具有商业实质，再根据第二个条件，通过计算换入资产和换出资产的预计未来现金流量现值，进行比较后判断。资产预计未来现金流量的现值，应当按照资产在持续使用过程中和最终处置时所产生的预计未来现金流量，选择恰当的折现率对其进行折现后的金额加以确定。需要注意的是，《企业会计准则第7号——非货币性资产交换》所指资产的预计现金流量现值，应当按照资产在持续使用过程和最终处置时预计产生的税后未来现金流量，根据企业自身而不是市场参与者对资产特定风险的评价，选择恰当的折现率对预计未来现金流量折现后的金额加以确定。例如，某企业以一项专利权换入另一企业拥有的长期股权投资，该项专利权与该项长期股权投资的公允价值相同，两项资产未来现金流量的风险、时间和金额亦相同，但对换入企业而言，换入该项长期股权投资使该企业对被投资方由重大影响变为控制关系，从而对换入企业的特定价值即预计未来现金流量现值与换出的专利权有较大差异；另一企业换入的专利权能够解决生产中的技术难题，从而对换入企业的特定价值即预计未来现金流量现值与换出的长期股权投资存在明显差异，因而两项资产的交换具有商业实质。又如，企业甲与企业乙分别有位于市区和郊区的两栋大楼，建造时间及成本均相同。一般情况下，位于市区的大楼（地理位置较优越）预计将来能产生的现金流量将大于位于郊区的大楼，如果两者交换，一般企业乙要支付部分补价给企业甲，企业甲才愿意交换。所以，如果不涉及补价的这两栋大楼等额交换，是不符合商业实质的。

(二)非货币性资产交换涉及的资产类别与商业实质的关系

企业在判断非货币性资产交换是否具有商业实质时,可以从资产是否属于同一类别进行分析,因为不同类非货币性资产因其产生经济利益的方式不同,一般来说其产生的未来现金流量风险、时间和金额也不相同,因而不同类非货币性资产之间的交换是否具有商业实质,通常较易判断。不同类非货币性资产是指在资产负债表中列示的不同大类的非货币性资产,比如,存货、固定资产、投资性房地产、生物资产、长期股权投资、无形资产等都是不同类别的资产。企业以一项用于出租的投资性房地产交换一项固定资产自用,在这种情况下,企业就将未来现金流量由每期产生的租金流,转化为该项资产独立产生,或包括该项资产的资产组协同产生的现金流。通常情况下,由定期租金带来的现金流量与用于生产经营用的固定资产产生的现金流量在风险、时间和金额方面有所差异,因此,该两项资产的交换当视为具有商业实质。企业应当重点关注的是换入资产和换出资产为同类资产的情况,同类资产产生的未来现金流量既可能相同,也可能显著不同,它们之间的交换因而可能具有商业实质,也可能不具有商业实质。比如,企业将自己拥有的一幢建筑物,与另一企业拥有的在同一地点的另一幢建筑物相交换,两幢建筑物的建造时间、建造成本等均相同,但两者未来现金流量的风险、时间和金额可能不同。比如,其中一项资产立即可供出售且企业管理层也打算将其立即出售,另一项难以出售或只能在一段较长的时间内出售,从而至少表明两项资产未来现金流量流入的时间明显不同,在这种情况下,该两项资产的交换视为具有商业实质。商品用于交换具有类似性质和相等价值的商品,这种非货币性资产交换一般不产生损益,这种情况通常发生在某些特定商品上,比如石油或牛奶,供应商为满足特定地区对这类商品的及时需要,在不同的地区交换各自的商品(存货)。比如,A 石油销售公司有部分客户在 B 石油销售公司的所在地,B 公司有部分客户在 A 公司所在地,为了满足两地客户的即时需求,A 公司将其相同型号、容量和价值的石油供应给 B 公司在 A 公司所在地的客户,同样,B 公司也将相同型号、容量和价值的石油供应给 A 公司在 B 公司所在地的客户,这样的非货币性资产交换不能确认损益。

(三)关联方之间交换资产与商业实质的关系

在确定非货币性资产交换是否具有商业实质时,企业应当关注交易各方之间是否存在关联方关系。在我国目前的经济环境下,关联方关系的存在,可能导致发生的非货币性资产交换不具有商业实质。

第三节　非货币性资产交换的会计处理

一、以换出资产公允价值计量的处理

根据《企业会计准则第 7 号——非货币性资产交换》的规定,非货币性资产交换具有商业实质且公允价值能够可靠计量的,应当以换出资产的公允价值和应支付的相关税费作为换入资产的成本,如果有确凿证据表明换入资产的公允价值比换出资产公允价值更加可靠,应该以换入资产的公允价值计量。在以公允价值计量的情况下,不论是否涉及补价,都要确定非货币性资产交换损益。

非货币性资产交换损益通常是换出资产公允价值与换出资产账面价值的差额,通过非货币性资产交换予以实现。在进行非货币性资产交换的会计处理时,应注意以下问题:

一是支付补价的,应当以换出资产的公允价值加上支付的补价(或换入资产的公允价值)和应支付的相关税费,作为换入资产的成本。

二是收到补价的,应当以换出资产的公允价值减去补价(或换入资产的公允价值)加上应支付的相关税费,作为换入资产的成本。

三是换出资产公允价值与其账面价值的差额,应当分别不同情况处理:

(1) 换出资产为存货的,应当作为销售处理,按其公允价值确认收入,同时结转相应的成本。

(2) 换出资产为固定资产、无形资产的,换出资产公允价值与其账面价值的差额,计入营业外收入或营业外支出。

(3) 换出资产为长期股权投资的,换出资产公允价值与其账面价值的差额,计入投资损益。

(4) 非货币性资产交换同时换入多项资产的,在非货币性资产交换具有商业实质,且换入资产的公允价值能够可靠计量时,应当按照换入各项资产的公允价值占换入资产公允价值总额的比例,对换入资产的成本总额进行分配,确定各项换入资产的成本。

(一) 不涉及补价的情况

具有商业实质且公允价值能够可靠计量的,应当以换出资产的公允价值和应支付的相关税费作为换入资产的成本,如果有确凿证据表明换入资产的公允价值比换出资产公允价值更加可靠,应该以换入资产的公允价值计量。换出资产公允价值与换出资产账面价值的差额,计入当期损益。

【例1-2】 20×8年9月,A公司以生产经营过程中使用的一台数控机床交换B公司生产的一批打印机,换入的打印机作为固定资产管理。数控机床的账面原价为1 500 000元,在交换日的累计折旧为450 000元,公允价值为900 000元。打印机的账面价值为1 100 000元,在交换日的公允价值为900 000元,计税价格等于公允价值。B公司换入A公司的设备是生产打印机过程中需要使用的设备。

假设A公司此前没有为该数控机床计提资产减值准备,整个交易过程中,除支付运杂费15 000元外,没有发生其他相关税费。假设B公司此前也没有为库存打印机计提存货跌价准备,增值税税率为17%,在整个交易过程中没有发生除增值税以外的其他税费。

分析:整个资产交换过程没有涉及收付货币性资产,因此,该项交换属于非货币性资产交换。本例是以存货换入固定资产,对A公司来讲,换入的打印机是经营过程中必需的资产;对B公司来讲,换入的设备是生产打印机过程中必须使用的机器,两项资产交换后对换入企业的特定价值都显著不同,两项资产的交换具有商业实质。同时,两项资产的公允价值能够可靠地计量,符合以公允价值计量的两个条件,因此,A公司和B公司均应当以换出资产的公允价值为基础,确定换入资产的成本,并确认产生的损益。

A公司的账务处理如下：

借：固定资产清理 　　　　　　　　　　　　　　　1 050 000
　　累计折旧 　　　　　　　　　　　　　　　　　　450 000
　　贷：固定资产——数控机床 　　　　　　　　　　　1 500 000

借：固定资产清理 　　　　　　　　　　　　　　　　15 000
　　贷：银行存款 　　　　　　　　　　　　　　　　　　15 000

借：固定资产——打印机 　　　　　　　　　　　　　900 000
　　应交税费——应交增值税（进项税额） 　　　　　153 000
　　营业外支出 　　　　　　　　　　　　　　　　　165 000
　　贷：固定资产清理 　　　　　　　　　　　　　　　1 065 000
　　　　应交税费——应交增值税（销项税额） 　　　　153 000

B公司的账务处理如下：

借：固定资产——数控机床 　　　　　　　　　　　　900 000
　　应交税费——应交增值税（进项税额） 　　　　　153 000
　　贷：主营业务收入 　　　　　　　　　　　　　　　900 000
　　　　应交税费——应交增值税（销项税额） 　　　　153 000

借：主营业务成本 　　　　　　　　　　　　　　　1 100 000
　　贷：库存商品 　　　　　　　　　　　　　　　　　1 100 000

【例1-3】 20××年10月，乙公司为提高产品质量，甲公司以其持有的对乙公司的长期股权投资交换丙公司拥有的一项液晶电视屏专利技术。在交换日，甲公司持有的长期股权投资账面余额为800万元，已计提长期股权投资减值准备余额为60万元，在交换日的公允价值为600万元；丙公司专利技术的账面原价为800万元，累计已摊销金额为160万元，已计提减值准备为30万元，在交换日的公允价值为600万元。丙公司原已持有对乙公司的长期股权投资，从甲公司换入对乙公司的长期股权投资后，乙公司成为丙公司的联营企业。假设整个交易过程中没有发生其他相关税费，不考虑增值税。

分析：该项资产交换没有涉及收付货币性资产，因此属于非货币性资产交换。本例属于以长期股权投资换入无形资产。对甲公司来讲，换入液晶电视屏专利技术能够大幅度改善产品质量，相对于对乙公司的长期股权投资来讲，预计未来现金流量的时间、金额和风险均不相同；对丙公司来讲，换入对乙公司的长期股权投资，使其对乙公司的关系由既无控制、共同控制或重大影响，改变为具有重大影响，因而可通过参与乙公司的财务和经营政策等方式对其施加重大影响，增加了借此从乙公司经营活动中获取经济利益的权力，与专利技术预计产生的未来现金流量在时间、风险和金额方面都有所不同。因此，该两项资产的交换具有商业实质；同时，两项资产的公允价值都能够可靠地计量，符合以公允价值计量的条件。甲公司和丙公司均应当以公允价值为基础确定换入资产的成本，并确认产生的损益。

甲公司的账务处理如下：

借：无形资产——专利权 　　　　　　　　　　　　6 000 000
　　长期股权投资减值准备 　　　　　　　　　　　　600 000
　　投资收益 　　　　　　　　　　　　　　　　　1 400 000
　　贷：长期股权投资 　　　　　　　　　　　　　　　8 000 000

丙公司的账务处理如下：

借：长期股权投资   6 000 000

    累计摊销   1 600 000

    无形资产减值准备   300 000

    营业外支出   100 000

    贷：无形资产——专利权   8 000 000

【例1-4】 甲公司以库存商品换入乙公司的材料。换出的库存商品的账面余额为120万元,已提存货跌价准备20万元,公允价值110万元;换入材料的账面成本为140万元,已提存货跌价准备30万元,公允价值110万元。甲公司另支付运费1万元(取得普通发票)。假设甲、乙公司均为增值税一般纳税人,增值税税率为17%,该交换具有商业实质,公允价值能可靠计量。则甲公司的账务处理如下：

借：原材料(1 100 000＋10 000)   1 110 000

    应交税费——应交增值税(进项税额)(1 100 000×17%)   187 000

    贷：主营业务收入   1 100 000

    应交税费——应交增值税(销项税额)(1 100 000×17%)   187 000

    银行存款   10 000

借：主营业务成本   1 000 000

    存货跌价准备   200 000

    贷：库存商品   1 200 000

（二）涉及补价的情况

非货币性资产交换具有商业实质且公允价值能够可靠计量的,在发生补价的情况下,应当分别下列情况处理：

（1）支付补价的,应当以换出资产的公允价值加上支付的补价(或换入资产的公允价值)和应支付的相关税费,作为换入资产的成本。

（2）收到补价的,应当以换出资产的公允价值减去补价(或换入资产的公允价值)加上应支付的相关税费,作为换入资产的成本。

【例1-5】 2016年8月20日,甲公司与乙公司经协商,甲公司以其在2016年4月30日之前取得拥有的用于经营出租目的的一幢公寓楼与乙公司持有的交易目的的股票投资交换。甲公司的公寓楼符合投资性房地产定义,公司采用成本模式计量。在交换日,该幢公寓楼的账面原价为9 000万元,已提折旧1 500万元,未计提减值准备,在交换日的公允价值和计税价格均为7 950万元,假设不考虑增值税;乙公司持有的交易目的的股票投资账面价值为6 000万元,乙公司对该股票投资采用公允价值模式计量,在交换日的公允价值为7 500万元,由于甲公司急于处理该幢公寓楼,乙公司仅支付了450万元给甲公司。乙公司换入公寓楼后仍然继续用于经营出租目的,并拟采用公允价值计量模式,甲公司换入股票投资后也仍然用于交易目的。转让公寓楼的增值税尚未支付,假定该项交易过程中不涉及其他相关税费。

分析：该项资产交换涉及收付货币性资产,即补价450万元。

对甲公司而言,收到的补价450万元÷换出资产的公允价值7 950万元(换入股票投资公允价值 7 500 万元＋收到的补价 450 万元）＝5.7％＜25％，属于非货币性资产交换。

对乙公司而言，支付的补价 450 万元÷换入资产的公允价值 8 000 万元＝5.6％＜25％，属于非货币性资产交换。

本例属于以投资性房地产换入以公允价值计量且其变动计入当期损益的金融资产。对甲公司而言，换入交易目的的股票投资使得企业可以在希望变现时取得现金流量，但风险程度要比租金稍大，用于经营出租目的的公寓楼，可以获得稳定均衡的租金流，但是不能满足企业急需大量现金的需要，因此，交易性股票投资带来的未来现金流量在时间、风险方面与用于出租的公寓楼带来的租金流有显著区别，因而可判断两项资产的交换具有商业实质。同时，股票投资和公寓楼的公允价值均能够可靠地计量，因此，甲公司和乙公司均应当以公允价值为基础确定换入资产的成本，并确认产生的损益。

甲公司的账务处理如下：

借：其他业务成本	75 000 000
投资性房地产累计折旧	15 000 000
贷：投资性房地产	90 000 000
借：交易性金融资产	75 000 000
银行存款	4 500 000
贷：其他业务收入	79 500 000

乙公司的账务处理如下：

借：投资性房地产	79 500 000
贷：交易性金融资产	60 000 000
银行存款	4 500 000
投资收益	15 000 000

二、以换出资产账面价值计量的会计处理

非货币性资产交换不具有商业实质，或者虽然具有商业实质但换入资产和换出资产的公允价值均不能可靠计量的，应当以换出资产账面价值为基础确定换入资产成本，无论是否支付补价，均不确认损益。

【例 1-6】 甲公司以库存商品换入乙公司的材料。换出的库存商品的账面余额为 50 万元，已提存货跌价准备 5 万元，公允价值 60 万元；换入材料的账面成本为 55 万元，未计提存货跌价准备，公允价值 60 万元。甲公司另支付运费 1 万元（取得普通发票）。假设甲公司和乙公司均为增值税一般纳税人，增值税税率为 17％，假设该交换不具有商业实质。

（1）甲公司账务处理如下：

借：原材料	460 000
应交税费——应交增值税（进项税额）（600 000×17％）	102 000
存货跌价准备	50 000
贷：库存商品	500 000
应交税费——应交增值税（销项税额）（600 000×17％）	102 000
银行存款（运费，无抵扣）	10 000

（2）乙公司账务处理如下：

借：库存商品	550 000
应交税费——应交增值税（进项税额）（600 000×17%）	102 000
贷：原材料	550 000
应交税费——应交增值税（销项税额）（600 000×17%）	102 000

企业在按照换出资产的账面价值和应支付的相关税费作为换入资产成本的情况下，发生补价的，应当分别下列情况处理：

（1）支付补价的，应当以换出资产的账面价值，加上支付的补价和应支付的相关税费，作为换入资产的成本，不确认损益。

（2）收到补价的，应当以换出资产的账面价值，减去收到的补价并加上应支付的相关税费，作为换入资产的成本，不确认损益。

【例1-7】 甲公司以一台设备换入乙公司的一辆汽车。换出设备的账面原值为50万元，已提折旧10万元，未取得公允价值；换入汽车的账面原值为50万元，已提折旧5万元，公允价值为30万元。在交换中甲公司补付乙公司货币资金3万元。假设不考虑相关税费，并假定该交换不具有商业实质。

甲公司（支付补价方）账务处理如下：

判断是否属于非货币性交易：

$$补价所占比重 = 补价 ÷ 换入资产公允价值 × 100\% = 3 ÷ 30 × 100\% = 10\% < 25\%$$

该交易属于非货币性交易。

$$换入资产的入账价值 = 换出资产的账面价值 + 支付的补价 + 应支付的相关税费$$
$$= (50-10) + 3 + 0 = 43（万元）$$

（1）将固定资产净值转入固定资产清理：

借：固定资产清理	400 000
累计折旧	100 000
贷：固定资产——设备	500 000

（2）换入汽车入账：

借：固定资产——汽车	430 000
贷：固定资产清理	400 000
银行存款	30 000

乙公司（收到补价方）账务处理如下：

判断是否属于非货币性交易：

$$补价所占比重 = 补价 ÷ （换入资产公允价值 + 收到的补价）× 100\%$$
$$= 3 ÷ (30+3) × 100\% = 9\% < 25\%$$

该交易属于非货币性交易。

$$换入资产的入账价值 = 换出资产的账面价值 - 收到的补价 + 应支付的相关税费$$
$$= (50-5) - 3 + 0 = 42（万元）$$

（1）将固定资产净值转入固定资产清理：

借：固定资产清理	450 000
累计折旧	50 000
贷：固定资产——汽车	500 000

（2）换入设备入账：

借：固定资产——设备	420 000
银行存款	30 000
贷：固定资产清理	450 000

三、涉及多项非货币性资产交换的处理

涉及多项非货币性资产交换的情况包括企业以一项非货币性资产同时换入另一企业的多项非货币性资产，或同时以多项非货币性资产换入另一企业的一项非货币性资产，或以多项非货币性资产同时换入多项非货币性资产，也可能涉及补价。在涉及多项非货币性资产的交换中，企业无法将换出的某一资产与换入的某一特定资产相对应。与单项非货币性资产之间的交换一样，涉及多项非货币性资产交换的计量，企业也应当首先判断是否符合《企业会计准则第7号——非货币性资产交换》以公允价值计量的两个条件，再分别情况确定各项换入资产的成本。涉及多项非货币性资产的交换一般可以分为以下几种情况：

（1）资产交换具有商业实质，且各项换出资产和各项换入资产的公允价值均能够可靠计量。在这种情况下，换入资产的总成本应当按照换出资产的公允价值总额为基础确定，除非有确凿证据证明换入资产的公允价值总额更可靠。各项换入资产的成本，应当按照各项换入资产的公允价值占换入资产公允价值总额的比例，对换入资产总成本进行分配，确定各项换入资产的成本。

（2）资产交换具有商业实质，且换入资产的公允价值能够可靠计量，换出资产的公允价值不能可靠计量。在这种情况下，换入资产的总成本应当按照换入资产的公允价值总额为基础确定，各项换入资产的成本，应当按照各项换入资产的公允价值占换入资产公允价值总额的比例，对换入资产总成本进行分配，确定各项换入资产的成本。

（3）资产交换具有商业实质、换出资产的公允价值能够可靠计量，但换入资产的公允价值不能可靠计量。在这种情况下，换入资产的总成本应当按照换出资产的公允价值总额为基础确定，各项换入资产的成本，应当按照各项换入资产的原账面价值占换入资产原账面价值总额的比例，对按照换出资产公允价值总额确定的换入资产总成本进行分配，确定各项换入资产的成本。

（4）资产交换不具有商业实质，或换入资产和换出资产的公允价值均不能可靠计量。在这种情况下，换入资产的总成本应当按照换出资产原账面价值总额为基础确定，各项换入资产的成本，应当按照各项换入资产的原账面价值占换入资产原账面价值总额的比例，对按照换出资产账面价值总额为基础确定的换入资产总成本进行分配，确定各项换入资产的成本。

实际上，上述第（1）种至第（3）种情况，换入资产总成本都是按照公允价值计量，但各单项换入资产成本的确定，视各单项换入资产的公允价值能否可靠计量而分别情况处理；第（4）种情况属于不符合公允价值计量的条件，换入资产总成本按照换出资产账面价值总额确

定,各单项换入资产成本的确定,按照各单项换入资产的原账面价值占换入资产原账面价值总额的比例确定。

（一）以公允价值计量的情况

【例1-8】 甲公司和乙公司均为增值税一般纳税人,适用的增值税税率均为17％。20××年8月,为适应业务发展的需要,经协商,甲公司决定以生产经营过程中使用的厂房、设备以及库存商品换入乙公司生产经营过程中使用的办公楼、小汽车、客运汽车。甲公司厂房的账面原价为1 500万元,在交换日的累计折旧为300万元,公允价值为1 000万元;设备的账面原价为600万元,在交换日的累计折旧为480万元,公允价值为100万元;库存商品的账面余额为300万元,公允价值为350万元,公允价值等于计税价格。乙公司办公楼的账面原价为2 000万元,在交换日的累计折旧为1 000万元,公允价值为1 100万元;小汽车的账面原价为300万元,在交换日的累计折旧为190万元,公允价值为100万元;客运汽车的账面原价为300万元,在交换日的累计折旧为180万元,公允价值为150万元。乙公司另外向甲公司支付银行存款100万元。

假定甲公司和乙公司都没有为换出资产计提减值准备;整个交易过程中没有发生除增值税以外的其他相关税费;甲公司换入乙公司的办公楼、小汽车、客运汽车均作为固定资产使用和管理;乙公司换入甲公司的厂房、设备作为固定资产使用和管理,换入的库存商品作为原材料使用和管理。甲公司开具了增值税专用发票。

分析:本例涉及收付货币性资产,应当计算收到的货币性资产占换出资产公允价值总额的比例(等于支付的货币性资产占换出资产公允价值与支付的补价之和的比例),即:

$$100 \div (1\,000 + 100 + 350) \times 100\% = 6.9\% < 25\%$$

甲公司的账务处理如下:

(1) 根据增值税的有关规定,企业以库存商品换入其他资产,视同销售行为发生,应计算增值税销项税额,交纳增值税。

$$换出库存商品的增值税销项税额 = 350 \times 17\% = 59.5(万元)$$

(2) 计算换入资产、换出资产公允价值总额:

$$换出资产公允价值总额 = 1\,000 + 100 + 350 = 1\,450(万元)$$
$$换入资产公允价值总额 = 1\,100 + 100 + 150 = 1\,350(万元)$$

(3) 计算换入资产总成本:

$$换入资产总成本 = 换出资产公允价值 - 补价 + 应支付的相关税费$$
$$= 1\,450 - 100 + 350 \times 17\% = 1\,409.5(万元)$$

(4) 计算确定换入各项资产的公允价值占换入资产公允价值总额的比例:

$$办公楼公允价值占换入资产公允价值总额的比例 = 1\,100 \div 1\,350 \times 100\% = 81.5\%$$
$$小汽车公允价值占换入资产公允价值总额的比例 = 100 \div 1\,350 \times 100\% = 7.4\%$$
$$客运汽车公允价值占换入资产公允价值总额的比例 = 150 \div 1\,350 \times 100\% = 11.1\%$$

(5) 计算确定换入各项资产的成本:

办公楼的成本 = 1 409.5 × 81.5% = 1 148.75(万元)

小汽车的成本 = 1 409.5 × 7.4% = 104.3(万元)

客运汽车的成本 = 1 409.5 × 11.1% = 156.45(万元)

(6) 会计分录如下:

借:固定资产清理	13 200 000
累计折旧	7 800 000
贷:固定资产——厂房	15 000 000
——设备	6 000 000
借:固定资产——办公楼	11 487 500
——小汽车	1 043 000
——客运汽车	1 564 500
银行存款	1 000 000
营业外支出	2 200 000
贷:固定资产清理	13 200 000
主营业务收入	3 500 000
应交税费——应交增值税(销项税额)	595 000
借:主营业务成本	3 000 000
贷:库存商品	3 000 000

乙公司的账务处理如下:

(1) 根据增值税的有关规定,企业以其他资产换入原材料,视同购买行为发生,应计算增值税进项税额,抵扣增值税。

换入原材料的增值税进项税额 = 350 × 17% = 59.5(万元)

(2) 计算换入资产、换出资产公允价值总额:

换入资产公允价值总额 = 1 000 + 100 + 350 = 1 450(万元)

换出资产公允价值总额 = 1 100 + 100 + 150 = 1 350(万元)

(3) 确定换入资产总成本:

换入资产总成本 = 换出资产公允价值 + 支付的补价 - 可抵扣的增值税进项税额

= 1 350 + 100 - 59.5 = 1 390.5(万元)

(4) 计算确定换入各项资产的公允价值占换入资产公允价值总额的比例:

厂房公允价值占换入资产公允价值总额的比例 = 1 000 ÷ 1 450 × 100% = 69%

设备公允价值占换入资产公允价值总额的比例 = 100 ÷ 1 450 × 100% = 6.9%

原材料公允价值占换入资产公允价值总额的比例 = 350 ÷ 1 450 × 100% = 24.1%

(5) 计算确定换入各项资产的成本:

厂房的成本 = 1 390.5 × 69% = 959.45(万元)

设备的成本 = 1 390.5 × 6.9% = 95.94(万元)

原材料的成本 = 1 390 × 24.1% = 335.11(万元)

(6) 会计分录如下:

借：固定资产清理	12 300 000
累计折旧	13 700 000
贷：固定资产——办公楼	20 000 000
——小汽车	3 000 000
——客运汽车	3 000 000

借：固定资产——厂房	9 594 500
——设备	959 400
原材料	3 351 100
应交税费——应交增值税(进项税额)	595 000
贷：固定资产清理	12 300 000
银行存款	1 000 000
营业外收入	1 200 000

(二)以账面价值计量的情况

【**例 1-9**】 20××年 5 月,甲公司因经营战略发生较大转变,产品结构发生较大调整,原生产其产品的专有设备、生产该产品的专利技术等已不符合生产新产品的需要,经与乙公司协商,将其专用设备连同专利技术,与乙公司正在建造过程中的一幢建筑物及对丙公司的长期股权投资进行交换。甲公司换出专有设备的账面原价为 1 200 万元,已提折旧 750 万元;专利技术账面原价为 450 万元,已摊销金额为 270 万元。乙公司在建工程截止到交换日的成本为 525 万元,对丙公司的长期股权投资账面余额为 150 万元;由于甲公司持有的专有设备和专利技术市场上已不多见,因此,公允价值不能可靠计量。乙公司的在建工程因完工程度难以合理确定,其公允价值不能可靠计量;由于丙公司不是上市公司,乙公司对丙公司长期股权投资的公允价值也不能可靠计量。假定甲、乙公司均未对上述资产计提减值准备。

分析:本例不涉及收付货币性资产,属于非货币性资产交换。由于换入资产、换出资产的公允价值均不能可靠计量,甲公司和乙公司均应当以换出资产账面价值总额作为换入资产的成本,各项换入资产的成本,应当按各项换入资产的账面价值占换入资产账面价值总额的比例分配后确定。

甲公司的账务处理如下:

(1)计算换入资产、换出资产账面价值总额:

$$换入资产账面价值总额 = 525 + 150 = 675(万元)$$
$$换出资产账面价值总额 = (1\ 200 - 750) + (450 - 270) = 630(万元)$$

(2)确定换入资产总成本:

$$换入资产总成本 = 换出资产账面价值总额 = 630(万元)$$

(3)计算各项换入资产账面价值占换入资产账面价值总额的比例:

$$在建工程占换入资产账面价值总额的比例 = 525 \div 675 \times 100\% = 77.8\%$$
$$长期股权投资占换入资产账面价值总额的比例 = 150 \div 675 \times 100\% = 22.2\%$$

(4)确定各项换入资产成本:

$$在建工程成本 = 630 \times 77.8\% = 490.14(万元)$$
$$长期股权投资成本 = 630 \times 22.2\% = 139.86(万元)$$

（5）会计分录如下：

借：固定资产清理 4 500 000
　　累计折旧 7 500 000
　　贷：固定资产——专有设备 12 000 000

借：在建工程 4 901 400
　　长期股权投资 1 398 600
　　累计摊销 2 700 000
　　贷：固定资产清理 4 500 000
　　　　无形资产——专利技术 4 500 000

乙公司的账务处理如下：

（1）计算换入资产、换出资产账面价值总额：

$$换入资产账面价值总额 =（1\,200-750）+（450-270）= 630（万元）$$
$$换出资产账面价值总额 = 525+150 = 675（万元）$$

（2）确定换入资产总成本：

$$换入资产总成本 = 换出资产账面价值总额 = 675（万元）$$

（3）计算各项换入资产账面价值占换入资产账面价值总额的比例：

$$专有设备占换入资产账面价值总额的比例 = 450÷630×100\% = 71.4\%$$
$$专利技术占换入资产账面价值总额的比例 = 180÷630×100\% = 28.6\%$$

（4）确定各项换入资产成本：

$$专有设备成本 = 675×71.4\% = 481.95（万元）$$
$$专利技术成本 = 675×28.6\% = 193.05（万元）$$

（5）会计分录如下：

借：固定资产——专有设备 4 819 500
　　无形资产——专利技术 1 930 500
　　贷：在建工程 5 250 000
　　　　长期股权投资 1 500 000

本 章 小 结

本章主要介绍了货币性资产和非货币性资产的概念，货币性资产是指企业持有的货币资金和将以固定或可确定的金额收取的资产，非货币性资产是指货币性资产以外的资产，包括存货、固定资产、无形资产、长期股权投资，投资性房地产以及不准备持有至到期的债券投资等。

非货币性资产交换是指交易双方主要以存货、固定资产、无形资产和长期股权投资等非货币性资产进行的交换。该交换不涉及或只涉及少量（低于25%）的货币性资产（即补价）。

　　非货币性资产交换确认和计量原则,在非货币性资产交换的情况下,不论是一项资产换入一项资产、一项资产换入多项资产、多项资产换入一项资产,还是多项资产换入多项资产,《企业会计准则第7号——非货币性资产交换》规定了确定换入资产成本的两种计量基础和交换所产生损益的确认原则。

　　非货币性资产交换具有商业实质的条件;不涉及补价情况下的非货币性资产交换的会计处理;涉及补价情况下的非货币性资产交换的会计处理;涉及多项资产的非货币性资产交换的会计处理。

　　本章的主要内容包括:

　　(1)非货币性资产交换的认定,非货币性资产交换一般不涉及或只涉及少量(低于25%)的货币性资产(即补价)。

　　(2)具有商业实质且换入资产或换出资产的公允价值能够可靠计量的非货币性资产交换的会计处理。具有商业实质换入资产或换出资产的公允价值能够可靠计量的非货币性资产交换,应该以公允价值和应支付的相关税费作为换入资产的成本,公允价值与换出资产的账面价值的差额计入当期损益。

　　(3)不具有商业实质且换入资产或换出资产的公允价值不能够可靠计量的非货币性资产交换的会计处理。非货币性资产交换不具有商业实质或具有商业实质公允价值不能够可靠计量的非货币性资产交换,换入资产的价值应当按照换出资产的账面价值确定换入资产的成本,不论是否支付补价,均不确认损益。

【关键术语】

非货币性资产交换　商业实质

【思考题】

1. 举例说明哪些交易属于非货币性资产交换。

2. 货币性资产交换交易与非货币性资产交换交易有哪些区别?

3. 什么是商业实质?判断是否具有商业实质的主要依据有哪些?

4. 具有商业实质且换入资产或换出资产的公允价值能够可靠计量的非货币性资产交换交易,如何计量换入资产的价值?

5. 不具有商业实质且换入资产或换出资产的公允价值不能够可靠计量的非货币性资产交换交易,如何计量换入资产的价值?

6. 换入多项非货币性资产时,应当如何计量各项换入资产的价值?

【练习题】

一、单项选择题

1. 甲公司以一栋厂房和一项土地使用权换入乙公司持有的对丙公司的长期股权投资。换出厂房的账面原价为2 000万元,已计提折旧600万元。已计提减值准备200万元,公允价值为1 400万元;土地使用权的账面余额为1 800万元,未计提减值准备,公允价值为

1 400万元。该交换具有商业实质,且假定不考虑相关税费,甲公司换入的对丙公司的长期股权投资的入账价值为(　　)万元。

    A. 2 800   B. 3 000   C. 4 000   D. 4 200

  2. 下列项目中,属于货币性资产的是(　　)。

    A. 作为交易性金融资产的股票投资

    B. 准备持有至到期的债券投资

    C. 不准备持有至到期的债券投资

    D. 作为可供出售金融资产的权益工具

  3. 天山公司用一台已使用2年的甲设备从海洋公司换入一台乙设备,支付清理费10 000元,从海洋公司收取补价30 000元。甲设备的原账面原价为500 000元,原预计使用年限为5年,原预计净残值为5%,并采用双倍余额递减法计提折旧,未计提减值准备;乙设备的原账面原价为240 000元,已提折旧30 000元。置换时,甲、乙设备的公允价值分别为250 000元和220 000元。该交换不具有商业实质,且假定不考虑其他税费。天山公司换入乙设备的入账价值为(　　)元。

    A. 168 400   B. 160 000   C. 182 400   D. 200 000

  4. A公司以一项固定资产与B公司的一项长期股权投资进行资产置换,A公司另向B公司支付补价3万元。资料如下:①A公司换出:固定资产,原值为30万元,已计提折旧4.50万元,公允价值为27万元;②B公司换出:长期股权投资,账面余额为28.50万元,已计提减值准备6万元,公允价值为30万元;假定该项交换具有商业实质且其换入或换出资产的公允价值能够可靠地计量。则A公司非货币性资产交换的利得为(　　)万元。(假定不考虑各种税费)

    A. 1.50   B. 30   C. 22.50   D. 27

  5. 某公司以一栋办公楼换入一台生产设备和一辆汽车。换出办公楼的账面原价为300万元,已计提折旧为180万元,未计提减值准备,公允价值为150万元。换入生产设备和汽车的账面价值分别为90万元和60万元,公允价值分别为100万元和50万元。该交换具有商业实质,且假定不考虑相关税费。该公司换入汽车的入账价值为(　　)万元。

    A. 30   B. 50   C. 40   D. 56

  6. 甲股份有限公司发生的下列非关联交易中,属于非货币性资产交换的是(　　)。

    A. 以公允价值为260万元的固定资产换入乙公司账面价值为320万元的无形资产,并支付补价80万元

    B. 以账面价值为280万元的固定资产换入丙公司公允价值为200万元的一项专利权,并收到补价80万元

    C. 以公允价值为320万元的长期股权投资换入丁公司账面价值为460万元的短期股票投资,并支付补价140万元

    D. 以账面价值为420万元、准备持有至到期的长期债权投资换入戊公司公允价值为390万元的一台设备,并收到补价30万元

  7. 甲公司以库存商品A产品和B产品交换乙公司的原材料,双方均将收到的存货作为库存商品核算(具有商业实质),甲公司另向乙公司支付补价90万元。甲公司和乙公司适用的增值税税率为17%,计税价值为公允价值,有关资料如下:甲公司换出:①库存商品——A产品,账面成本360万元,已计提存货跌价准备60万元,公允价值为300万元;②库存商

品——B产品,账面成本为80万元,已计提存货跌价准备20万元,公允价值为60万元。乙公司换出原材料的账面成本为413万元,已计提存货跌价准备8万元,公允价值为450万元,则甲公司取得的原材料的入账价值为(   )万元。

    A. 511.20   B. 434.7   C. 373.5   D. 405

8. 大地公司于20×7年12月1日以一栋建筑物换入一台设备和一辆汽车。换出建筑物的账面原价为600万元,已计提折旧360万元,未计提减值准备,公允价值为300万元。换入生产设备和汽车的账面价值分别为180万元和120万元,其公允价值分别为200万元和100万元。该交换不具有商业实质,且假定不考虑相关税费。该公司换入设备的入账价值为(   )万元。

    A. 144   B. 100   C. 80   D. 112

9. 甲、乙公司均为增值税一般纳税人,增值税税率为17%。甲公司本期以自产A产品交换乙公司的B产品,甲公司的A产品成本为300万元,公允价值和计税价格均为270万元,已计提存货跌价准备30万元。乙公司的B产品成本为230万元,公允价值和计税价格均为280万元,消费税税率为5%,交换过程中,甲公司向乙公司支付补价10万元。该交换不具有商业实质,且假定不考虑其他税费。甲公司换入B产品的入账价值是(   )万元。

    A. 278.30   B. 271.70   C. 276.80   D. 249.81

10. 甲公司以自己生产经营用的华山牌客车和货车交换乙公司生产经营用的未来牌客车和货车(该交换不具有商业实质),有关资料如下:甲公司换出华山牌客车原值为100万元,已计提折旧16万元,公允价值为80万元;华山牌货车原值为80万元,已计提折旧26万元,公允价值为60万元。乙公司换出未来牌客车原值为50万元,已计提折旧10万元,公允价值为30万元;未来牌货车原值为130万元,已计提折旧20万元,公允价值为116万元。则甲公司取得的未来牌货车的入账价值为(   )万元。

    A. 111   B. 126   C. 101.2   D. 98.8

二、多项选择题

1. 下列各项非货币性资产交换中,其会计处理有可能影响企业损益的项目有(   )。

    A. 该交换具有商业实质,换出资产公允价值大于账面价值且支付补价

    B. 该交换具有商业实质,换出资产公允价值小于账面价值且支付补价

    C. 该交换不具有商业实质,换出资产公允价值大于账面价值且收到补价

    D. 该交换不具有商业实质,换出资产公允价值小于账面价值且收到补价

2. 在不涉及补价情况下,下列关于不具有商业实质的非货币性资产交换说法正确的有(   )。

    A. 不确认非货币性资产交换损益

    B. 增值税不会影响换入存货入账价值的确定

    C. 涉及多项资产交换,按换入各项资产的公允价值与换入资产公允价值总额的比例,对换出资产的账面价值与应支付的相关税费之和进行分配,以确定各项换入资产的入账价值

    D. 对于换入存货实际成本的确定,通常按换出资产的账面价值减去可抵扣的增值税进项税额,加上应支付的相关税费作为实际成本

3. 非货币性资产交换具有商业实质且公允价值能够可靠计量的,关于换出资产公允价值与其账面价值的差额处理正确的有(   )。

A. 换出资产为存货的,应当视同销售处理,根据《企业会计准则第 14 号——收入》按其公允价值确认商品销售收入,同时结转商品销售成本

B. 换出资产为固定资产、无形资产的,换出资产公允价值和换出资产账面价值的差额,计入营业外收入或营业外支出

C. 换出资产为长期股权投资、可供出售金融资产的,换入资产公允价值和换出资产账面价值的差额,计入资本公积

D. 换出资产为长期股权投资、可供出售金融资产的,换出资产公允价值和换出资产账面价值的差额,计入投资收益

4. 在收到补价的具有商业实质并且公允价值能够可靠计量的非货币性资产交换业务中,如果换入单项固定资产,影响固定资产入账价值的因素有(　　)。

　　A. 收到的补价

　　B. 换入资产的公允价值

　　C. 换出资产的公允价值

　　D. 换出资产应交的税金

5. 关于不具有商业实质的非货币性资产交换,下列项目会影响支付补价企业计算换入资产入账价值的有(　　)。

　　A. 支付的补价

　　B. 可以抵扣的进项税额

　　C. 换出资产已计提的减值准备

　　D. 换出资产的增值税销项税额

6. 下列经济业务中,属于非货币性资产交换的有(　　)。

　　A. 以公允价值 20 万元的小汽车一辆换取生产设备一台,另支付补价 10 万元

　　B. 以公允价值 20 万元的小汽车一辆换取生产设备一台,另支付补价 5 万元

　　C. 以公允价值 50 万元机械设备一台换取电子设备一台,另收到补价 15 万元

　　D. 以公允价值 30 万元机械设备一台和持有的公允价值为 20 万元股票,换取电子设备一台

7. 甲企业以固定资产换入乙企业的库存商品 A 和 B。已知固定资产的账面余额为 300 000 元,已提固定资产减值准备 5 000 元,其公允价值为 330 000 元,库存商品 A 的账面成本为 40 000 元,公允价值为 50 000 元,库存商品 B 的账面成本为 200 000 元,公允价值为 180 000 元,增值税税率为 17%,计税价格等于公允价值;假设未计提存货跌价准备,甲企业换入的库存商品作存货管理。在交换中甲企业支付给乙企业现金 8 000 元,交换具有商业实质且不考虑其他税费。下列表述中,正确的有(　　)。

　　A. 库存商品 A 的入账价值为 64 978.26 元

　　B. 库存商品 B 的入账价值为 233 921.74 元

　　C. 确认营业外收入 30 000 元

　　D. 确认营业外支出 30 000 元

8. 下列表述中,符合"换入资产或换出资产公允价值能够可靠计量"条件的有(　　)。

　　A. 换入资产或换出资产存在活跃市场

　　B. 换入资产或换出资产不存在活跃市场、但同类或类似资产存在活跃市场

　　C. 换入资产或换出资产不存在同类或类似资产的可比市场交易,应当采用估值技

术确定其公允价值。该公允价值估计数的变动区间很小,或者在公允价值估计数变动区间内,各种用于确定公允价值估计数的概率能够合理确定

D. 能估计未来现金流量和折现率计算现值

三、计算题

1. 甲公司决定和乙公司进行非货币性资产交换,甲公司和乙公司的增值税税率为17%,乙公司向甲公司支付银行存款40万元。

甲公司换出:

(1) 固定资产——厂房:原价为150万元,累计折旧为30万元,公允价值为100万元。

(2) 固定资产——机床:原价为120万元,累计折旧为60万元,公允价值为50万元。

(3) 原材料:账面余额为300万元,计税价格为350万元,公允价值为350万元。

乙公司换出:

(1) 固定资产——办公楼:原价为150万元,累计折旧为50万元。

(2) 固定资产——轿车:原价为200万元,累计折旧为90万元。

(3) 固定资产——客车:原价为300万元,累计折旧为80万元。

假设以上资产均未计提资产减值准备,该交换不具有商业实质,且假定不考虑其他相关税费。

要求:编制甲公司和乙公司的会计分录。

2. 东海公司决定和西南公司进行资产置换,东海公司、西南公司的增值税税率为17%,计税价格等于公允价值。整个交易过程中没有发生除增值税以外的其他相关税费,该交易具有商业实质。有关资料如下:

东海公司换出:

(1) 固定资产——×车床:原价为300万元,累计折旧为30万元,计提固定资产减值准备20万元,公允价值为220万元。

(2) 库存商品——M商品:账面余额为180万元,计提存货跌价准备为20万元,公允价值为150万元。

西南公司换出:

(1) 固定资产——×汽车:原价为450万元,累计折旧为150万元,公允价值为280万元。

(2) 库存商品——N商品:账面余额为180万元,计提存货跌价准备为80万元,公允价值为90万元。

要求:编制有关东海公司、西南公司非货币性资产交换的会计分录(答案中的金额单位用万元表示,保留两位小数)。

四、综合题

1. 甲公司为增值税一般纳税人,适用的增值税税率为17%,所得税税率为25%。甲公司的会计政策是固定资产采用直线法计提折旧,期末采用账面价值与可收回金额孰低计价;原材料采用实际成本核算,期末采用成本与可变现净值孰低计价,按单个存货项目计提存货跌价准备。假定不考虑除增值税以外的其他税费,在核算中,以万元为单位,保留小数点后两位。甲公司20×5—20×6年发生如下经济业务事项:

(1) 20×5年2月1日,甲公司开发一项新项目,乙公司以一台新设备作为投资,用于新项目。本设备在乙企业的账面原值为200万元,未计提折旧,投资合同约定的价值为200万

元(假定是公允的)。按照投资协议规定,甲公司接受投资后,乙公司占增资后注册资本 800 万元中的 20%。该设备预计使用年限为 5 年,假设净残值率为 4%。

(2)20×5 年 3 月 1 日,新项目投产,生产 A 产品。甲公司购入生产 A 产品的丙材料 117 万元,收到的增值税专用发票上注明的价款为 100 万元,增值税额为 17 万元。另外支付运杂费 3 万元,其中运费为 2 万元,可按 7% 的扣除率计算进项税额抵扣。

(3)20×5 年 12 月,资产计提减值准备。已知年末时,丙材料实际成本为 150 万元,市场购买价格为 145 万元;生产的 A 产品的预计售价为 225 万元,预计销售费用及税金为 10 万元,生产 A 产品尚需投入 100 万元,生产 A 产品的总成本为 250 万元。

(4)20×5 年 12 月 31 日,由于生产的 A 产品销售不佳,上述设备的可收回金额为 140 万元,计提资产减值准备。计提减值准备后,重新估计的设备使用年限为 4 年,预计净残值为 0.8 万元,折旧方法仍采用直线法。

(5)20×6 年 7 月 1 日,由于新项目经济效益很差,甲公司决定停止生产 A 产品,将不需用的丙材料全部对外销售。已知丙材料出售前的账面余额为 70 万元,计提的跌价准备为 35 万元。丙材料销售后,取得收入为 50 万元,增值税额为 8.5 万元,收到的货款已存入银行。

(6)20×6 年 7 月 1 日,A 产品停止生产后,设备已停止使用。9 月 5 日,甲公司将设备与丁公司的钢材相交换,换入的钢材用于建造新的生产线。双方商定设备的公允价值为 100 万元,甲公司收到丁公司支付的补价 6.4 万元。假定交易不具有商业实质。

要求:编制甲公司接受投资、购买原材料、计提资产减值准备、存货出售和非货币性资产交换相关的会计分录。

2. A 公司决定和 B 公司进行非货币性资产交换,有关资料如下:

A 公司换出:

(1)固定资产——机床:原价为 140 万元,累计折旧为 30 万元,公允价值为 130 万元。

(2)无形资产——专利权:初始成本为 100 万元,累计摊销额为 10 万元,计提减值准备为 20 万元,公允价值为 80 万元。

(3)库存商品——甲商品:账面余额为 80 万元,公允价值为 100 万元。公允价值合计为 310 万元。

B 公司换出:

(1)固定资产——客运汽车:原价为 140 万元,累计折旧为 10 万元,公允价值为 140 万元。

(2)固定资产——货运汽车:原价为 120 万元,累计折旧为 20 万元,公允价值为 100 万元。

(3)库存商品——乙商品:账面余额为 90 万元,公允价值 90 万元。公允价值合计为 330 万元。

A 公司和 B 公司的增值税税率均为 17%,假设各自的计税价格都等于公允价值。整个交换过程中没有发生除增值税(甲商品和乙商品增值税税率 17%)以外的其他相关税费。A 公司另外向 B 公司支付银行存款 20 万元补价。具有商业实质且其换入或换出资产的公允价值能够可靠地计量。

要求:编制 A 公司和 B 公司的会计分录。

第二章 或有事项

学习目标与要求

理解或有事项的概念及常见或有事项。

熟悉或有事项的特征。

掌握预计负债的确认条件。

掌握预计负债的计量原则。

理解和掌握亏损合同和重组形成的或有事项的处理。

掌握或有事项的列报。

重点

或有事项的特征;预计负债的确认条件;预计负债的计量原则;亏损合同和重组形成的或有事项的处理;或有事项的列报。

难点

亏损合同和重组形成的或有事项的处理;或有事项的列报。

导读

或有事项是指过去的交易或者事项形成的,其结果须由某些未来事项的发生或不发生才能决定的不确定事项。常见的或有事项主要包括:未决诉讼或仲裁、债务担保、产品质量保证(含产品安全保证)、承诺、亏损合同、重组义务、商业承兑汇票背书转让或贴现、环境污染整治等。其中,亏损合同、重组义务是企业会计准则特别规定的或有事项。

对于或有事项,会计处理的思路是:根据谨慎性要求,对于或有事项涉及的"或有资产",不能确认入账,如果很可能导致经济利益流入企业,可以披露。对于"与或有事项相关的义务",有三种处理办法:确认入账,表内反映;不确认入账,表外披露;既不在表内反映也不在表外披露。

第一节 或有事项概述

一、或有事项的概念及其特征

或有事项是指过去的交易或者事项形成的,其结果须由某些未来事项的发生或不发生才能决定的不确定事项。常见的或有事项主要包括：未决诉讼或仲裁、债务担保、产品质量保证（含产品安全保证）、承诺、亏损合同、重组义务、商业承兑汇票背书转让或贴现、环境污染整治等。其中，亏损合同、重组义务是企业会计准则特别规定的或有事项。

或有事项具有以下特征：

第一，或有事项由过去的交易或事项形成，是指或有事项的现存状况是过去的交易或事项引起的客观存在。

例如，未决诉讼虽然是正在进行当中的诉讼，但该诉讼是企业因过去的经济行为导致起诉其他单位或被其他单位起诉。这是现存的一种状况而不是未来将要发生的事项。未来可能发生的自然灾害、交通事故、经营亏损等，不属于或有事项。

第二，或有事项的结果具有不确定性，是指或有事项的结果是否发生具有不确定性，或者或有事项的结果预计将会发生，但发生的具体时间或金额具有不确定性。

例如，债务担保事项在担保方到期是否一定承担和履行连带责任，需要根据被担保方债务到期时能否按时还款加以确定。这一事项的结果在担保协议达成时具有不确定性。又如，正在进行中的诉讼，能否胜诉，具有不确定性。

第三，或有事项由未来事项决定，是指或有事项的结果只能由未来不确定事项的发生或不发生才能决定。

例如，未决诉讼只有等到法院判决才能决定其结果；债务担保事项只有在被担保方到期无力还款时，企业（担保方）才承担连带责任。

对于或有事项的会计处理，可按以下思路掌握：

会计事项涉及两类：确定性事项和不确定性事项，或有事项属于不确定性事项；不确定性事项，又可分为低度不确定、中度不确定和高度不确定。

低度不确定，如计提固定资产折旧，应计提的折旧总额是确定的，但由于采用的方法不同，每年计提的折旧费用可能不同；又如，存货成本的结转和无形资产摊销，其总额是确定的，但方法不同，每次结转（摊销）的成本是不一样的。对于低度不确定业务，不属于或有事项。

中度不确定，即或有事项其结果须由某些未来事项的发生或不发生才能决定。比如未决诉讼，需要赔偿或获得赔偿，只有在法院宣判后才能确定。对于或有事项，会计处理的思路是：根据谨慎性要求，对于或有事项涉及的"或有资产"，不能确认入账，如果很可能导致经济利益流入企业，可以披露。对于"与或有事项相关的义务"，有三种处理办法：确认入账，表内反映；不确认入账，表外披露；既不在表内反映也不在表外披露。

二、或有事项形成或有负债和或有资产

或有事项的结果可能会产生负债、资产、预计负债、或有负债或者或有资产，其中，预计负债属于负债的范畴，一般符合负债的确认条件而应予确认。随着某些未来事项的发生或者不发生，或有负债可能转化为企业的预计负债或负债，或者消失；或有资产也有可能形成企业的资产或者消失。

（一）或有负债

或有负债是指过去的交易或者事项形成的潜在义务，其存在须通过未来不确定事项的

发生或不发生予以证实;或过去的交易或者事项形成的现时义务,履行该义务不是很可能导致经济利益流出企业或该义务的金额不能可靠计量。

或有负债涉及两类义务:一类是潜在义务;另一类是现时义务。

(1)潜在义务。潜在义务是指结果取决于不确定未来事项的可能义务。也就是说,潜在义务最终是否转变为现时义务,由某些未来不确定事项的发生或不发生才能决定。或有负债作为一项潜在义务,其结果如何只能由未来不确定事项的发生或不发生来证实。

(2)现时义务。现时义务是指企业在现行条件下已承担的义务。或有负债作为现时义务,其特征在于:该现时义务的履行不是很可能导致经济利益流出企业,或者该现时义务的金额不能可靠地计量。其中,"不是很可能导致经济利益流出企业",是指该现时义务导致经济利益流出企业的可能性不超过50%(含50%)。"金额不能可靠计量",是指该现时义务导致经济利益流出企业的"金额"难以合理预计,现时义务履行的结果具有较大的不确定性。

【例2-1】 20×5年10月,B公司从银行贷款人民币2 000万元,期限2年,由A公司全额担保;20×7年4月,C公司从银行贷款美元100万元,期限1年,由A公司担保50%;20×7年6月,D公司通过银行从G公司贷款人民币1 000万元,期限2年,由A公司全额担保。截至20×7年12月31日的情况如下:B公司贷款逾期未还,银行已起诉B公司和A公司;C公司由于受政策影响和内部管理不善等原因,经营效益不如以往,可能不能偿还到期美元债务;D公司经营情况良好,预期不存在还款困难。

本例中,对B公司而言,A公司很可能需履行连带责任,但损失金额是多少,目前还难以预计;就C公司而言,A公司可能需履行连带责任;就D公司而言,A公司履行连带责任的可能性极小。根据《企业会计准则第13号——或有事项》的规定,这三项债务担保形成A公司的或有负债不符合预计负债的确认条件,A公司应当在20×7年12月31日的财务报表附注中披露相关债务担保的被担保单位、担保金额及财务影响等。

(二)或有资产

或有资产是指过去的交易或者事项形成的潜在资产,其存在须通过未来不确定事项的发生或不发生予以证实。或有资产作为一种潜在资产,其结果具有较大的不确定性,只有随着经济情况的变化,通过某些未来不确定事项的发生或不发生才能证实其是否会形成企业真正的资产。例如,甲企业向法院起诉乙企业侵犯了其专利权。法院尚未对该案件进行公开审理,甲企业是否胜诉尚难判断。对于甲企业而言,将来可能胜诉而获得的赔偿属于一项或有资产,但这项或有资产是否会转化为真正的资产,要由法院的判决结果确定。如果终审判决结果是甲企业胜诉,那么这项或有资产就转化为甲企业的一项资产。如果终审判决结果是甲企业败诉,那么或有资产就消失了,更不可能形成甲企业的资产。

(三)或有负债和或有资产转化为负债(预计负债)和资产

或有负债和或有资产不符合负债要素或资产要素的定义和确认条件,企业不应当确认或有负债和或有资产,而应当按照《企业会计准则第13号——或有事项》的规定进行相应的披露。但是,影响或有负债和或有资产的多种因素处于不断变化之中,企业应当持续地对这些因素予以关注。随着时间推移和事态的进展,或有负债对应的潜在义务可能转化为现时义务,原本不是很可能导致经济利益流出的现时义务也可能被证实将很可能导致企业流出经济利益,并且现时义务的金额也能够可靠计量。这时或有负债就转化为企业的负债或预计负债,符合负债(预计负债)的确认条件,应当予以确认,但企业不应当就未来经营亏损确认为预计负债。或有资产也是一样,其对应的潜在资产最终是否能够流入企业会逐渐变得明确,如果某一时点企业基本确定能够收到这项潜在资产并且其金额能够可靠计量,则应当将其确认为企业的资产。例如未决诉讼,对于预期会胜诉的原告而言,因未决诉讼产生了一项或有资产,该或有资产最终是否转化为企业的资产,要根据诉讼的最终判决而定,最终判决原告胜诉的,这项或有资产就转化为一项真正的资产。对于预期会败诉的被告而言,因未决诉讼产生了一项或有负债或预计负债,如为或有负债,那么该或有负债是否转化为企业的预计负债或负债,只能根据诉讼的进展而定。企业根据法律规定、律师建议等因素判断自己很可能败诉且赔偿金额能够合理估计的,这项或有负债就转化为企业的预计负债;如果在法院最终判决之前,企业未能对判决结果作出可靠估计,那么法院最终判决其败诉时,该或有事项就直接转化为企业的负债。

第二节　或有事项的确认和计量

或有事项的确认和计量通常是指预计负债的确认和计量。或有事项形成的或有资产只有在企业基本确定能够收到的情况下,才转变为真正的资产,从而予以确认。

一、预计负债的确认条件

与或有事项相关的义务同时满足下列条件的,应当确认为预计负债:该义务是企业承担的现时义务;履行该义务很可能导致经济利益流出企业;该义务的金额能够可靠地计量。

（一）该义务是企业承担的现时义务

该义务是企业承担的现时义务,是指与或有事项相关的义务是在企业当前条件下已承担的义务,企业没有其他现实的选择,只能履行该现时义务。这里所指的义务包括法定义务和推定义务。其中,法定义务是指因合同、法规或其他司法解释等产生的义务,通常是企业在经济管理和经济协调中,依照经济法律、法规的规定必须履行的责任。比如,企业与另外企业签订购货合同产生的义务,就属于法定义务。推定义务是指因企业的特定行为而产生的义务。企业的特定行为泛指企业以往的习惯做法、已公开的承诺或已公开宣布的经营政策。由于以往的习惯做法,或通过这些承诺或公开的声明,企业向外界表明了它将承担特定的责任,从而使受影响的各方形成了其将履行那些责任的合理预期。例如,甲公司是一家化工企业,因扩大经营规模,到 A 国创办了一家分公司。假定 A 国尚未针对甲公司这类企业的生产经营可能产生的环境污染制定相关法律,因而甲公司的分公司对在 A 国生产经营可能产生的环境污染不承担法定义务。但是,甲公司为在 A 国树立良好的形象,自行向社会公告,宣称将对生产经营可能产生的环境污染进行治理。甲公司的分公司为此承担的义务就属于推定义务。

（二）履行该义务很可能导致经济利益流出企业

在对或有事项加以确认时,通常需要对其发生的概率加以分析和判断。一般情况下,发生的概率分为如表 2-1 所示的四个层次。

表 2-1 　　　　　　　　　　　　发 生 的 概 率

项目	发生的概率区间	项目	发生的概率区间
基本确定	95%＜发生的可能性＜100%	可能	5%＜发生的可能性≤50%
很可能	50%＜发生的可能性≤95%	极小可能	0＜发生的可能性≤5%

显然，很可能导致经济利益流出企业，其发生的可能性是 50% 以上(不含 50%)，是指履行与或有事项相关的现时义务时，导致经济利益流出企业的可能性超过 50% 但小于或等于 95%。企业因或有事项承担了现时义务，并不说明该现时义务很可能导致经济利益流出企业。例如，20×1 年 5 月 1 日，甲企业与乙企业签订协议，承诺为乙企业的 2 年期银行借款提供全额担保。对于甲企业而言，由于担保事项而承担了一项现时义务，但这项义务的履行是否很可能导致经济利益流出企业，需依据乙企业的经营情况和财务状况等因素加以确定。假定 20×1 年年末，乙企业的财务状况恶化，且没有迹象表明可能发生好转。此种情况出现，表明乙企业很可能违约，从而甲企业履行承担的现时义务将很可能导致经济利益流出企业。

(三) 该义务的金额能够可靠地计量

该义务的金额能够可靠地计量，是指与或有事项相关的现时义务的金额能够合理地估计。由于或有事项具有不确定性，或有事项产生的现时义务的金额也具有不确定性，需要估计。要对或有事项确认一项负债，相关现时义务的金额应能够可靠估计。应注意的是，估计或有事项相关现时义务的金额，应当考虑下列因素：

(1) 企业应当充分考虑与或有事项有关的风险和不确定性，并在低估和高估预计负债金额之间寻找平衡点。

(2) 相关现时义务的金额通常应当等于未来应支付的金额。未来应支付的金额与其现值相差较大的，如 30 年后油井或核电站的弃置费用等，应当按照未来应支付金额的现值确定。

(3) 企业应当考虑可能影响履行现时义务所需金额的相关未来事项，如未来技术进步、相关法规出台等。

(4) 企业不应考虑预期处置相关资产的利得。

例如，甲企业(被告)涉及一桩诉讼案。根据以往的审判案例推断，甲企业很可能要败诉，相关的赔偿金额也可以估算出一个范围。这种情况下，可以认为甲企业因未决诉讼承担的现时义务的金额能够可靠地估计，从而应对未决诉讼确认一项预计负债。

二、预计负债的计量

预计负债的计量主要涉及两个问题：一是最佳估计数的确定；二是预期可获得补偿的处理。

(一) 最佳估计数的确定

预计负债应当按照履行相关现时义务所需支出的最佳估计数进行初始计量。所需支出存在一个连续范围,且该范围内各种结果发生的可能性相同的,最佳估计数应当按照该范围内的中间值确定。

【例2-2】 20×7年12月27日,甲企业因合同违约而涉及一桩诉讼案。根据企业的法律顾问判断,最终的判决很可能对甲企业不利。20×7年12月31日,甲企业尚未接到法院的判决,因而诉讼须承担的赔偿金额也无法准确地确定。不过,据专业人士估计,赔偿金额可能是80万元至100万元之间的某一金额,而且这个区间内每个金额的可能性都大致相同。

此例中,甲企业应在20×7年12月31日的资产负债表中确认一项负债,金额为:

$$(80 + 100) \div 2 = 90(万元)$$

所需支出不存在一个连续范围,或者虽然存在一个连续范围,但该范围内各种结果发生的可能性不相同,那么,如果或有事项涉及单个项目,最佳估计数按照最可能发生金额确定;"涉及单个项目"是指或有事项涉及的项目只有一个,如一项未决诉讼、一项未决仲裁或一项债务担保等。

【例2-3】 20×7年10月2日,乙股份有限公司涉及一起诉讼案。20×7年12月31日,乙股份有限公司尚未接到法院的判决。在咨询了公司的法律顾问后,公司认为:胜诉的可能性为40%,败诉的可能性为60%。如果败诉,需要赔偿2 000 000元。此时,乙股份有限公司在资产负债表中确认的负债金额应为最可能发生的金额,即2 000 000元。

或有事项涉及多个项目的,按照各种可能结果及相关概率确定。"涉及多个项目"指或有事项涉及的项目不止一个。如在产品质量保证中,提出产品保修要求的可能有许多客户,相应地,企业对这些客户负有保修义务,应根据发生质量问题的概率及相关的保修费用计算确定应予确认的负债金额(即计算加权平均数)。

【例2-4】 甲股份有限公司是生产并销售A产品的企业,20×7年度第一季度,共销售A产品60 000件,销售收入为360 000 000元。根据公司的产品质量保证条款,该产品售出后1年内,如发生正常质量问题,公司将负责免费维修。根据以前年度的维修记录,如果发生较小的质量问题,发生的维修费用为销售收入的1%;如果发生较大的质量问题,发生的维修费用为销售收入的2%。根据公司技术部门的预测,本季度销售的产品中,80%不会发生质量问题;15%可能发生较小质量问题;5%可能发生较大质量问题。据此,20×7年第一季度末,甲股份有限公司应在资产负债表中确认的负债金额为:

$$360\ 000\ 000 \times (0 \times 80\% + 1\% \times 15\% + 2\% \times 5\%) = 900\ 000(元)$$

(二)预期可获得补偿的处理

企业清偿预计负债所需支出全部或部分预期由第三方补偿的,补偿金额只有在基本确定能够收到时才能作为资产单独确认。确认的补偿金额不应超过预计负债的账面价值。

【例2-5】 20×7年12月31日,乙股份有限公司因或有事项而确认了一笔金额为1 000 000元的负债;同时,公司因该或有事项,基本确定可从甲股份有限公司获得400 000元的赔偿。本例中,乙股份有限公司应分别确认一项金额为1 000 000元的负债和一项金额为400 000元的资产,而不能只确认一项金额为600 000元(1 000 000-400 000)的负债。同时,乙股份有限公司所确认的补偿金额400 000元不能超过所确认的负债的账面价值1 000 000元。

借：营业外支出　　　　　　　　　　　　　　　　　　　　　　1 000 000
　　贷：预计负债　　　　　　　　　　　　　　　　　　　　　　　　1 000 000
借：其他应收款　　　　　　　　　　　　　　　　　　　　　　　400 000
　　贷：营业外支出　　　　　　　　　　　　　　　　　　　　　　　　400 000

（三）预计负债的计量需要考虑的其他因素

企业在确定最佳估计数时，应当综合考虑与或有事项有关的风险、不确定性、货币时间价值和未来事项等因素。

1. 风险和不确定性

企业在确定最佳估计数时，应当综合考虑与或有事项有关的风险、不确定性和货币时间价值等因素。风险是对过去的交易或事项结果的变化可能性的一种描述。风险的变动可能增加预计负债的金额。企业在不确定的情况下进行判断需要谨慎，使得收益或资产不会被高估，费用或负债不会被低估。但是，不确定性并不说明应当确认过多的预计负债和故意夸大负债。企业需要谨慎从事，充分考虑与或有事项有关的风险和不确定性，既不能忽略风险和不确定性对或有事项计量的影响，也要避免对风险和不确定性进行重复调整，从而在低估和高估预计负债金额之间寻找平衡点。

2. 货币时间价值

预计负债的金额通常应当等于未来应支付的金额，但未来应支付金额与其现值相差较大的，如油气井及相关的设施或核电站的弃置费用等，应当按照未来应支付金额的现值确定。因货币时间价值的影响，资产负债表日后不久发生的现金流出，要比一段时间之后发生的同样金额的现金流出负有更大的义务。所以，如果预计负债的确认时点距离实际清偿有较长的时间跨度，货币时间价值的影响重大（通常时间为3年以上且金额较大），那么在确定预计负债的金额时，应考虑采用现值计量，即通过对相关未来现金流出进行折现后确定最佳估计数。

将未来现金流出折算为现值时，需要注意以下三点：

（1）用来计算现值的折现率，应当是反映货币时间价值的当前市场估计和相关负债特有风险的税前利率。

（2）风险和不确定性既可以在计量未来现金流出时作为调整因素，也可以在确定折现率时予以考虑，但不能重复反映。

（3）随着时间的推移，即使在未来现金流出和折现率均不改变的情况下，预计负债的现值将逐渐增长。企业应当在资产负债表日，对预计负债的现值进行重新计量。

3. 未来事项

在确定预计负债金额时，企业应当考虑可能影响履行现时义务所需金额的相关未来事项。也就是说，对于这些未来事项，如果有足够的客观证据表明它们将发生，则应当在预计负债计量中予以考虑相关未来事项的影响，但不应考虑预期处置相关资产形成的利得。预期的未来事项可能对预计负债的计量较为重要。例如，某核电企业预计在生产结束时清理核废料的费用将因未来技术的变化而显著降低。那么，该企业因此确认的预计负债金额应当反映有关专家对技术发展以及清理费用减少作出的合理预测。但是，这种预计需要得到相当客观的证据予以支持。

三、对预计负债账面价值的复核

企业应当在资产负债表日对预计负债的账面价值进行复核。有确凿证据表明该账面价值不能真实反映当前最佳估计数的,应当按照当前最佳估计数对该账面价值进行调整。例如,某化工企业对环境造成了污染,按照当时的法律规定,只需要对污染进行清理。随着国家对环境保护越来越重视,按照现在的法律规定,该企业不但需要对污染进行清理,还很可能要对居民进行赔偿。这种法律要求的变化,会对企业预计负债的计量产生影响。企业应当在资产负债表日对为此确认的预计负债金额进行复核,如有确凿证据表明预计负债金额不再能反映真实情况时,需要按照当前情况下企业清理和赔偿支出的最佳估计数对预计负债的账面价值进行相应的调整。

第三节 或有事项的会计处理

一、未决诉讼或未决仲裁

诉讼是指当事人不能通过协商解决争议,因而在人民法院起诉、应诉,请求人民法院通过审判程序解决纠纷的活动。诉讼尚未裁决之前,对于被告来说,可能形成一项或有负债,对于原告来说,则可能形成一项或有资产。

仲裁是指经济法律关系的各当事人依照事先或事后达成的书面仲裁协议。共同选定仲裁机构并由其对争议作出具有约束力裁决的一项活动。作为当事人一方,仲裁的结果在仲裁决定公布之前是不确定的,会构成一项潜在义务或现时义务,或者潜在资产。

【例 2-6】 20×7 年 11 月 1 日,乙公司因合同违约而被丁公司起诉。20×9 年 12 月 31 日,乙公司尚未接到法院的判决。丁公司预计,如无特殊情况很可能在诉讼中获胜,假定丁公司估计将来很可能获得赔偿金额 1 900 000 元。在咨询了公司的法律顾问后,乙公司认为最终的法律判决很可能对公司不利。假定乙公司预计将要支付的赔偿金额、诉讼费等费用为 1 600 000 元至 2 000 000 元之间的某一金额,而且这个区间内每个金额的可能性都大致相同,其中诉讼费为 30 000 元。

此例中,丁公司不应当确认或有资产,而应当在 20×7 年 12 月 31 日的报表附注中披露或有资产 1 900 000 元。

乙公司应在资产负债表中确认一项预计负债,金额为:(1 600 000＋2 000 000)÷2＝1 800 000(元)同时在 20×9 年 12 月 31 日的附注中进行披露。

乙公司的有关账务处理如下:

借:管理费用——诉讼费   30 000
  营业外支出   1 770 000
  贷:预计负债——未决诉讼   1 800 000

应当注意的是,对于未决诉讼,企业当期实际发生的诉讼损失金额与已计提的相关预计负债之间的差额,应分别情况处理:

第一，企业在前期资产负债表日，依据当时实际情况和所掌握的证据合理预计了预计负债，应当将当期实际发生的诉讼损失金额与已计提的相关预计负债之间的差额，直接计入或冲减当期营业外支出。

第二，企业在前期资产负债表日，依据当时实际情况和所掌握的证据，原本应当能够合理估计诉讼损失，但企业所作的估计却与当时的事实严重不符（如未合理预计损失或不恰当地多计或少计损失），应当按照重大会计差错更正的方法进行处理。

第三，企业在前期资产负债表日，依据当时实际情况和所掌握的证据，确实无法合理预计诉讼损失，因而未确认预计负债，则在该项损失实际发生的当期，直接计入当期营业外支出。

第四，资产负债表日后至财务报告批准报出日之间发生的需要调整或说明的未决诉讼，按照资产负债表日后事项的有关规定进行会计处理。

二、债务担保

债务担保事项在担保方到期是否一定承担和履行连带责任，需要根据被担保方债务到期时能否按时还款加以确定。这一事项的结果在担保协议达成时具有不确定性。

企业对外提供债务担保，属于或有事项，涉及未决诉讼时，满足预计负债三个确认条件的，应该确认预计负债。

债务担保在企业中是较为普遍的现象。作为提供担保的一方，在被担保方无法履行合同的情况下，常常承担连带责任，从保护投资者、债权人的利益出发，客观、充分地反映企业因担保义务而承担的潜在风险是十分必要的。

企业对外提供债务担保常常会涉及未决诉讼，这时可以分别以下情况进行处理：

（1）企业已被判决败诉，则应当按照人民法院判决的应承担的损失金额，确认为负债，并计入当期营业外支出。

（2）已判决败诉，但企业正在上诉，或者经上一级人民法院裁定暂缓执行，或者由上一级人民法院发回重审等，企业应当在资产负债表日，根据已有判决结果合理估计可能产生的损失金额，确认为预计负债，并计入当期营业外支出。

（3）人民法院尚未判决的，企业应向其律师或法律顾问等咨询，估计败诉的可能性，以及败诉后可能发生的损失金额，并取得有关书面意见。如果败诉的可能性大于胜诉的可能性，并且损失金额能够合理估计的，应当在资产负债表日将预计担保损失金额，确认为预计负债，并计入当期营业外支出。

【例2-7】 20×4年1月1日，甲公司为乙公司的800万元债务提供50%担保。20×4年6月1日，乙公司因无力偿还该笔到期债务被债权人起诉。至20×4年12月31日，法院尚未判决，但经咨询律师，甲公司认为有55%的可能性需要承担全部保证责任，赔偿400万元，并预计承担诉讼费用4万元；有45%的可能无须承担保证责任。20×5年2月10日，法院作出判决，甲公司需承担全部担保责任和诉讼费用4万元。甲公司表示服从法院判决，于当日履行了担保责任，并支付了4万元的诉讼费。20×5年2月20日，20×4年度财务报告经董事会批准报出。不考虑其他因素。

20×4年12月31日，作为未决诉讼处理：

借：管理费用——诉讼费　　　　　　　　　　　　　　　　　　　　　　40 000
　　营业外支出　　　　　　　　　　　　　　　　　　　　　　　　　4 000 000
　　贷：预计负债——未决诉讼　　　　　　　　　　　　　　　　　　　　　4 040 000

20×5 年 2 月 10 日,甲公司败诉时的账务处理如下:

借：营业外支出　　　　　　　　　　　　　　　　　　　　　　　　4 000 000
　　预计负债　　　　　　　　　　　　　　　　　　　　　　　　　4 040 000
　　贷：银行存款　　　　　　　　　　　　　　　　　　　　　　　　　8 040 000

三、产品质量保证

产品质量保证,通常指销售商或制造商在销售产品或提供劳务后,对客户提供服务的一种承诺。在约定期内(或终身保修),若产品或劳务在正常使用过程中出现质量或与之相关的其他属于正常范围的问题,企业负有更换产品、免费或只收成本价进行修理等责任。为此,企业应当在符合确认条件的情况下,于销售成立时确认预计负债。

【例 2-8】　A 公司为机床生产和销售企业。20×5 年第一季度、第二季度、第三季度、第四季度分别销售机床 200 台、300 台、400 台和 350 台,每台售价为 5 万元。对购买其产品的消费者,A 公司作出如下承诺:机床售出后 3 年内如出现非意外事件造成的机床故障和质量问题,A 公司免费负责保修(含零部件更换)。根据以往的经验,发生的保修费一般为销售额的 1% 至 1.5% 之间。假定 A 公司 20×5 年四个季度实际发生的维修费分别为 2 万元;20万元、18 万元和 35 万元,同时,假定 20×4 年"预计负债——产品质量保证"账户年末余额为12 万元。

本例中,A 公司因销售机床而承担了现时义务,该义务的履行很可能导致经济利益流出A 公司,且该义务的金额能够可靠地计量。A 公司根据《企业会计准则第 13 号——或有事项》的规定在每季度末确认一项负债。有关账务处理如下:

(1)第一季度发生产品质量保证费用(维修费):

借：预计负债——产品质量保证　　　　　　　　　　　　　　　　　20 000
　　贷：银行存款(或原材料等)　　　　　　　　　　　　　　　　　　20 000

第一季度末应确认的产品质量保证负债金额为:

$$200 \times 50\ 000 \times (0.01 + 0.015) \div 2 = 12.5(万元)$$

借：销售费用——产品质量保证　　　　　　　　　　　　　　　　　125 000
　　贷：预计负债——产品质量保证　　　　　　　　　　　　　　　　　125 000

第一季度末,"预计负债——产品质量保证"账户余额为 225 000 元。

(2)第二季度发生产品质量保证费用(维修费):

借：预计负债——产品质量保证　　　　　　　　　　　　　　　　　200 000
　　贷：银行存款(或原材料等)　　　　　　　　　　　　　　　　　200 000

第二季度末应确认的产品质量保证负债金额为:

$$300 \times 50\ 000 \times (0.01 + 0.015) \div 2 = 18.75(万元)$$

借：销售费用——产品质量保证 187 500
    贷：预计负债——产品质量保证 187 500

第二季度末，"预计负债——产品质量保证"账户余额为 212 500 元。

（3）第三季度发生产品质量保证费用（维修费）：

借：预计负债——产品质量保证 180 000
    贷：银行存款（或原材料等） 180 000

第三季度末应确认的产品质量保证负债金额为：

$$400 \times 50\ 000 \times (0.01 + 0.015) \div 2 = 25(万元)$$

借：销售费用——产品质量保证 250 000
    贷：预计负债——产品质量保证 250 000

第三季度末，"预计负债——产品质量保证"账户余额为 282 500 元。

（4）第四季度发生产品质量保证费用（维修费）：

借：预计负债——产品质量保证 350 000
    贷：银行存款（或原材料等） 350 000

第四季度末应确认的产品质量保证负债金额为：

$$350 \times 50\ 000 \times (0.01 + 0.015) \div 2 = 21.875(万元)$$

借：销售费用——产品质量保证 218 750
    贷：预计负债——产品质量保证 218 750

第四季度末，"预计负债——产品质量保证"账户余额为 151 250 元。

在对产品质量保证确认预计负债时，需要注意的是：

（1）如果发现保证费用的实际发生额与预计数相差较大，应及时对预计比例进行调整。

（2）如果企业针对特定批次产品确认预计负债，则在保修期结束时，应将"预计负债——产品质量保证"账户余额冲销，不留余额。

（3）已对其确认预计负债的产品，如企业不再生产了，那么应在相应的产品质量保证期满后，将"预计负债——产品质量保证"账户余额冲销，不留余额。

再以未决诉讼为例。企业当期实际发生的担保诉讼损失金额与已计提的相关预计负债之间的差额，应分别情况处理：

第一，企业在前期资产负债表日，依据当时实际情况和所掌握的证据合理预计负债，应当将当期实际发生的诉讼损失金额与已计提的相关预计负债之间的差额，直接计入或冲减当期营业外支出。

第二，企业在前期资产负债表日，依据当时实际情况和所掌握的证据原本应当能够合理估计诉讼损失，但企业所作的估计却与当时的事实严重不符时（如未合理预计损失或不恰当地多计或少计损失），应当按照重大前期差错更正的方法进行处理。

第三，企业在前期资产负债表日，依据当时实际情况和所掌握的证据，确实无法合理预计诉讼损失，因而未确认预计负债，则在该项损失实际发生的当期，直接计入当期营业外支出。

第四，资产负债表日后至财务报告批准报出日之间发生的需要调整或说明的未决诉讼，按照《企业会计准则第 29 号——资产负债表日后事项》的有关规定进行处理。

四、亏损合同

待执行合同变为亏损合同,同时该亏损合同产生的义务满足预计负债的确认条件,应当确认为预计负债。其中,待执行合同是指合同各方尚未履行任何合同义务,或部分履行了同等义务的合同。企业与其他企业签订的商品销售合同、劳务合同、租赁合同等,均属于待执行合同,待执行合同不属于《企业会计准则第 13 号——或有事项》规范的内容。但是,待执行合同变为亏损合同的,应当作为《企业会计准则第 13 号——或有事项》规范的或有事项。亏损合同是指在履行合同义务过程中,发生的成本预期将超过与合同相关的未来流入经济利益的合同。这里所称"发生的成本",是指履行合同义务不可避免发生的成本,反映了退出该合同的最低净成本,即履行该合同的成本与未能履行该合同而发生的补偿或处罚两者之中的较低者。

企业对亏损合同进行会计处理,需要遵循以下两点:

(1) 如果与亏损合同相关的义务不需支付任何补偿即可撤销,企业通常就不存在现时义务,不应确认预计负债;如果与亏损合同相关的义务不可撤销,企业就存在了现时义务,同时满足该义务很可能导致经济利益流出企业和金额能够可靠地计量的,通常应当确认预计负债。

(2) 待执行合同变为亏损合同时,合同存在标的资产的,应当对标的资产进行减值测试并按规定确认减值损失,如果预计亏损超过该减值损失,应将超过部分确认为预计负债;合同不存在标的资产的,亏损合同相关义务满足预计负债确认条件时,应当确认为预计负债。

【例 2-9】 乙企业 20×7 年 1 月 1 日与某外贸公司签订了一项产品销售合同,约定在 20×7 年 2 月 15 日以每件产品 100 元的价格向外贸公司提供 10 000 件 A 产品,若不能按期交货,乙企业需要交纳 300 000 元的违约金。这批产品在签订合同时尚未开始生产,但企业开始筹备原材料以生产这批产品时,原材料价格突然上涨,预计生产每件产品的成本升至 125 元。此例中,乙企业生产产品的成本为每件 125 元,而售价为每件 100 元,每销售 1 件产品亏损 25 元,共计损失 250 000 元。因此,这项销售合同是一项亏损合同。如果撤销合同,乙企业需要交纳 300 000 元的违约金。乙企业有关账务处理如下:

(1) 由于该合同变为亏损合同时不存在标的资产,乙企业应当按照履行合同造成的损失与违约金两者中的较低者确认一项预计负债:

借:营业外支出 250 000
 贷:预计负债 250 000

(2) 待相关产品生产完成后,将已确认的预计负债冲减产品成本:

借:预计负债 250 000
 贷:库存商品 250 000

【例 2-10】 丙企业以生产 B 产品为主,目前企业库存积压较多,产品成本为每件 180 元。为了消化库存,盘活资金,丙企业 20×1 年 1 月 25 日与某外贸公司签订了一项产品销售合同,约定在 20×7 年 2 月 5 日,以每件产品 150 元的价格向外贸公司提供 10 000 件产品,合同不可撤销。本例中,丙企业生产 B 产品的成本为每件 180 元,而售价为每件 150 元,每销售1件亏损30元,共计损失300 000元,并且,合同不可撤销。因此,这项销售合同是一项亏损合同。由于该合同签订时即为亏损合同,且存在标的资产,乙企业应当对A产品进行减值测试,计提减值准备,如果亏损不超过该减值损失,企业不需确认预计负债,如果亏损超过该减值损失,应将超过部分确认为预计负债。

【例2-11】 甲公司20×7年9月与乙公司签订合同,在20×8年4月销售10件商品,单位成本估计为1 100元,合同价格为2 000元;如20×8年4月未交货,商品价格降为1 000元。20×7年12月,甲公司因生产线损坏,10件商品尚未投入生产,估计在20×8年5月交货。甲公司相关账务处理如下:

借:营业外支出[(1 100−1 000)×10]　　　　　　　　　　　　　　　　　　1 000
　　贷:预计负债　　　　　　　　　　　　　　　　　　　　　　　　　　　　1 000

完工转销时:

借:预计负债　　　　　　　　　　　　　　　　　　　　　　　　　　　　　1 000
　　贷:库存商品　　　　　　　　　　　　　　　　　　　　　　　　　　　　1 000

【例2-12】 甲公司与乙公司签订合同,销售10件商品,合同价格每件1 000元,单位成本为1 100元。如10件商品已经存在,合同为亏损合同,存在标的资产(商品),确认减值损失1 000元。甲公司相关账务处理如下:

借:资产减值损失　　　　　　　　　　　　　　　　　　　　　　　　　　　1 000
　　贷:存货跌价准备　　　　　　　　　　　　　　　　　　　　　　　　　　1 000

【例2-13】 甲公司20×7年1月采用经营租赁方式租入生产线,租期3年,产品获利。每年租金50万元,20×8年12月,市政规划要求公司迁址,决定停产该产品。原经营租赁合同不可撤销,还要持续1年,生产线无法转租。合同变为亏损合同,按20×9年应支付租金确认预计负债。甲公司相关账务处理如下:

(1)若生产A产品的单位成本为210元:

履行合同发生的损失 = 1 000×(210−200) = 10 000(元)
不履行合同支付的违约金 = 1 000×200×20% = 40 000(元)

应确认预计负债10 000元。

借:营业外支出　　　　　　　　　　　　　　　　　　　　　　　　　　　10 000
　　贷:预计负债　　　　　　　　　　　　　　　　　　　　　　　　　　　10 000

待产品完工后:

借:预计负债　　　　　　　　　　　　　　　　　　　　　　　　　　　　10 000
　　贷:库存商品　　　　　　　　　　　　　　　　　　　　　　　　　　　10 000

(2)若生产A产品的单位成本为270元:

履行合同发生的损失 = 1 000×(270−200) = 70 000(元)
不履行合同支付的违约金 = 1 000×200×20% = 40 000(元)

应确认预计负债40 000元。

借：营业外支出 40 000
　贷：预计负债 40 000

支付违约金时：

借：预计负债 40 000
　贷：银行存款 40 000

五、重组义务

重组是指企业制定和控制的，将显著改变企业组织形式、经营范围或经营方式的计划实施行为。属于重组的事项主要包括：①出售或终止企业的部分业务。②对企业组织结构进行较大调整。③关闭企业的部分营业场所，或将营业活动由一个国家或地区迁移到其他国家或地区。企业应当将重组与企业合并、债务重组区别开。因为重组通常是企业内部资源的调整和组合，谋求现有资产效能的最大化；企业合并是在不同企业之间的资本重组和规模扩张；债务重组是债权人对债务人作出让步，债务人减轻债务负担，债权人尽可能减少损失。企业因重组而承担了重组义务，并且同时满足预计负债确认条件时，才能确认预计负债。首先，同时存在下列情况的，表明企业承担了重组义务：①有详细、正式的重组计划，包括重组涉及的业务、主要地点、需要补偿的职工人数、预计重组支出、计划实施时间等。②该重组计划已对外公告。③需要判断重组义务是否同时满足预计负债确认条件，即判断其承担的重组义务是否是现时义务，履行重组义务是否很可能导致经济利益流出企业，重组义务的金额是否能够可靠计量。只有同时满足这些确认条件，才能将重组义务确认为预计负债。

例如，某公司董事会决定关闭一个事业部。如果有关决定尚未传达到受影响的各方，也没采取任何措施实施该项决定，该公司就没有开始承担重组义务，不应确认预计负债；如果有关决定已经传达到受影响的各方并使各方对企业将关闭事业部形成合理预期，通常表明企业开始承担重组义务，同时满足"该义务很可能导致经济利益流出企业"和"金额能够可靠地计量"的，应当确认预计负债。企业应当按照与重组有关的直接支出确定预计负债金额。其中，直接支出是企业重组必须承担的直接支出，不包括留用职工岗前培训、市场推广、新系统和营销网络投入等支出。由于企业在计量预计负债时不应当考虑预期处置相关资产的利得，在计量与重组义务相关的预计负债时，不考虑处置相关资产（厂房、店面，有时是一个事业部整体）可能形成的利得或损失，即使资产的出售构成重组的一部分也是如此。

第四节　或有事项的列报

一、预计负债的列报

（1）预计负债的种类、形成原因，以及经济利益流出不确定性的说明。

（2）各类预计负债的期初、期末余额和本期变动情况。

（3）与预计负债有关的预期补偿金额和本期已确认的预期补偿金额。

二、或有负债的披露

或有负债(不包括极小可能导致经济利益流出企业的或有负债)。

(1) 或有负债的种类及其形成原因,包括已贴现商业承兑汇票、未决诉讼、未决仲裁、对外提供担保等形成的或有负债。

(2) 经济利益流出不确定性的说明。

(3) 或有负债预计产生的财务影响,以及获得补偿的可能性;无法预计的,应当说明原因。

在涉及未决诉讼、未决仲裁的情况下,按相关规定披露全部或部分信息预期对企业造成重大不利影响的,企业无须披露这些信息,但应当披露该未决诉讼、未决仲裁的性质,以及没有披露这些信息的事实和原因。

三、或有资产的披露

企业通常不应当披露或有资产。但或有资产很可能会给企业带来经济利益的,应当披露其形成的原因、预计产生的财务影响等。

【例2-14】 甲公司为一家化工企业,生产过程中因意外事故导致有毒气体外泄,对临近乙企业造成严重污染,并发生职工中毒。为此,20×7年10月12日,乙企业向法院提起诉讼,要求赔偿2 000万元,直到20×7年12月31日,该诉讼尚未判决。

甲公司因案情复杂,无法估计赔偿金额,未确认预计负债。对此,在会计报表附注中应披露如下:

或有事项:本公司因生产经营过程中发生意外事故,导致乙企业环境污染并发生人员中毒,乙企业向法院提起诉讼,要求本公司赔偿2 000万元。目前此案正在审理中。

本 章 小 结

本章主要介绍了或有事项的概念及其特征,或有事项的特征是指过去的交易或者事项形成的,其结果须由某些未来事项的发生或不发生才能决定的不确定事项。

或有事项的确认:与或有事项相关的义务同时满足下列条件的,应当确认为预计负债:

(1) 该义务是企业承担的现时义务。

(2) 履行该义务很可能导致经济利益流出企业。

(3) 该义务的金额能够可靠地计量。

或有事项的计量:预计负债应当按照履行相关现时义务所需支出的最佳估计数进行初始计量。资产负债表日,企业应当对预计负债的账面价值进行复核。有确凿证据表明该账面价值不能真实反映当前最佳估计数的,应当按照当前最佳估计数对该账面价值进行调整。或有事项计量还涉及预期从第三方获得的补偿,确认的金额是基本确定能够收到的金额,而且不能超过相关预计负债的金额。

本章的主要内容是预计负债的确认、计量及其会计处理,特别是要熟练掌握产品质量保证及亏损合同的会计处理。

【关键术语】

或有事项　或有负债　或有资产　预计负债　未决诉讼或未决仲裁　债务担保　产品质量保证　亏损合同　重组义务

【思考题】

1. 或有事项的特征是什么？
2. 简述或有负债和或有资产的概念。
3. 为什么或有负债和或有资产不能在财务报表内确认？
4. 待执行合同和亏损合同的区别是什么？
5. 企业因重组而承担了重组义务，满足什么条件时，才能确认预计负债？
6. 或有事项的计量原则主要包括哪些？

【练习题】

一、单项选择题

1. 甲公司于 20×7 年 1 月 1 日采用经营租赁方式租入乙公司的一条生产线，双方约定租期 3 年，每年年末支付租金 20 万元。20×8 年 12 月 15 日，市政规划要求公司迁址，甲公司不得不停产该产品，而原经营租赁合同是不可撤销的，尚有租期 1 年，甲公司在租期届满前无法转租该生产线，则甲公司 20×8 年年末应作以下账务处理（　　　）。

    A. 借：营业外支出　　　　　　　　　　　　　　200 000

        贷：应付账款　　　　　　　　　　　　　　　　　200 000

    B. 借：管理费用　　　　　　　　　　　　　　　200 000

        贷：预计负债　　　　　　　　　　　　　　　　　200 000

    C. 借：营业外支出　　　　　　　　　　　　　　200 000

        贷：预计负债　　　　　　　　　　　　　　　　　200 000

    D. 借：资产减值损失　　　　　　　　　　　　　200 000

        贷：固定资产减值准备　　　　　　　　　　　　　200 000

2. 当企业拥有反诉或向第三方索赔的权力而涉及补偿金额时，该补偿金额单独作为一项资产确认的条件是(　　　)。

    A. 发生的概率大于 50% 但小于或等于 95%

    B. 发生的概率大于或等于 5% 但小于或等于 50%

    C. 发生的概率大于 95% 但小于 100%

    D. 发生的概率大于 0 但小于或等于 50%

3. 甲公司对销售产品承担售后保修，期初"预计负债——保修费用"账户的余额是 10 万元，包含计提的 C 产品保修费用 4 万元，本期销售 A 产品 100 万元，发生的保修费预计为销售额的 1%～2%，销售 B 产品 80 万元，发生的保修费预计为销售额的 2%～3%，C 产品已不再销售且已售 C 产品保修期已过,则期末"预计负债——保修费用"账户的余额是( )万元。

    A. 13.5   B. 12.6   C. 6.6   D. 9.5

4. 甲公司对销售产品承担售后保修,发生的保修费一般为销售额的 1‰~2‰,甲公司 20×6 年销售额为 2 000 万元,支付保修费用 12 万元,期初"预计负债——保修费用"账户的余额是 10 万元,则 2003 年期末"预计负债——保修费用"账户的余额是( )万元。

    A. 18   B. 28   C. 40   D. 30

5. 甲公司 11 月收到法院通知被某单位提起诉讼,要求甲公司赔偿违约造成的经济损失 100 万元,至 12 月 31 日,法院尚未作出判决。对于此项诉讼,甲公司预计有 80% 的可能性败诉,需支付赔偿对方 60 万~80 万元,并支付诉讼费用 2 万元。甲公司 12 月 31 日需要作的处理是( )。

    A. 不能确认,在报表附注中披露

    B. 确认预计负债 72 万元,同时在报表附注中披露有关信息

    C. 确认预计负债 62 万元,同时在报表附注中披露有关信息

    D. 确认预计负债 100 万元

6. 甲公司于 12 月 15 日收到法院通知,被告知乙公司状告甲公司侵权,要求甲公司赔偿 200 万元,至年末未结案。甲公司在年末编制会计报表时,根据法律诉讼的进展情况以及专业人士的意见,认为对原告进行赔偿 150 万元的可能性为 60%,赔偿 100 万元的可能性为 40%,为此,甲公司应在年末进行的会计处理是确认预计负债( )万元。

    A. 150   B. 100   C. 130   D. 200

7. 甲公司于 12 月 20 日收到法院通知,被告知乙公司状告甲公司侵权,要求甲公司赔偿 100 万元,至年末未结案。甲公司应诉中发现丙公司应承担连带责任对甲公司作出赔偿,甲公司在年末编制会计报表时,根据法律诉讼的进展情况以及专业人士的意见,认为对原告进行赔偿的可能性在 50% 以上,最有可能发生的赔偿金额为 50 万元,从第三方得到补偿基本上可以确定,最有可能获得的补偿金额为 30 万元,为此,甲公司应在年末进行的会计处理是( )。

    A. 借:营业外支出——诉讼赔偿   500 000
        贷:预计负债——未决诉讼   500 000

    B. 借:营业外支出——诉讼赔偿   500 000
        贷:预计负债——未决诉讼   500 000
        借:其他应收款   300 000
        贷:营业外支出——诉讼赔偿   300 000

    C. 借:营业外支出——诉讼赔偿   200 000
        贷:预计负债   200 000

    D. 借:管理费用——诉讼赔偿   200 000
        贷:其他应付款   200 000

8. A 公司于 20×6 年 9 月收到法院通知,被告知 B 公司状告 A 公司侵犯专利权。要求 A 公司赔偿 500 万元。A 公司经过反复测试认为其核心技术是委托 C 公司研究开发的,C 公司应承担连带责任对 A 公司进行赔偿,A 公司在年末编制会计报表时,根据法律诉讼的进展情况以及专业人士的意见,认为对原告进行赔偿的可能性在 80% 以上,最有可能发生的

赔偿金额为 60 万元,从第三方得到补偿基本上可以确定,最有可能获得的补偿金额为 40 万元,为此,A 公司应在年末进行的会计处理的分录是(   )。

    A. 借:营业外支出——诉讼赔偿   200 000
        贷:预计负债——未决诉讼   200 000
    B. 借:营业外支出——诉讼赔偿   200 000
           其他应收款   400 000
        贷:预计负债——未决诉讼   600 000
    C. 借:营业外支出——诉讼赔偿   600 000
        贷:预计负债   600 000
    D. 借:管理费用——诉讼赔偿   600 000
        贷:预计负债——未决诉讼   600 000

9. A 企业年度财务报告批准报出日是次年 4 月 30 日。A 企业于 20×6 年 12 月 31 日前因未履行合同被乙企业起诉,A 企业已将 75 万元的预计负债登记为"预计负债"账户。20×7 年 3 月 20 日法院判决 A 企业需偿付乙企业经济损失 78 万元,A 企业不再上诉并执行。A 企业应进行的会计处理是(   )(假定不考虑所得税等各种其他因素)。

    A. 借:营业外支出   30 000
        贷:预计负债   30 000
    B. 借:营业外支出   30 000
        贷:其他应付款   30 000
    C. 借:以前年度损益调整   30 000
        贷:其他应付款   30 000
    D. 借:以前年度损益调整   30 000
        贷:其他应付款   30 000

10. A 公司于 20×6 年 8 月收到法院通知被某单位提起诉讼,要求 A 公司赔偿违约造成的经济损失 130 万元,至本年来,法院尚未作出判决。A 公司对于此项诉讼,预计有 51% 的可能性败诉,如果败诉需支付对方赔偿款 90 万~120 万元,并支付诉讼费用 3 万元。A 公司 20×6 年 12 月 31 日需要作的处理是(   )。

    A. 不能确认负债,作为或有负债在报表附注中披露
    B. 不能确认负债,也不需要在报表附注中披露
    C. 确认预计负债 105 万元,同时在报表附注中披露有关信息
    D. 确认预计负债 108 万元,同时在报表附注中披露有关信息

二、多项选择题

1. 下列各项中,属于或有事项的有(   )。
    A. 未决诉讼或仲裁   B. 亏损合同
    C. 产品质量担保(含产品安全保证)   D. 承诺

2. 下列有关或有事项披露内容的表述中,正确的有(   )。
    A. 因或有事项而确认的负债应在资产负债表中单列项目反映
    B. 因或有事项很可能获得的补偿应在资产负债表中单列项目反映
    C. 已贴现商业承兑汇票形成的或有负债不论其金额大小均应披露
    D. 当未决诉讼的披露将对企业造成重大不利影响时,可以只披露该未决诉讼的性

质,以及没有披露这些信息的事实和原因

3. 下列事项中,属于重组事项的有( )。

    A. 出售或终止企业的部分经营业务

    B. 对企业的组织结构进行较大调整

    C. 关闭企业的部分营业场所

    D. 将营业活动由一个国家或地区迁移到其他国家或地区

4. 是否对与或有事项有关的义务加以确认,应同时考虑的标准是( )。

    A. 该项义务为企业承担的现时义务

    B. 该项义务为企业承担的未来义务

    C. 该项义务的了结很可能导致经济利益流出企业

    D. 该项义务的金额能够可靠地计量

5. 甲企业因或有事项很可能赔偿 A 公司 60 万元,同时,因该或有事项,甲企业基本确定可以从 B 公司获得 40 万元的补偿金,甲企业正确的会计处理为( )。

    A. 登记营业外支出和预计负债 60 万元

    B. 登记其他应收款和营业外支出 40 万元

    C. 登记营业外支出和预计负债 20 万元

    D. 登记营业外支出 20 万元,其他应收款 40 万元和预计负债 60 万元

6. 在估计因或有事项而确认的负债金额时,以下正确的选择包括( )。

    A. 如果存在一个金额范围,且该范围内各种结果发生的可能性相同,合理估计数是该范围上限、下限的平均数

    B. 如果存在一个金额范围,合理估计数是该范围的上限

    C. 如果不存在一个金额范围,涉及单个项目,按最可能发生的金额确定

    D. 如果不存在一个金额范围,涉及多个项目,按各种可能发生的金额及其发生的概率计算确定

7. 以下因或有事项而确认负债的披露要求正确的有( )。

    A. 在资产负债表中,或有事项确认为负债要与其他负债项目区别开来,单独反映

    B. 在资产负债表中,或有事项确认为负债可以与其他负债项目合并反映

    C. 在确认负债的同时应确认的费用和支出,在利润表中与其他费用和支出项目区别开来单独反映

    D. 如果基本确定能获得补偿,企业在利润表中反映的损失是因或有事项确认的费用扣除应获得的补偿金后的净值

8. 下列各项中,应披露的或有负债的内容有( )。

    A. 或有负债形成的原因

    B. 或有负债预计产生的财务影响

    C. 无法预计或有负债产生财务影响的原因

    D. 获得补偿的可能性

三、计算题

1. 甲股份有限公司(以下简称甲公司)适用所得税税率为 25%,所得税采用债务法核算,假定不考虑纳税调整事项,该公司按照净利润的 10% 提取法定盈余公积,按照净利润的 10% 提取任意盈余公积。甲公司 20×7 年度财务会计报告于 20×8 年 2 月 18 日批准对外

报出。甲公司发生有关事项如下：

(1) 20×7年12月1日,甲公司因其产品质量问题对李某造成人身伤害,被李某提起诉讼,要求赔偿200万元,至12月31日,法院尚未作出判决。甲公司预计该项诉讼很可能败诉,赔偿金额估计在100万～150万元,并且还需要支付诉讼费用2万元。考虑到公司已就该产品质量向保险公司投保,公司基本确定可从保险公司获得赔偿金50万元,但尚未获得相关赔偿证明。

(2) 20×8年2月15日,法院判决甲公司向李某赔偿115万元,并负担诉讼费用2万元,甲公司和李某均不再上诉。

(3) 20×8年2月21日,甲公司从保险公司获得产品质量赔偿款50万元,并于当日用银行存款支付了对李某的赔偿款和诉讼费用。

要求:编制甲公司20×7年12月31日、20×8年2月15日和20×8年2月21日与诉讼事项有关的会计分录。

2. 20×7年7月1日,B公司委托某银行向C公司贷款1 500万元,期限2年。由于经营困难等原因,C公司无力偿还B公司款项,为此,B公司依法向法院起诉C公司。20×7年12月10日,法院一审判决B公司胜诉,责成C公司向B公司偿付贷款本金和利息1 590万元,并支付罚息30万元,承担诉讼费用2万元,合计1 622万元。由于种种原因,C公司未履行判决,至20×7年12月31日,B公司也未采取进一步措施。

要求:分别说明B公司、C公司对此事项如何处理,需要确认和披露的,写出分录和简单披露;不需要确认的,只作简单披露(单位为万元)。

3. A公司为工业生产企业,从20×5年1月起为售出产品提供"三包"服务,规定产品出售后一定期限内出现质量问题,负责退换或免费提供修理。假定A公司只生产和销售甲产品。在20×6年年初"预计负债——产品质量保证"账户的账面余额为45万元,甲产品的"三包"期限为3年。A公司对售出的甲产品可能发生的三包费用,在期末按照当期甲产品销售收入的2%预计。该企业2006年甲产品的销售收入及发生的"三包"有关费用资料如表2-2所示。

表2-2　　　　　　　　　　　甲产品相关资料表　　　　　　　　　　单元:万元

项目	第一季度	第二季度	第三季度	第四季度	合计
甲产品销售收入	1 500	1 200	1 800	900	5 400
发生的"三包"费用	22.5	15	45	30	1 125
其中:原材料成本	15	12	15	22.5	64.5
人工成本	5.5	2	7.5	6.5	21.5
用银行存款支付的其他支出	2	1	22.5	1	26 5

要求:

(1) 假定A公司按季对外提供财务报告,编制20×6年第一、第二季度的会计分录。

(2) 假定A公司按年对外提供财务报告,编制20×6年会计分录。

4. A公司为商品流通企业,系增值税一般纳税人,适用的增值税税率为17%。20×7年10月10日,A公司与B公司签订不可撤销合同,合同规定20×8年1月10日向B公司销售500套铜制商品,合同价格每套为10万元。20×7年12月1日,购入500套铜制商品并验收入库,由于市场有色金属铜的价格大幅度上升,使得购买成本为每套15万元,货款已支付。20×8年1月10日,向B公司发出500套铜制商品,货款已收到。

要求:

(1) 编制20×7年12月1日,购入商品的会计分录。

(2) 编制20×7年12月31日,计提存货跌价准备的会计分录。

(3) 编制20×8年1月10日,销售商品的会计分录。

四、综合题

1. 甲股份有限公司(以下简称甲公司)适用的所得税税率为25%,采用债务法核算所得税。甲公司按净利润的10%提取法定盈余公积。甲公司的原材料按实际成本法核算,其20×5年度的财务报告于20×6年4月20日批准报出,实际对外公布日为4月22日。甲公司于20×5年至20×6年4月20日发生如下交易或事项:

(1) 甲公司于11月3日收到法院通知,被告知中国工商银行已提起诉讼,要求甲公司清偿到期借款本息5 000万元,另支付逾期借款罚息200万元。至12月31日,法院尚未作出判决。对于此项诉讼,甲公司预计除需偿还到期借款本息外,有60%的可能性还需支付逾期借款罚息100万~200万元和诉讼费用15万元。

(2) 因中国农业银行未按合同规定及时提供贷款,给甲公司造成损失500万元。甲公司要求中国农业银行赔偿损失500万元,但中国农业银行未予同意,甲公司遂于本年11月5日向法院提起诉讼,要求中国农业银行赔偿损失500万元。至12月31日,法院尚未作出判决。甲公司预计将获胜诉,可获得400万元赔偿金的可能性为40%,可获得500万元赔偿金的可能性为35%。

(3) 甲公司某一董事之子为丁企业的总会计师。甲公司与丁企业于20×5年有关交易资料如下(不考虑20×5年其他销售业务,并假设售出产品的保修期均未满):

① 甲公司销售A产品给丁企业,售价为10 000万元,产品成本为8 000万元。按购销合同约定,甲公司对售出的A产品保修2年。根据以往经验估计,销售A产品所发生的保修费用为该产品销售额的1%。甲公司20×5年实际发生的A产品保修人工费用为30万元,耗用原材料实际成本为20万元。20×4年12月31日,甲公司已提的A产品保修费用的余额为60万元。

② 甲公司销售500件B产品给丁企业,单位售价为50万元,单位产品成本为35万元。按购销合同约定,甲公司对售出的B产品保修1年。根据以往经验估计,销售B产品所发生的保修费用为其销售额的1.8%。甲公司20×5年实际发生的B产品保修人工费用为100万元,耗用原材料为150万元。至20×4年12月31日,甲公司已提的B产品保修费用的余额为150万元。

③ 甲公司销售一批本年度新研制的C产品给丁企业,售价为800万元,产品成本为600万元。甲公司对售出的C产品提供1年的保修期,1年内产品若存在质量问题,甲公司负责免费修理(含更换零部件)。甲公司预计发生的保修费用为销售C产品售价的2%~3%,20×5年未发生修理费用。

(4) 12月31日,甲公司已贴现的商业承兑汇票资料如表2-3所示。

表 2-3　　　　　　　　　　甲公司相关资料表　　　　　　　金额单位:万元

出票单位	到期日	贴现票据价值	出票人无法支付的可能性	与甲公司关系
丙企业	20×6 年 1 月 20 日	5 000	49%	常年客户
戊企业	20×6 年 2 月 8 日	4 000	30%	常年客户
XYZ 企业	20×6 年 5 月 10 日	7 000	50%	常年客户

(5)甲公司于 11 月 3 日收到法院通知,被告知 ABC 公司状告甲公司侵犯其专利权。ABC 公司认为,甲公司未经其同意,在试销的新产品中采用了 ABC 公司的专利技术,要求甲公司停止该项新产品的生产和销售,并一次性支付专利使用费 80 万元。甲公司认为其研制、生产和销售该项新产品并未侵犯 ABC 公司的专利权,遂于 11 月 15 日向法院提交答辩状,反诉 ABC 公司侵犯甲公司的知识产权,要求 ABC 公司赔偿其损失费 200 万元。至 12 月 31 日,诉讼尚在进行中,甲公司无法估计可能得到的赔偿金和可能支付的赔偿金。

(6)甲公司拥有乙公司 15% 的股份,并为乙公司常年提供最新研制的产品生产技术,乙公司生产产品的 80% 销售给甲公司。甲公司为乙公司提供担保的某项银行借款计 10 000 万元于 20×5 年 5 月到期。该借款系由乙公司于 20×2 年 5 月从银行借入,甲公司为乙公司此项银行借款的本息提供 60% 的担保。乙公司借入的款项至到期日应偿付的本息为 11 500 万元。由于乙公司无力偿还到期债务,债权银行于 7 月向法院提起诉讼,要求乙公司及为其提供担保的甲公司偿还借款本息,并支付罚息 140 万元。至 12 月 31 日,法院尚未作出判决,甲公司预计承担此项债务的可能性为 50%。20×6 年 3 月 5 日,法院作出一审判决,乙公司和甲公司败诉,甲公司需为乙公司偿还借款本息的 60%,乙公司和甲公司对该判决不服,于 3 月 15 日上诉至二审法院。至财务报告批准报出前,二审法院尚未作出终审判决,甲公司估计需替乙公司偿还借款本息 60% 的可能性为 51%,并且预计替乙公司偿还的借款本息不能收回的可能性为 80%。

要求(答案中的金额单位以万元表示):

(1)编制甲公司 20×5 年度发生的上述交易或事项有关的会计分录(不考虑销售业务、增值税及其他相关流转税费、期末结转损益类科目的会计分录)。

(2)计算甲公司 20×5 年度发生的上述或有事项对净利润的影响金额,并列出计算过程(不考虑其他纳税调整事项,假设按税法规定甲公司实际发生的损失可在应纳税所得额前扣除,假定甲公司上述交易或事项所发生的差异均为暂时性差异)。

(3)计算甲公司 20×5 年 12 月 31 日已提产品保修费用的余额,并列出计算过程。

第三章 债务重组

学习目标与要求

　　了解债务重组的概念与债务重组方式。

　　掌握债务重组中债务人的会计处理和债务重组中债权人的会计处理。

重点

　　债务重组中债务人的会计处理和债务重组中债权人的会计处理。

难点

　　债务重组中债务人的会计处理和债务重组中债权人的会计处理。

导读

　　债务重组是指在债务人发生财务困难的情况下,债权人按照其与债务人达成的协议或者法院的裁定作出让步的事项。债务重组方式主要有:

　　(1) 以资产清偿债务,包括以货币资金、存货、金融资产(股票、债券、基金)、固定资产、长期股权投资、无形资产等清偿债务。

　　(2) 将债务转为资本,是指债务人将债务转为资本,同时债权人将债权转为股权。

　　(3) 修改其他债务条件,包括减少债务本金、减少债务利息等。

　　(4) 混合重组,是指采用以上两种或两种以上的方法组合清偿债务的债务重组形式。

第一节　债务重组的定义和重组方式

一、债务重组的概念

　　债务重组是指在债务人发生财务困难的情况下,债权人按照其与债务人达成的协议或者法院的裁定作出让步的事项。在确定债务重组时应注意以下问题。

　　1. 债务重组的前提是债务人发生了财务困难

　　债务人发生财务困难是指因债务人出现资金周转困难、经营陷入困境或者其他方面的原因等,导致其无法或者没有能力按原定条件偿还债务的情况。

2. 债务重组的结果是债权人作出了让步

债权人作出让步是指债权人同意发生财务困难的债务人现在或者将来以低于重组债务账面价值的金额或者价值偿还债务。"债权人作出让步"的情形主要包括：债权人减免债务人部分债务本金或者利息、降低债务人应付债务的利率等。在新企业会计准则下，只有作出金额上的让步属于债务重组，因此，必然有债务重组利得，应将债务重组利得计入营业外收入。

二、债务重组方式

债务重组方式主要有：

（1）以资产清偿债务，包括以货币资金、存货、金融资产（股票、债券、基金）、固定资产、长期股权投资、无形资产等清偿债务。

（2）将债务转为资本，是指债务人将债务转为资本，同时债权人将债权转为股权。

（3）修改其他债务条件，包括减少债务本金、减少债务利息等。

（4）混合重组，是指采用以上两种或两种以上的方法组合清偿债务的债务重组形式。

注意：债务人发行的可转换债券按正常条件转为股权、债务人破产清算时发生的债务重组、债务人改组、债务人借新债还旧债，以及债权人没有作出金额上的让步等，不属于债务重组。

三、债务重组完成时点

债务重组可能发生在债务到期前、到期日或到期后。债务重组日是指债务重组完成日，有以下三种情况：

（1）债务人以资产偿还债务：以债权人收到了相关资产（有进账单、入库单，如房产则应产权过户），并办理有关债务解除手续，作为债务重组完成日。

（2）将债务转为资本：以债务人办妥增资批准手续（即签发了新的营业执照）并向债权企业出具了出资证明，作为债务重组完成日。

（3）修改其他债务条件：以修改后的偿债条件开始执行的日期，作为债务重组完成日。

第二节 债务重组的会计处理

一、以资产清偿债务

（一）以现金清偿债务的会计处理

以现金清偿债务的，债务人应当将重组债务的账面价值与实际支付现金之间的差额，确认为债务重组利得，计入营业外收入。重组债务的账面价值，一般为债务的面值或本金、原值，如应付账款；如有利息的，还应加上应计而未付利息，如长期借款等。债权人应当将重组债权的账面余额与收到的现金之间的差额，确认为债务重组损失，计入营业外支出。债权人已对债权计提减值准备的,应当先将该差额冲减减值准备,冲减后尚有余额的,计入营业外支出;冲减后减值准备仍有余额的,应予转回并抵减当期资产减值损失。未对债权计提减值准备的,应直接将该差额确认为债务重组损失。

【例3-1】 甲企业于20×6年1月20日销售一批材料给乙企业,不含税价格为200 000元,增值税税率为17%,按合同规定,乙企业应于20×6年4月1日前偿付货款。由于乙企业发生财务困难,无法按合同规定的期限偿还债务,经双方协议于7月1日进行债务重组。债务重组协议规定,甲企业同意减免乙企业30 000元债务,余额用现金立即偿清。乙企业于当日通过银行转账支付了该笔剩余款项,甲企业随即收到了通过银行转账偿还的款项。甲企业已为该项应收债权计提了20 000元的坏账准备。

乙企业的账务处理:

计算债务重组利得如下:

应付账款账面余额(200 000+200 000×17%)	234 000元
减:支付的现金	204 000元
债务重组利得	30 000元

应作会计分录如下:

借:应付账款——甲公司	234 000	
贷:银行存款		204 000
营业外收入——债务重组利得		30 000

(2)甲企业的账务处理:

计算债务重组损失如下:

应收账款账面余额	234 000元
减:收到的现金	204 000元
差额	30 000元
减:已计提坏账准备	20 000元
债务重组损失	10 000元

应作会计分录如下:

借:银行存款	204 000	
营业外支出——债务重组损失	10 000	
坏账准备	20 000	
贷:应收账款——乙公司		234 000

(二)以非现金资产清偿债务的会计处理

企业以非现金资产清偿债务的,非现金资产类别不同,其会计处理也略有不同。

债务人以非现金资产清偿债务的,债务人应分清债务重组利得与资产转让损益的界限,并于债务重组当期予以确认。

债务重组利得是指重组债务的账面价值超过非现金资产(即抵债资产)的公允价值之间的差额,应计入营业外收入。

非现金资产的公允价值应当按照下列规定进行计量:

非现金资产属于企业持有的股票、债券、基金等金融资产,且该金融资产存在活跃市场的,应当以金融资产的市价作为非现金资产的公允价值。

非现金资产属于金融资产但该金融资产不存在活跃市场的,应当采用《企业会计准则第22号——金融工具确认和计量》规定的估值技术等合理的方法确定其公允价值。

非现金资产属于存货、固定资产、无形资产等其他资产,且存在活跃市场的,应当以其市场价格为基础确定其公允价值;不存在活跃市场但与其类似资产存在活跃市场的,应当以类似资产的市场价格为基础确定其公允价值;在上述两种情况下仍不能确定非现金资产公允价值的,应当采用估值技术等合理的方法确定其公允价值。

资产转让损益是指抵债的非现金资产的公允价值与其账面价值之间的差额。非现金资产公允价值与账面价值的差额,应按照下列规定处理:

非现金资产为存货的,应当作为销售处理。

非现金资产为固定资产的,应视同固定资产处置。

非现金资产为无形资产的,应视同无形资产处置。

非现金资产为企业投资的,非现金资产的公允价值扣除投资的账面价值(对投资计提减值准备的,还应将相关的减值准备予以结转)及直接相关费用之后的余额确认为转让资产损益,计入投资收益。非现金资产的账面价值,一般为非现金资产的账面余额扣除其资产减值准备后的金额。其中,非现金资产的账面余额,是指非现金资产账户在期末的实际金额,即账户未扣除其资产减值准备之前的余额。未计提减值准备的非现金资产,其账面价值就是账面余额。

对债权人来说,以非现金资产清偿债务的,债权人应当对受让的非现金资产按其公允价值入账,重组债权的账面余额与受让的非现金资产的公允价值之间的差额,确认为债务重组损失,计入营业外支出。重组债权已经计提了减值准备的,分别以下情况进行处理:

债权人对重组债权分别提取了减值准备,那么只需要将上述差额冲减已计提的减值准备,减值准备不足以冲减的部分作为债务重组损失,计入营业外支出,如果减值准备冲完该差额后,仍有余额,应予转回并抵减当期资产减值损失,不再确认债务重组损失。如果债权人对重组债权不是分别提取减值准备,而是采取一揽子提取减值准备的方法,则债权人应将对应于该债务人的损失准备倒轧出来,再确定是否确认债务重组损失。

1. 以库存材料、商品产品抵偿债务

债务人以库存材料、商品产品抵偿债务,应当作为销售处理。按抵偿债务的存货确认收入,同时结转销售成本。债权人收到存货资产时,应按受让的存货资产的公允价值计量。债权人发生的运杂费、保险费等,也应计入相关存货资产的价值。

【例3-2】 20×7年1月1日,甲公司销售一批产品给丙公司,含税价为150万元。20×7年7月10日,丙公司发生财务困难,无法按合同规定偿还债务,经双方协议,甲公司同意丙公司用产品抵偿该应收账款。该产品市价为100万元,增值税税率为17%,产品成本为80万元。甲公司为债权计提了坏账准备30万元。假定不考虑其他税费。

(1) 丙公司会计处理如下:

计算债务重组利得如下:

应付账款的账面余额	1 500 000 元
减:所转让产品的公允价值	1 000 000 元
增值税销项税额(1 000 000×17%)	170 000 元
债务重组利得	330 000 元

应作会计分录如下：

借：应付账款——甲公司　　　　　　　　　　　　　　　　　1 500 000
　　贷：主营业务收入　　　　　　　　　　　　　　　　　　1 000 000
　　　　应交税费——应交增值税（销项税额）　　　　　　　　170 000
　　　　营业外收入　　　　　　　　　　　　　　　　　　　330 000

借：主营业务成本　　　　　　　　　　　　　　　　　　　　800 000
　　贷：库存商品　　　　　　　　　　　　　　　　　　　　800 000

（2）甲公司的会计处理如下：

计算债务重组损失如下：

应收账款账面余额	1 500 000元
减：受让资产的公允价值	1 000 000元
增值税进项税额	170 000元
差额	330 000元
减：已计提坏账准备	300 000元
债务重组损失	30 000元

应作会计分录如下：

借：库存商品　　　　　　　　　　　　　　　　　　　　　　1 000 000
　　应交税费——应交增值税（进项税额）　　　　　　　　　　170 000
　　坏账准备　　　　　　　　　　　　　　　　　　　　　　300 000
　　营业外支出　　　　　　　　　　　　　　　　　　　　　30 000
　　贷：应收账款——丙公司　　　　　　　　　　　　　　　1 500 000

2. 以固定资产抵偿债务

债务人以固定资产抵偿债务，应将固定资产的公允价值与该项固定资产账面价值和清理费用的差额作为转让固定资产的损益处理。将固定资产的公允价值与重组债务的账面价值的差额，作为债务重组利得。债权人收到的固定资产按公允价值计量。

【例3-3】　甲公司于20×5年1月1日销售给乙公司一批材料，价值400 000元（包括应收取的增值税额），按购销合同约定，乙公司应于20×5年10月31日前支付货款，但截至20×6年1月31日，乙公司尚未支付货款。由于乙公司财务发生困难，短期内不能支付货款。20×6年2月3日，与甲公司协商，甲公司同意乙公司以一台设备偿还债务。该项设备的账面原价为350 000元，已提折旧50 000元，设备的公允价值为360 000元（假定企业转让该项设备不需要交纳增值税）。

甲公司对该项应收账款已提取坏账准备20 000元。抵债设备已于20×6年3月10日运抵甲公司。假定不考虑该项债务重组相关的税费。

（1）乙公司的账务处理如下：

首先，计算固定资产清理损益与债务重组利得如下：

固定资产公允价值	360 000元
减：固定资产净值	300 000元
处置固定资产净收益	60 000元

其次，计算债务重组利得如下：

应付账款的账面余额	400 000 元
减：固定资产公允价值	360 000 元
债务重组利得	40 000 元

应作会计分录如下：

一是将固定资产净值转入固定资产清理：

借：固定资产清理	300 000	
累计折旧	50 000	
贷：固定资产		350 000

二是确认债务重组利得：

借：应付账款——甲公司	400 000	
贷：固定资产清理		360 000
营业外收入——债务重组利得		40 000

三是确认固定资产处置利得：

借：固定资产清理	60 000	
贷：营业外收入——处置固定资产利得		60 000

（2）甲公司的账务处理：

计算债务重组损失如下：

应收账款账面余额	400 000 元
减：受让资产的公允价值	360 000 元
差额	40 000 元
减：已计提坏账准备	20 000 元
债务重组损失	20 000 元

应作会计分录如下：

借：固定资产	360 000	
坏账准备	20 000	
营业外支出——债务重组损失	20 000	
贷：应收账款——乙公司		400 000

3. 以股票、债券等金融资产抵偿债务

债务人以股票、债券等金融资产抵偿债务，应按相关金融资产的公允价值与其账面价值的差额，作为转让金融资产的利得或损失处理；相关金融资产的公允价值与重组债务的账面价值的差额，作为债务重组利得。债权人收到的相关金融资产按公允价值计量。

【例3-4】 甲公司于20×6年7月1日销售给乙公司一批产品，价值450 000元（包括应收取的增值税额），乙公司于当日开出6个月承兑的商业汇票。乙公司于20×6年12月31日尚未支付货款。由于乙公司发生财务困难，短期内不能支付货款。经与甲公司协商，甲公司同意乙公司以其所拥有并作为以公允价值计量且其变动计入当期损益的某公司股票抵偿债务。该股票的账面价值为400 000元（为取得时的成本，公允价值未发生变动），公允价值 380 000 元,乙公司将该股票作为交易性金融资产。假定甲公司为该项应收账款提取了坏账准备 40 000 元。用于抵债的股票已于 20×7 年 1 月 22 日办理了相关转让手续;甲公司将取得的某公司股票作为以公允价值计量且其变动计入当期损益的金融资产。甲公司已将该项应收票据转入应收账款;乙公司已将应付票据转入应付账款。

（1）乙公司的账务处理：

计算债务重组利得如下：

应付账款的账面余额	450 000 元
减:股票的公允价值	380 000 元
债务重组利得	70 000 元

计算转让股票收益如下：

股票的公允价值	380 000 元
减:股票的账面价值	400 000 元
转让股票损益	−20 000 元

会计分录如下：

借:应付账款——甲公司　　　　450 000
　　投资收益　　　　　　　　　20 000
　　贷:交易性金融资产——成本　　　　400 000
　　　　营业外收入——债务重组利得　　70 000

（2）甲公司的账务处理：

计算债务重组损失如下：

应收账款账面余额	450 000 元
减:受让资产的公允价值	380 000 元
差额	70 000 元
减:坏账准备	40 000 元
债务重组损失	30 000 元

会计分录如下：

借:交易性金融资产　　　　　　380 000
　　营业外支出——债务重组损失　30 000
　　坏账准备　　　　　　　　　40 000
　　贷:应收账款——乙公司　　　　450 000

二、以债务转为资本

对债务人而言,将债务转为资本,应当将债权人放弃债权而享有股份的面值总额(或者股权份额)确认为股本(或者实收资本),股份的公允价值总额与股本(或者实收资本)之间的差额确认为股本溢价(或者资本溢价)计入资本公积。重组债务账面价值超过股份的公允价值总额(或者股权的公允价值)的差额,确认为债务重组利得,计入当期营业外收入。

对于上市公司,其发行的股票有市价,因此,应以市价作为股份或者股权的公允价值;对于其他企业,债权人因放弃债权而享有的股份或者股权可能没有市价,因此,应当采用恰当的估值技术确定其公允价值。

债务转为资本,债务人可能会发生一些税费,与股票发行直接相关的手续费等,可以作为抵减资本公积处理,其他税费可以直接计入当期损益,如印花税等。

对债权人而言,将债务转为资本,应当将因放弃债权而享有股份的公允价值确认为对债务人的投资,重组债权的账面余额与股份的公允价值之间的差额,确认为债务重组损失,计入营业外支出。债权人已对债权计提减值准备的,应当先将该差额冲减减值准备,减值准备不足以冲减的部分,确认为债务重组损失计入营业外支出。债务重组中发生的相关税费,分别按照长期股权投资或者金融工具确认和计量等企业会计准则的规定进行处理。

【例3-5】 20×7年2月10日,乙公司销售一批材料给甲公司,应收账款100 000元,合同约定6个月后结清款项。6个月后,由于甲公司发生财务困难,无法支付货款,与乙公司协商进行债务重组。经双方协议,乙公司同意甲公司以其股权抵偿该账款。乙公司对该项应收账款计提了坏账准备5 000元。假设转账后甲公司注册资本为5 000 000元,净资产的公允价值为7 600 000元,抵债股权占甲公司注册资本的1%。相关手续已办理完毕。假定不考虑其他相关税费。

(1) 债务人甲公司的会计处理如下:

相关计算如下:

$$\frac{\text{重组债务应付账款的账面价值与}}{\text{所转股权的公允价值之间的差额}} = 100\ 000 - 7\ 600\ 000 \times 1\% = 24\ 000(\text{元})$$

差额24 000元作为债务重组利得,所转股份的公允价值76 000元与实收资本50 000元(5 000 000×1%)的差额26 000元作为资本公积。

相关会计分录如下:

借:应付账款——乙公司　　　　　　　　　　　　　　　　　　　　　　100 000
　贷:实收资本　　　　　　　　　　　　　　　　　　　　　　　　　　50 000
　　　资本公积——资本溢价　　　　　　　　　　　　　　　　　　　　26 000
　　　营业外收入——债务重组利得　　　　　　　　　　　　　　　　　24 000

(2) 债权人乙公司的会计处理如下:

相关计算如下:

$$\frac{\text{重组债权应收账款的账面余额与}}{\text{所转让股权的公允价值之间的差额}} = 100\ 000 - 7\ 600\ 000 \times 1\% = 24\ 000(\text{元})$$

该差额24 000元扣除坏账准备5 000元,计19 000元,作为债务重组损失,计入营业外支出。

相关会计分录如下:

借:长期股权投资——甲公司　　　　　　　　　　　　　　　　　　　　76 000
　　营业外支出——债务重组损失　　　　　　　　　　　　　　　　　　19 000
　　坏账准备　　　　　　　　　　　　　　　　　　　　　　　　　　　5 000
　贷:应收账款——甲公司　　　　　　　　　　　　　　　　　　　　　100 000

三、以修改其他债务条件清偿债务

修改其他债务条件清偿债务,是指债务人不以其资产清偿债务,也不将其债务转为资本,而是与债权人达成债务重组协议,以减少未来债务本金、降低利率、减少或免除债务利息等方式清偿债务。

企业采用修改其他债务条件进行债务重组的,应当区分是否涉及或有应付(或应收)金额进行会计处理;所谓或有应付(或应收)金额,是指需要根据未来某种事项出现而发生的应付(或应收)金额,而且该未来事项的出现具有不确定性。

（一）不涉及或有应付金额的债务重组

对债务人来说,以修改其他债务条件进行债务重组,如修改后的债务条款中不涉及或有应付金额,则重组债务的账面价值大于重组后债务的入账价值(即修改其他债务条件后债务的公允价值)的差额为债务重组利得,计入营业外收入。

对债权人而言,以修改其他债务条件进行债务重组,如修改后的债务条款中不涉及或有应收金额,则债权人应当将修改其他债务条件后的债权的公允价值作为重组后债权的账面价值,重组债权的账面余额与重组后债权的账面价值之间的差额为债务重组损失,计入营业外支出。如债权人已对该债权计提减值准备的,应当先将该差额冲减减值准备,减值准备不足以冲减的部分,作为债务重组损失,计入营业外支出。

【例 3-6】 甲企业 20×6 年 12 月 31 日应收乙企业账款的账面余额为 327 000 元,其中,27 000 元为累计未付的利息,票面利率为 9%。乙企业由于连年亏损,现金流量不足,不能偿付应于 20×6 年 12 月 31 日前支付的应付账款。经协商,于 20×6 年年末进行债务重组。甲企业同意将债务本金减至 250 000 元;免去债务人所欠的全部利息;将利率从 9% 降低至 5%,并将债务到期日延至 20×8 年 12 月 31 日,利息按年支付。甲企业已对该项应收账款计提了 40 000 元的坏账准备。

(1) 甲企业的账务处理:

计算债务重组损失如下:

应收账款账面余额	327 000 元
减:重组后债权公允价值	250 000 元
差额	77 000 元
减:已计提坏账准备	40 000 元
债务重组损失	37 000 元

债务重组日的会计分录如下:

借:应收账款——债务重组(乙企业)	250 000	
坏账准备	40 000	
营业外支出——债务重组损失	37 000	
贷:应收账款——乙企业		327 000

20×7 年 12 月 31 日,收到利息时的会计分录如下:

借：银行存款 12 500
 贷：财务费用(250 000×5%) 12 500

20×8年12月31日，收到本金和最后1年利息时的会计分录如下：

借：银行存款 262 500
 贷：应收账款——债务重组 250 000
  财务费用 12 500

（2）乙企业的账务处理如下：

计算债务重组利得如下：

应付账款的账面余额 327 000元
减：重组后债务公允价值 250 000元
 债务重组利得 77 000元

债务重组时的会计分录如下：

借：应付账款——甲企业 327 000
 贷：应付账款——债务重组(甲企业) 250 000
  营业外收入——债务重组利得 77 000

20×7年12月31日，支付利息时的会计分录如下：

借：财务费用 12 500
 贷：银行存款(250 000×5%) 12 500

20×8年12月31日，偿还本金和最后一年利息时的会计分录如下：

借：应付账款——债务重组(甲企业) 250 000
  财务费用 12 500
 贷：银行存款 262 500

（二）涉及或有应付金额的债务重组

以修改其他债务条件进行的债务重组，修改后的债务条款如涉及或有应付金额，且该或有应付金额符合《企业会计准则第13号——或有事项》中有关预计负债确认条件的，债务人应当将该或有应付金额确认为预计负债；重组债务的账面价值与重组后债务的入账价值（即重组后债务的公允价值）和预计负债金额之和的差额，作为债务重组利得，计入营业外收入。例如，债务重组协议规定，债务人在债务重组后一定时间里，其业绩改善到一定程度或者符合一定要求（如扭亏为盈、摆脱财务困境等），应向债权人额外支付一定款项，当债务人承担的或有应付金额符合预计负债确认条件时，应当将该或有应付金额确认为预计负债。

上述或有应付金额在随后会计期间没有发生的，企业应当冲销已确认的预计负债，同时确认营业外收入。

对债权人而言，以修改其他债务条件进行债务重组，修改后的债务条款中涉及或有应收金额的，不应当确认或有应收金额，不得将其计入重组后债权的账面价值。根据谨慎性原则，或有应收金额属于或有资产，或有资产不予确认。只有在或有应收金额实际发生时，才计入当期损益。

【例3-7】 甲公司从乙公司购入原材料50万元（含税），由于财务困难无法支付货款，

20×7 年 12 月 31 日进行债务重组。经协商,甲公司在 2 年后支付本金 40 万元,利息按 5‰ 计算;同时规定,如果 20×8 年甲公司有盈利,从 20×9 年起则按 8‰ 计息。根据 20×7 年年末债务重组时甲企业的生产经营情况判断,20×8 年甲公司很可能实现盈利;20×8 年年末,甲公司编制的利润表表明其已经实现盈利。假设利息按年支付。乙公司已计提坏账准备 5 万元。假设不考虑货币时间价值。

(1) 甲公司(债务人)的会计处理如下:

经分析,债务重组日该项或有应付金额符合确认负债的条件,应确认为负债:

$$确定将来应付的金额 = 40 + 40 \times 5‰ \times 2 = 40 + 4 = 44(万元)$$
$$预计负债 = 40 \times (8‰ - 5‰) = 1.2(万元)$$

借:应付账款   500 000
 贷:长期应付款——债务重组(乙公司)   440 000
  预计负债——债务重组(乙公司)   12 000
  营业外收入——债务重组收益   48 000

20×8 年 12 月 31 日,支付利息:

借:长期应付款——债务重组(乙公司)   20 000
 贷:银行存款   20 000

20×9 年 12 月 31 日,还清债务:

借:长期应付款——债务重组(乙公司)   420 000
 预计负债——债务重组(乙公司)   12 000
 贷:银行存款   432 000

(2) 乙公司(债权人)的会计处理如下:

$$将来确定的应收金额 = 40 + 40 \times 5‰ \times 2 = 40 + 4 = 44(万元)$$

或有应收金额不确认入账。

借:长期应收款——债务重组(甲公司)   440 000
 坏账准备   50 000
 营业外支出——债务重组损失   10 000
 贷:应收账款   500 000

20×8 年 12 月 31 日,收到利息:

借:银行存款   20 000
 贷:长期应收款债务重组(甲公司)   20 000

20×9 年 12 月 31 日,收回欠款:

借:银行存款(400 000 + 20 000 + 12 000)   432 000
 贷:长期应收款——债务重组(甲公司)   420 000
  营业外收入——债务重组收益   12 000

四、以组合方式清偿债务

（一）债务人的处理

债务重组以现金、非现金资产、债务转为资本、修改其他债务条件等方式组合进行的，对债务人来说，应当依次以支付的现金、转让的非现金资产公允价值、债权人享有股份的公允价值冲减重组债务的账面价值，修改其他债务条件的，应当将修改其他债务条件后债务的公允价值作为重组后债务的入账价值。重组债务的账面价值与重组后债务的入账价值之间的差额，作为债务重组利得，计入营业外收入。修改后的债务条款如涉及或有应付金额，且该或有应付金额符合预计负债确认条件的，债务人应当将该或有应付金额确认为预计负债。重组债务的账面价值，与重组后债务的入账价值和预计负债金额之和的差额，计入营业外收入。以上所产生的债务重组利得、资产转让损益等均于债务重组当期确认。

（二）债权人的处理

债务重组采用以现金、非现金资产、债务转为资本、修改其他债务条件等方式组合进行的，对债权人来说，应先以收到的现金、受让非现金资产的公允价值、因放弃债权而享有股权的公允价值冲减重组债权的账面余额，差额与将来应收金额进行比较，据此计算债务重组损失。债权人已对债权计提减值准备的，应当先将该差额冲减减值准备，减值准备不足以冲减的部分，作为债务重组损失，计入营业外支出。以上产生的债务重组损失于债务重组当期确认。

【例3-8】 A股份有限公司（以下简称A公司）和B股份有限公司（以下简称B公司）均为增值税一般纳税人，适用的增值税税率均为17％。20×7年1月5日，A公司向B公司销售材料一批，增值税专用发票上注明的价款为500万元，增值税额为85万元。至20×8年9月30日A公司尚未收到上述货款，A公司对此项债权已计提5万元坏账准备。20×8年9月30日，B公司鉴于财务困难，提出以其生产的产品一批和设备一台抵偿上述债务。经双方协商，A公司同意B公司的上述偿债方案。用于抵偿债务的产品和设备的有关资料如下：①B公司为该批产品开出的增值税专用发票上注明的价款为300万元，增值税额为51万元。该批产品的成本为200万元。②该设备的公允价值为200万元，账面原价为434万元，至20×8年9月30日的累计折旧为200万元。B公司清理设备过程中以银行存款支付清理费用2万元（假定B公司用该设备抵偿上述债务不需要交纳增值税及其他流转税费）。A公司已于20×8年10月收到B公司用于偿还债务的上述产品和设备。A公司收到的上述产品作为存货处理，收到的设备作为固定资产处理。

（1）A公司（债权人）应编制以下分录：

借：库存商品	3 000 000
应交税费——应交增值税（进项税额）	510 000
坏账准备	50 000
固定资产	2 000 000
营业外支出	290 000
贷：应收账款——B公司	5 850 000

（2）B公司（债务人）应编制以下分录：

借：固定资产清理	2 340 000
累计折旧	2 000 000
贷：固定资产	4 340 000

借：固定资产清理	20 000
贷：银行存款	20 000

借：应付账款	5 850 000
营业外支出（2 360 000－2 000 000）	360 000
贷：主营业务收入	3 000 000
应交税费——应交增值税（销项税额）	510 000
固定资产清理	2 360 000
营业外收入——债务重组收益	340 000

借：主营业务成本	2 000 000
贷：库存商品	2 000 000

【例3-9】 东大公司为上市公司，于20×6年1月31日销售一批商品给正保股份有限公司（以下简称正保公司），销售价款为7 000万元，增值税税率为17%。同时，收到正保公司签发并承兑的一张期限为6个月、票面年利率为4%、到期还本付息的商业承兑汇票。票据到期，正保公司因资金周转发生困难无法按期兑付该票据本息。

20×6年12月，正保公司与东大公司进行债务重组，其相关资料如下：

（1）免除积欠利息。

（2）正保公司以一台设备按照公允价值抵偿部分债务，该设备的账面原价为420万元，累计折旧为70万元，计提的减值准备28万元，公允价值为322万元。以银行存款支付清理费用14万元。该设备于20×6年12月31日运抵东大公司。

（3）将上述债务中的5 600万元转为正保公司的5 600万股普通股，每股面值和市价均为1元。正保公司于20×6年12月31日办理了有关增资批准手续，并向东大公司出具了出资证明。

（4）将剩余债务的偿还期限延长至20×8年12月31日，并从20×7年1月1日起按3%的年利率收取利息。并且，如果正保公司从20×7年起，年实现利润总额超过1 400万元，则年利率上升至4%；如全年利润总额低于1 400万元，则仍维持3%的年利率。正保公司20×7年实现利润总额1 540万元，20×8年实现利润总额840万元。

（5）债务重组协议规定，正保公司于每年年末支付利息。

（6）不考虑其他相关税费。

（1）东大公司（债权人）的会计处理如下：

借：长期股权投资——正保公司	56 000 000
固定资产	3 220 000
应收账款——债务重组（正保公司）（70 000 000＋70 000 000×17%－3 220 000－56 000 000）	
	22 680 000
营业外支出——债务重组损失	1 638 000
贷：应收票据——正保公司（81 900 000＋81 900 000×4%×6÷12）	83 538 000

正保公司 20×7 年利润总额为 1 540 万元,东大公司应按 4‰ 的年利率收取利息:

借:银行存款   907 200
 贷:财务费用(22 680 000×4‰)   907 200

正保公司 20×8 年实现利润 840 万元,未能实现 1 400 万元,东大公司按 3‰ 的年利率收取利息及本金:

借:银行存款   23 360 400
 贷:应收账款——债务重组(正保公司)   22 680 000
   财务费用   680 400

(2)正保公司(债务人)的会计处理如下:

借:应付票据——东大公司   83 538 000
 贷:固定资产清理   3 220 000
   应付账款——债务重组(东大公司)(81 900 000-3 220 000-56 000 000) 22 680 000
   预计负债[22 680 000×(4‰-3‰)×2]   453 600
   股本   56 000 000
   营业外收入——债务重组利得   1 184 400

借:固定资产清理   3 360 000
 累计折旧   700 000
 固定资产减值准备   280 000
 贷:固定资产   4 200 000
   银行存款   140 000

借:营业外支出   140 000
 贷:固定资产清理   140 000

20×7 年应按 4‰ 的年利率支付利息:

借:财务费用   680 400
 预计负债   226 800
 贷:银行存款   907 200

20×8 年偿还债务时:

借:应付账款——债务重组   22 680 000
 财务费用   680 400
 贷:银行存款   23 360 400

借:预计负债   226 800
 贷:营业外收入   226 800

本 章 小 结

本章主要介绍了债务重组的概念、债务重组的方式和债务重组的主要会计处理。

债务重组是指在债务人发生财务困难的情况下,债权人按照其与债务人达成的协议或者法院的裁定作出让步的事项。

本章的主要内容包括：

（1）非现金资产债务重组方式下债务重组利得和债务重组损失的确定。

（2）修改其他债务条件下涉及或有应付金额、或有应收金额的会计处理。

（3）组合方式的会计处理。

【关键术语】

债务重组　债务重组利得　债务转换为资本　资产转让损益

【思考题】

1. 举例说明债务重组的含义及债务重组方式。

2. 以非现金资产清偿债务的会计处理有何特点？

3. 以债务转为资本时，债务人和债权人在会计处理时应注意哪些问题？

4. 修改其他债务条件清偿债务时，债务人和债权人对或有应付金额及或有应收金额应该如何处理？

5. 债务重组中所发生的资产转让损益应当如何处理？

【练习题】

一、单项选择题

1. 20×7年3月10日，甲公司销售一批材料给乙公司，开出的增值税专用发票上注明的销售价款为200 000元，增值税销项税额为34 000元，款项尚未收到。20×7年6月4日，甲公司与乙公司进行债务重组。重组协议如下：甲公司同意豁免乙公司债务80 000元；延长期间，每月加收余款2%的利息，利息和本金于20×7年9月4日一同偿还。假定甲公司为该项应收账款计提坏账准备2 000元，整个债务重组交易没有发生相关的税费。在债务重组日，甲公司应确认的债务重组损失为（　　）元。

    A. 68 760　　　　　B. 78 000　　　　　C. 63 960　　　　　D. 0

2. 债务重组的方式不包括（　　）。

    A. 债务人以低于债务账面价值的现金清偿债务

    B. 修改其他债务条件

    C. 借新债还旧债

    D. 债务转为资本

3. 以现金清偿债务的，债务人应当在满足金融负债终止确认条件时，终止确认重组债务，并将重组债务的账面价值与实际支付现金之间的差额计入（　　）。

    A. 资本公积　　　　　　　　　　B. 营业外收入

    C. 营业外支出　　　　　　　　　D. 管理费用

4. 甲公司应收乙公司货款800万元，经磋商，双方同意按600万元结清该笔货款。甲公司已经为该笔应收账款计提了100万元的坏账准备，在债务重组日，该事项对甲公司和乙公司的影响分别为( )。

  A. 甲公司资本公积减少200万元,乙公司资本公积增加200万元

  B. 甲公司营业外支出增加100万元,乙公司资本公积增加200万元

  C. 甲公司营业外支出增加200万元,乙公司营业外收入增加200万元

  D. 甲公司营业外支出增加100万元,乙公司营业外收入增加200万元

  5. 债务人以一批自产产品偿还到期无法支付的债务时,应按照该产品的( )确认主营业务收入的金额。

  A. 账面价值   B. 成本   C. 公允价值   D. 账面余额

  6. 20×7年5月15日,甲股份有限公司因购买材料而欠乙企业购货款及税款合计为5 000万元,由于甲公司无法偿付应付账款,经双方协商同意,甲公司以普通股偿还债务,普通股每股面值为1元,市场价格每股为3元,甲公司以1 600万股抵偿该项债务(不考虑相关税费)。乙企业以应收账款提取坏账准备300万元。假定乙企业将债权转为股权后,长期股权投资按照成本法核算。甲公司应确认的债务重组利得为( )万元。

  A. 100   B. 800   C. 600   D. 200

  7. 甲公司应付乙公司账款90万元,甲公司由于发生严重财务困难,与乙公司达成债务重组协议:甲公司以一台设备抵偿债务。该设备的账面原价为120万元,已提折旧30万元,已提减值准备10万元,公允价值为65万元,甲公司该项债务重组的净损益为( )万元。

  A. 0   B. 10   C. 20   D. 30

  8. M公司销售给N公司一批商品,价款为100万元,增值税额为17万元,款未收到,因N公司资金困难,已无力偿还M公司的全部货款,经协商,M公司同意免除17万元的应收账款,20万元延期收回,80万元N公司分别用一批材料和长期股权投资予以抵偿。已知,原材料的账面余额为25万元,已提跌价准备1万元,公允价值为30万元,增值税税率为17%,长期股权投资账面余额为42.5万元,已提减值准备2.5万元,公允价值为45万元。N公司应该计入营业外收入的金额为( )万元。

  A. 16   B. 16.9   C. 26.9   D. 0

  10. 以修改其他债务条件进行债务重组的,如果债务重组协议中附有或有应付金额的,该或有应付金额最终没有发生的,应( )。

  A. 冲减营业外支出

  B. 冲减已确认的预计负债,同时确认营业外收入

  C. 冲减财务费用

  D. 不作账务处理

二、多项选择题

  1. 债务重组是指在债务人发生财务困难的情况下,债权人按照其与债务人达成的协议或者法院的裁定作出让步的事项。其中,债权人作出的让步包括( )。

  A. 债权人减免债务人部分债务本金

  B. 允许债务人延期支付债务,但不加收利息

  C. 降低债务人应付债务的利率

  D. 债权人减免债务人部分债务利息

  2. 某股份有限公司清偿债务的下列方式中,属于债务重组的有( )。

  A. 以公允价值低于债务金额的非现金资产清偿

B. 债权人作出让步时,延长债务偿还期限并收取比原利率小的利息

C. 以低于债务账面价值的银行存款清偿

D. 将债务转为资本

3. 下列各项中,不能按照《企业会计准则第 12 号——债务重组》的规定进行会计处理的有(   )。

A. 债务人破产清算时以低于债务账面价值的现金清偿债务

B. 债务人发生财务困难情况下以一项固定资产抵偿债务

C. 债务人借入新债以偿还旧债

D. 以等量的现金偿还债务

4. 债务重组的主要方式包括(   )。

A. 以现金资产清偿债务　　　　　　　B. 将债务转为资本

C. 修改其他债务条件　　　　　　　　D. 以非现金资产偿还债务

5. 债务人以非现金资产抵偿债务的,非现金资产公允价值与账面价值之间的差额,应计入(   )。

A. 投资收益　　　B. 营业外收入　　　C. 营业外支出　　　D. 资产减值损失

6. 下列有关债务重组时债务人会计处理的表述中,正确的有(   )。

A. 以非现金资产清偿债务时,转让的非现金资产公允价值低于重组债务账面价值的差额计入资本公积

B. 以非现金资产清偿债务时,转让的非现金资产公允价值低于重组债务账面价值的差额计入当期损益

C. 以非现金资产清偿债务时,转让的非现金资产公允价值高于其账面价值之间的差额计入当期损益

D. 以现金清偿债务时,债务人实际支付的现金低于债务账面价值的差额计入当期损益

7. 以债务转为资本的方式进行债务重组时,以下处理方法正确的有(   )。

A. 债务人应将债权人因放弃债权而享有的股份的面值总额确认为股本或实收资本

B. 债务人应将股份公允价值总额与股本或实收资本之间的差额确认为资本公积

C. 债权人应当将享有股份的公允价值确认为对债务人的投资

D. 债权人已对债权计提减值准备的,应当先将该差额冲减减值准备,冲减后尚有余额的,计入营业外支出(债务重组损失);冲减后减值准备仍有余额的,应予转回并抵减当期资产减值损失

8. 下列各项中,属于债务重组修改其他债务条件的方式一般有(   )。

A. 减少本金

B. 降低利率

C. 免除积欠利息

D. 延长债务偿还期限并收取比原利率小的利息

三、计算题

1. 甲公司于 20×7 年 7 月 1 日销售给乙公司一批产品,含增值税价值为 900 000 元,乙公司于 20×7 年 7 月 1 日开出 6 个月承兑的不带息商业汇票。乙公司到 20×7 年 12 月 31 日尚未支付货款。由于乙公司财务发生困难,短期内不能支付货款。经与甲公司协商,甲公

司同意乙公司以其所拥有的某公司股票和一批产品偿还债务,乙公司该股票的成本为 400 000 元,公允价值为 360 000 元,乙公司作为可供出售金融资产管理,甲公司取得后划分为交易性金融资产管理。用以抵债的产品的成本为 400 000 元,公允价值和计税价格均为 450 000 元,增值税税率为 17%,甲公司取得后作为原材料管理。假定甲公司为该项应收债权提取了 80 000 元坏账准备。已于 20×8 年 1 月 31 日办理了相关转让手续,并于当日办理了债务解除手续。

要求:

(1) 判断债务重组日的日期。

(2) 作出上述事项甲公司和乙公司的会计处理。

2. 20×7 年 2 月 28 日,甲企业因购买原材料而欠乙企业购货款及税款合计 200 000 元。乙企业对该项应收账款计提了 20 000 元的坏账准备。由于甲企业现金流量不足,短期内不能按照合同规定支付货款,于 20×8 年 3 月 16 日经协商。达成以下协议:①乙企业同意甲企业支付 120 000 元货款,余款不再偿还。甲企业随即支付了 120 000 元货款。②乙企业同意甲企业支付 190 000 元货款,余款不再偿还。甲企业随即支付了 190 000 元货款。

要求:在两种情况下分别作出甲、乙企业在债务重组日的账务处理。

3. 2011 年 6 月 30 日,红牛公司从某银行取得年利率 10%、3 年期的贷款 125 000 元,现因红牛公司财务困难,于 2013 年 12 月 31 日进行债务重组,银行同意延长到期日至 2017 年 12 月 31 日,利率降至 7%,免除所有积欠利息,本金减至 100 000 元,但附有一条件:债务重组后,如果红牛公司第二年起有盈利,则利率恢复至 10%,如果无盈利,仍维持 7%。假设银行没有对该贷款计提坏账准备,债务重组后每年年底支付利息。

要求:

(1) 编制债务人有关债务重组日的分录。

(2) 编制债权人有关债务重组日的分录。

(3) 假设红牛公司第二年起无盈利,编制债务人 2015—2017 年度的分录。

第四章 借款费用

学习目标与要求

了解借款费用的概念、确认原则。

了解借款费用开始资本化条件、暂停资本化条件、终止资本化条件等。

掌握借款费用的计量及会计处理。

重点

借款费用开始资本化条件、暂停资本化条件、终止资本化条件；借款费用的计量及会计处理。

难点

借款费用的计量及会计处理。

导读

借款费用是指企业因借入资金所付出的代价。借款费用包括借款利息、折价或者溢价的摊销、辅助费用，以及因外币借款而发生的汇兑差额等。企业发生的借款费用，可直接归属于符合资本化条件的资产的购建或生产的，应当予以资本化，计入相关资产成本；其他借款费用，应当在发生时根据其发生额确认财务费用，计入当期损益。

第一节　借款费用概述

一、借款费用的定义及内容

借款费用是指企业因借入资金所付出的代价。借款费用包括借款利息、折价或者溢价的摊销、辅助费用，以及因外币借款而发生的汇兑差额等。对于企业发生的权益性融资费用，不包括在借款费用中。

（一）因借款而发生的利息

因借款而发生的利息主要包括企业向银行或者其他金融机构等借入资金发生的利息、发行债券发生的利息，以及为购建或生产符合资本化条件的资产而发生的带息债务所承担的利息等。

（二）因借款而发生的折价或者溢价的摊销

因借款而发生的折价或者溢价实际上是指企业因发行债券而发生的折价或者溢价,发行债券中的折价或者溢价,实质上是对债券票面利息的调整(即将债券票面利率调整为实际利率),属于借款费用的范畴。所以,因借款而发生的折价或者溢价的摊销构成借款费用的组成部分。

（三）因借款而发生的辅助费用

因借款而发生的辅助费用是指企业在借款过程中发生的费用,如手续费、佣金、印刷费等交易费用。由于企业因借款而发生的辅助费用是因安排借款而发生的,也属于企业借入资金所付出的代价,因而这些费用亦构成借款费用的组成部分。

（四）因外币借款而发生的汇兑差额

因外币借款而发生的汇兑差额是指由于汇率变动导致市场汇率与账面汇率出现差异,从而对外币借款本金及其利息的记账本位币金额所产生的影响金额。由于汇率的变化往往与利率的变化相联动,它是企业外币借款所需承担的风险,因此,因外币借款相关汇率变化所导致的汇兑差额属于借款费用的有机组成部分。

二、借款的范围

借款包括专门借款和一般借款。

专门借款是指为购建或者生产符合资本化条件的资产而专门借入的款项。这种款项应当有明确的用途,即为购建或生产符合资本化条件的固定资产、投资性房地产或者存货而专门借入的,通常应当有标明专门用途的借款合同。

一般借款是指专门借款之外的借款,一般借款在借入时,通常没有特指必须用于符合资本化条件的资产的购建或者生产。

三、符合资本化条件的资产

符合资本化条件的资产是指需要经过相当长时间的购建或者生产活动才能达到预定可使用或者可销售状态的固定资产、投资性房地产和存货等资产。

符合资本化条件的存货是指房地产开发企业开发的用于对外出售的房地产开发产品、企业制造的用于对外出售的大型机器设备等。这类存货通常需要经过相当长时间的购建或者生产过程,才能达到预定可销售状态。其中"相当长时间"是指资产的购建或者生产所必需的时间,通常为1年以上(包括1年)。

只有发生在符合资本化条件的固定资产、投资性房地产和存货的购建或者生产过程中的借款费用,才能在符合资本化条件的情况下予以资本化;发生在其他资产上的借款费用,不能予以资本化。但是,当所购建或者生产的符合资本化条件的固定资产、投资性房地产和存货一旦达到预定可使用或者可销售状态,所发生的借款费用就不能再予以资本化,而应在发生时直接计入当期损益。

第二节　借款费用的确认

一、借款费用确认的原则

企业发生的借款费用,可直接归属于符合资本化条件的资产的购建或生产的,应当予以资本化,计入相关资产成本;其他借款费用,应当在发生时根据其发生额确认财务费用,计入当期损益。

企业只有发生在资本化期间内的有关借款费用,才允许资本化,资本化期间的确定是借款费用确认和计量的重要前提。借款费用资本化期间是指从借款费用开始资本化时点到停止资本化时点的期间,但不包括借款费用暂停资本化的期间。

二、借款费用资本化期间的确定

借款费用资本化期间包括三个时点的确定,即借款费用开始资本化时点的确定、借款费用暂停资本化时点的确定、借款费用终止资本化时点的确定。

(一)借款费用开始资本化时点的确定

根据企业会计准则的规定,借款费用同时满足下列条件的,才能开始资本化:即资产支出已经发生(资产支出包括为购建或者生产符合资本化条件的资产而以支付现金、转移非现金资产或者承担带息债务形式发生的支出)、借款费用已经发生、为使资产达到预定可使用或者可销售状态所必要的购建或者生产活动已经开始。

1. 资产支出已经发生

资产支出已经发生是指企业为购建或建造固定资产而发生的支出已经发生,包括企业以支付现金、转移非现金资产或者承担带息债务的形式发生的支出。

企业以支付现金的形式发生的支出是指企业为购建或建造固定资产而发生的支出是以货币资金的形式支付的。例如,甲股份有限公司以其他货币资金的形式(如银行汇票存款等)购买工程用材料。

企业以转移非现金资产的形式发生的支出是指企业为购建或建造固定资产而发生的支出是以转移非现金资产形式支付的。例如,乙股份有限公司为建造一条生产线而领用本公司用于生产产品的原材料,或者将本公司生产的产品用于此生产线的建造,或者以非货币性交易的形式以公司的某种资产交换其他公司建造固定资产所必需的物资等。

企业以承担带息债务的形式发生的支出是指企业为购建或建造固定资产而发生的支出是以承担带息应付款项(如带息应付票据)的形式支付的。也就是说,如果企业以承担带息债务的形式向供货单位购买工程用物资,由此而产生的利息支出,应作为购置或建造固定资产的成本;如果企业不以承担带息债务的形式向供货单位购买工程用物资,那么由于企业是无偿地占用着供货单位的资金,没有形成实际的现金流出,因此,这部分资金不应作为购置或建造固定资产的成本。

2. 借款费用已经发生

借款费用已经发生是指企业已经发生了因购建固定资产而专门借入款项的利息、折价或溢价的摊销、辅助费用或汇兑差额等借款费用。例如,某企业以发行债券方式筹集资金来建造一项固定资产,此时债券本身可能还没有开始计息。但企业已经为债券向承销机构支付了一笔承销费,即发生了专门借款的辅助费用,因此应当认为借款费用已经发生。

3. 为使资产达到预定可使用或者可销售状态所必要的购建或生产活动已经开始

"为使资产达到预定可使用或者可销售状态所必要的购建或生产活动已经开始",主要是指资产的实体建造工作,也就是那些会改变所购建固定资产或所生产产品状态的活动,例如主体设备的安装、厂房的实际建造等。但是它不包括仅仅持有资产,却没有发生为改变资产形态而进行实质上的建造活动。比如,企业购置建筑用地而发生的借款费用,在持有土地、但没有发生有关房屋建造活动期间,不能予以资本化。

企业只有在上述三个条件同时满足的情况下,有关借款费用才能开始资本化,只要其中任何一个条件没有满足,借款费用都不能开始资本化。

(二)借款费用暂停资本化时点的确定

在固定资产的购置或者建造过程中,企业有时会由于某些原因导致固定资产的购置和建造活动发生较长时间的中断。例如,企业与建造合同承包方发生了质量纠纷等。针对企业中断期所发生的借款费用是否应该继续资本化,或者说是否应该暂停资本化,企业会计准则规定:符合资本化条件的资产在购建或者生产过程中发生非正常中断,且中断时间连续超过3个月的,应当暂停借款费用的资本化。在中断期间发生的借款费用应当确认为费用,将其计入当期损益,直至资产的购建或者生产活动重新开始。

其中,非正常中断是指由于企业管理决策上的原因或者其他不可预见的原因所导致的中断。例如,由于发生劳动纠纷,发生安全事故,改变设计图纸或资金周转困难等原因而导致的工程中断,但不包括由于为使所购置或建造的固定资产达到预定可使用状态所必要的程序而发生的中断,或由于不可抗力因素发生的中断。

中断时间连续超过3个月,是指企业购置或建造活动发生的非正常中断,从中断开始到恢复购置或建造活动为止的时间,连续超过3个月(含3个月)。如果企业发生的非正常中断的过程时断时续,即使累计中断时间超过3个月,如果其中每一次中断时间都没有连续超过3个月,此时,企业也不能暂停借款费用的资本化。

【例4-1】 甲股份有限公司为建造某固定资产于20×7年12月1日按面值发行3年期一次还本付息公司债券,债券面值为12 000万元(不考虑债券发行费用),票面年利率为3%,该固定资产建造采用出包方式。20×8年,甲股份有限公司发生的与该固定资产建造有关的事项如下:

(1)1月1日,工程动工并支付工程进度款1 117万元。

(2)4月1日,支付工程进度款1 000万元。

(3)4月19日至8月7日,因进行工程质量和安全检查停工。

(4)8月8日,重新开工。

(5)9月1日,支付工程进度款1 599万元。

假定借款费用资本化金额按年计算,每月按30天计算,未发生与建造该固定资产有关的其他借款,则20×8年度甲股份有限公司应计入该固定资产建造成本的利息费用金额是多少?

本例中,因进行工厂质量和安全检查停工发生的中断属于正常中断,应继续资本化。

$$\text{应计入该资产建造成本的利息费用金额} = (1\,117 \times \frac{12}{12} + 1\,000 \times \frac{9}{12} + 1\,599 \times \frac{4}{12}) \times 3\% = 72(\text{万元})$$

（三）借款费用终止资本化时点的确定

1. 借款费用停止资本化的一般原则

根据企业会计准则的规定,购置或者生产符合资本化条件的资产达到预定可使用或者可销售状态时,借款费用应当停止资本化。在符合资本化条件的资产达到预定可使用或者可销售状态之后所发生的借款费用,应当在发生时根据其发生额确认为费用,计入当期损益。

其中,购建或者生产符合资本化条件的资产达到预定可使用或者可销售状态,可从下列几个方面进行判断:

（1）符合资本化条件的资产的实体建造（包括安装）或者生产工作已经全部完成或者实质上已经完成。

（2）所购建或者生产的符合资本化条件的资产与设计要求、合同规定或者生产要求相符,即使有极个别与设计、合同或生产要求不相符的地方,也不影响其正常使用或者销售。

（3）继续发生在所购建或生产的符合资本化条件的资产上的支出金额很少或者几乎不再发生。购建或者生产符合资本化条件的资产需要试生产或者试运行的,在试生产结果表明资产能够正常生产出合格产品,或者试运行结果表明资产能够正常运转或者营业时,应当认为该资产已经达到预定可使用或者可销售状态。

2. 购建或者生产的符合资本化条件的资产各部分分别完工的情况

所购建或者生产的符合资本化条件的资产的各部分分别完工,每部分在其他部分继续建造过程中可供使用或者可供对外销售,且为使该部分资产达到预定可使用或可销售状态所必要的购建或者生产活动实质上已经完成的,应当停止与该部分资产相关的借款费用的资本化。

所购建或者生产的资产的各部分分别完工,但必须等到整体完工后才可使用或者对外销售的,应当在该资产整体完工时停止借款费用的资本化。在这种情况下,即使各部分资产已经分别完工,也不能认为该部分资产已经达到了预定可使用状态,企业只能在所购建的资产整体完工时,才能认为资产达到预定可使用或可销售状态,借款费用才可以停止资本化。

第三节 借款费用的计量

借款费用的计量主要涉及利息资本化金额的确定、辅助费用资本化金额的确定、外币借款汇兑差额资本化金额的确定等几种情况。

一、专门借款利息资本化金额的确定

根据企业会计准则的规定,在资本化期间内,每一会计期间的利息（包括折价或溢价的摊销)资本化金额,属于为购建或者生产符合资本化条件的资本而借入专门借款的,应当以专门借款当期实际发生的利息费用,减去将尚未动用的借款资金存入银行取得的利息收入或进行暂时性投资取得的投资收益后的金额确定。

专门借款发生的利息费用,在资本化期间内,不再与发生在符合资本化条件资产上的购建活动或生产活动上的支出挂钩,应当全部计入符合资本化条件的资产成本,不计算借款资本化率。同时,应当注意的是,专门借款存在折价或者溢价的,应当按照实际利率法确定每一会计期间应摊销的折价或者溢价金额,调整每期利息金额。

【例4-2】 甲股份有限公司为增值税一般纳税人,从20×7年1月1日拟建造一幢办公楼,并为建造该办公楼专门从银行借入了500万元的3年期借款,借款利息按年支付,年利率为6%。20×7年4月1日建造动工,并于当日满足借款费用资本化条件,至20×7年12月31日办公楼尚未完工。假定甲股份有限公司4月1日动用专门借款300万元,其他月份未动用专门借款,未动用的专门借款存入银行,每月利率为0.05%。

甲股份有限公司在20×7年度专门借款的利息金额计算如下:

$$500 \times 6\% = 30(万元)$$

甲股份有限公司在20×7年度专门借款利息资本化金额计算如下:

$$500 \times 6\% \times \frac{9}{12} - (500 - 300) \times 0.05\% \times 9 = 22.5 - 0.9 = 21.6(万元)$$

甲股份有限公司在20×7年专门借款利息计入当期损益的金额计算如下:

$$500 \times 6\% \times 3 \div 12 = 7.5(万元)$$

借:在建工程	216 000
应收利息(或银行存款)	9 000
财务费用	75 000
贷:应付利息	300 000

二、一般借款利息资本化金额的确定

根据企业会计准则的规定,为购建或者生产符合资本化条件的资产而占用了一般借款的,企业应当根据累计资产支出超过专门借款部分的资产支出加权平均数乘以所占用一般借款的资本化率,计算确定一般借款应予资本化的利息金额。资本化率应当根据一般借款加权平均利率计算确定。资本化期间是指从借款费用开始资本化时点到终止资本化时点的期间,借款费用暂停资本化的期间不包括在内。

(一)一般借款资本化金额的确定

根据企业会计准则的规定,一般借款利息资本化金额的确定应与发生在符合资本化条件资产的购建或生产活动上的支出挂钩。在应予资本化的每一会计期间,因购建或者生产某项符合资本化条件所占用一般借款而发生的利息,其资本化金额应为至当期末止购建或者生产该资产的累计资产支出超过专门借款部分的资产支出加权平均数乘以资本化率。

$$\text{一般借款利息的资本化金额} = \text{累计资产支出超过专门借款部分的资产支出} \times \text{一般借款加权平均利率}$$

（二）一般借款资本化率的确定

$$\text{所占用一般借款} \atop \text{的资本化率} = \frac{\text{所占用一般借款}}{\text{加权平均利率}}$$

$$= \frac{\text{所占用一般借款当期}}{\text{实际发生的利息之和}} \div \frac{\text{所占用一般借款}}{\text{本金加权平均数}}$$

$$\text{所占用一般借款} \atop \text{本金加权平均数} = \sum\left[\text{所占用每笔} \atop \text{一般借款本金} \times \left(\text{每笔一般借款在} \atop \text{当期所占用的天数} \div \text{当期} \atop \text{天数} \right) \right]$$

一般借款存在折价或者溢价的，应当按照实际利率法确定每一会计期间应摊销的折价或者溢价金额，调整每期利息金额。要准确地计算出一般借款利息费用资本化金额关键是要准确地计算累计资产支出的加权平均数和资本化率。

（三）累计资产支出超过专门借款部分的资产支出加权平均数的确定

累计资产支出超过专门借款部分是指企业在建造或生产符合资本化条件资产的过程中所占用的借款总额（包括专门借款和一般借款）扣除专门借款以外的部分，该规定界定了一般借款利息费用资本化的范围。

因为每笔一般借款被占用的时间往往会不一致，故需要对在不同时点被占用的一般借款按时间加权平均，计算中，可以天数、月份、季度、年作为计算累计支出加权平均数的权数，只是在计算过程中，资产累计支出加权平均数与资本化率的口径要一致。

$$\text{累计资产支出超出专门借款} \atop \text{部分的资产支出加权平均数} = \sum\left[\text{每笔资产} \atop \text{支出金额} \times \left(\text{每笔资产支出} \atop \text{实际占用天数} \div \text{会计期间} \atop \text{涵盖天数} \right) \right]$$

上述公式中的"资产支出实际占用天数"是指发生在固定资产上的支出所应承担借款费用的时间长度。"会计期间涵盖的天数"是指计算应予以资本化的借款费用金额的会计期间的长度。上述时间长度一般应以天数计算。

【例4-3】 甲股份有限公司于20×7年1月1日动工建造一生产车间，工期为1年6个月，工程采用出包方式，分别于20×7年1月1日、7月1日和20×8年1月1日支付工程进度款。该生产车间于20×8年6月30日完工，达到了预定可使用状态。建造生产车间的支出金额见表4-1。

表4-1　建造生产车间的支出金额　　　　　　　　　单位:万元

日期	每期资产支出金额	资产支出累计金额
20×7年1月1日	1 500	1 500
20×7年7月1日	2 500	4 000
20×8年1月1日	1 500	5 500
总　计	5 500	—

该公司为建造生产车间于20×7年1月1日专门借款2 000万元，借款期限为5年，年利率为8%，利息按年支付。闲置专门借款资金均用于固定收益债券短期投资，该项投资月收益率为0.5%。

同时,甲公司为建造生产车间占用两笔一般借款,具体如下:

20×6 年 12 月 1 日向 A 银行贷款 2 000 万元,期限 3 年,年利率 6%,利息按年支付。

20×6 年 12 月 1 日向 B 银行贷款 10 000 万元,期限 5 年,年利率 8%,利息按年支付。

根据上述资料,为简化计算,假定全年按照 360 天计算,计算公司建造生产车间应予资本化的利息费用。

第一,计算专门借款利息资本化的金额:

$$20×7 \text{ 年专门借款的利息金额} = 2\,000 × 8\% = 160(\text{万元})$$

$$20×7 \text{ 年专门借款利息资本化金额} = 2\,000 × 8\% - 500 × 0.5\% × 6 = 145(\text{万元})$$

对于 20×7 年专门借款的账务处理如下:

借:在建工程	1 450 000
应收利息(或银行存款)	150 000
贷:应付利息	1 600 000

$$20×8 \text{ 年专门借款的利息金额} = 2\,000 × 8\% = 160(\text{万元})$$

$$20×8 \text{ 年专门借款利息资本化金额} = 2\,000 × 8\% × 180/360 = 80(\text{万元})$$

对于 20×8 年专门借款的账务处理如下:

借:在建工程	800 000
财务费用	800 000
贷:应付利息	1 600 000

第二,计算一般借款利息资本化金额:

(1) 计算 20×7 年一般借款利息资本化金额:

$$20×7 \text{ 年一般借款的利息金额} = 2\,000 × 6\% + 10\,000 × 8\% = 920(\text{万元})$$

$$20×7 \text{ 年占用一般借款的资产支出} \atop (\text{扣除专门借款后})\text{的加权平均数} = 2\,000 × 180 ÷ 360 = 1\,000(\text{万元})$$

$$20×7 \text{ 年一般借款利息资本化率} = (2\,000 × 6\% + 10\,000 × 8\%) ÷ (2\,000 + 10\,000)$$
$$= 7.67\%$$

$$20×7 \text{ 年一般借款利息资本化金额} = 1\,000 × 7.67\% = 76.7(\text{万元})$$

对于 20×7 年一般借款的账务处理如下:

借:在建工程	767 000
财务费用	8 433 000
贷:应付利息	9 200 000

(2) 计算 20×8 年一般借款利息资本化金额:

20×8 年占用一般借款的资产支出(扣除专门借款后)的加权平均数

$$(2\,000 + 1\,500) × 180 ÷ 360 = 1\,750(\text{万元})$$

$$20×8 \text{ 年一般借款利息资本化金额} = 1\,750 × 7.67\% = 134.225(\text{万元})$$

对于 20×8 年一般借款的账务处理如下:

借：在建工程 1 342 250
　　财务费用 7 857 750
　　贷：应付利息 9 200 000

三、借款辅助费用资本化金额的确定

辅助费用是企业为了安排借款而发生的必要费用，包括借款手续费（如发行债券手续费）、佣金等。如果企业不发生这些费用，就无法取得借款，因此辅助费用是企业借入款项所付出的一种代价，是借款费用的有机组成部分。

企业借款中发生的辅助费用，应当按照专门借款和一般借款分别处理：专门借款发生的辅助费用，在所购建或者生产的符合资本化条件的资产达到预定可使用或可销售状态之前发生的，应当在发生时根据其发生额予以资本化，计入符合资本化条件的资产的成本；在所购建或者生产的符合资本化条件的资产达到预定可使用或可销售状态之后发生的，应当在发生时根据其发生额确认为费用，计入当期损益。一般借款发生的辅助费用，也应当按照上述原则确定其发生额并进行处理。

【例 4-4】 甲股份有限公司为建造一栋厂房于 20×8 年 1 月 1 日按面值发行了 1 亿元的 5 年期债券，年利率为 8%，按债券面值的 2% 支付中介机构手续费 200 万元，已用银行存款支付完毕。厂房的建造工作从 20×8 年 1 月 1 日开始，建造期为 3 年。

甲公司辅助费用的会计处理如下：

借：在建工程——借款费用 2 000 000
　　贷：银行存款 2 000 000

四、外币专门借款汇兑差额资本化金额的确定

根据企业会计准则的规定，在资本化期间内，外币专门借款本金及利息的汇兑差额，应予以资本化，计入符合资本化条件的资产的成本。而除外币专门借款之外的其他外币借款本金及利息所产生的汇兑差额应当作为财务费用，计入当期损益。

【例 4-5】 乙公司以人民币为记账本位币，外币业务采用外币业务发生时当日的市场汇率折算。20×7 年 1 月 1 日为建造一条生产线专门以面值发行公司债券 1 000 万美元，年利率为 8%，期限 3 年，不考虑与发行债券有关的辅助费用、未支出专门借款的利息收入或投资收益。合同约定，债券一次还本付息。

生产线于 20×7 年 1 月 1 日开始实体建造，20×8 年 6 月 30 日完工，达到预定可使用状态，期间发生的资产支出如下：

20×7 年 1 月 1 日，支出 200 万美元；

20×7 年 7 月 1 日，支出 500 万美元；

20×8 年 1 月 1 日，支出 500 万美元。

相关汇率如下：

20×7 年 1 月 1 日，市场汇率为 1 美元＝7.70 元人民币；

20×7 年 12 月 31 日，市场汇率为 1 美元＝7.75 元人民币；

20×8 年 6 月 30 日，市场汇率为 1 美元＝7.80 元人民币。

本例中,计算外币债券利息和汇兑差额的资本化金额及会计分录如下:

(1) 计算 20×7 年 12 月 31 日债券利息和汇兑差额的资本化金额:

$$债券应付利息 = 1\,000 \times 8\% \times 7.75 = 80 \times 7.75 = 620(万元)$$

借:在建工程 6 200 000

 贷:应付债券 6 200 000

$$外币借款本金及利息汇兑差额 = 1\,000 \times (7.75 - 7.70) + 80 \times (7.75 - 7.75) = 50(万元)$$

借:在建工程 500 000

 贷:应付债券 500 000

(2) 计算 20×8 年 6 月 30 日债券利息和汇兑差额的资本化金额:

$$债券应付利息 = 1\,000 \times 8\% \div 2 \times 7.80 = 40 \times 7.80 = 312(万元)$$

借:在建工程 3 120 000

 贷:应付债券 3 120 000

$$外币借款本金及利息汇兑差额 = 1\,000 \times (7.80 - 7.75) + 80 \times (7.80 - 7.75) + 40 \times (7.80 - 7.80)$$
$$= 54(万元)$$

借:在建工程 540 000

 贷:应付债券 540 000

本 章 小 结

本章主要介绍了借款费用会计处理。借款费用是指企业因借入资金所付出的代价,它包括借款利息、折价或者溢价的摊销。辅助费用以及因外币借款而发生的汇兑差额。本章的重点是借款费用的计量,难点是借款费用资本化金额的确定。

本章的主要内容包括:

(1) 借款费用的概念和确认原则。企业发生的借款费用,只有可直接归属于符合资本化条件的资产的购建或者生产的,才应当予以资本化,计入相关资产成本;否则,所发生的借款费用应当计入当期损益。

(2) 符合资本化条件的资产的界定。符合资本化条件的资产必须是需要经过相当长时间的购建或者生产活动才能达到预定可使用或者可销售状态的固定资产、投资性房地产和存货等资产。

(3) 借款费用资本化期间的确定。企业发生的借款费用,只有在资本化期间内发生的部分才允许资本化。借款费用资本化期间的确定应当满足借款费用开始资本化、暂停资本化和停止资本化的条件。

(4) 借款费用资本化金额的计算。借款费用资本化金额的计算应当区分所占用借款属于专门借款还是一般借款。为购建或者生产符合资本化条件的资产而借入专门借款的,借款费用资本化金额的计算应当以专门借款当期实际发生的利息费用,减去将尚未动用的借款资金存入银行取得的利息收入或进行暂时性投资取得的投资收益后的金额确定。为购建或者生产符合资本化条件的资产而占用了一般借款的,借款费用资本化金额的计算应当根据累计资产支出超过专门借款部分的资产支出加权平均数乘以所占用一般借款的资本化率计算确定。

【关键术语】

借款费用　专门借款　一般借款　借款费用资本化　借款费用化

【思考题】

1. 借款费用包括哪些主要内容?
2. 借款费用资本化期间如何确定?
3. 如何判断借款费用开始资本化的时点?
4. 如何区分符合资本化条件的资产的购建或者生产发生的正常中断和非正常中断?
5. 如何判断借款费用停止资本化的时点?
6. 借款费用资本化金额如何计算确定? 如何进行账务处理?

【练习题】

一、单项选择题

1. 《企业会计准则第 17 号——借款费用》中的专门借款是指(　　　)。
   A. 为购建或者生产符合资本化条件的资产而专门借入的款项
   B. 发行债券收款
   C. 长期借款
   D. 技术改造借款

2. 企业因资产支出数超过专门借款数,于 20×8 年借入了两笔一般借款,1 月 1 日,借入了 100 万元;3 月 1 日,借入了 300 万元,资产的建造工作从 20×7 年 8 月 1 日开始。假定企业按季计算资本化金额。则 20×8 年第一季度一般借款本金加权平均数为(　　　)万元。
   A. 200　　　　　B. 100　　　　　C. 400　　　　　D. 300

3. 下列各项中,不属于借款费用的是(　　　)。
   A. 借款手续费　　　　　　　　　B. 发行公司债券佣金
   C. 发行公司股票佣金　　　　　　D. 借款利息

4. 某企业为建造某项固定资产在 20×7 年 1 月 1 日按面值发行一批债券,面值为 8 000 万元,期限 5 年,票面年利率为 6%,筹集资金 8 000 万元(不考虑债券发行费用);7 月 1 日,又向银行借入 2 年期、年利率为 5% 的款项 4 000 万元。上述两项借款属于一般借款,假设无其他一般借款。则 20×7 年一般借款的加权平均年利率为(　　　)。
   A. 5%　　　　　B. 5.67%　　　　　C. 5.8%　　　　　D. 6%

5. 某企业 20×7 年 7 月 1 日为建造厂房,从银行取得 3 年期一般借款 300 万元,年利率为 6%,到期一次还本付息,借入款项存入银行,20×8 年年底达到预定可使用状态。2007 年 10 月 1 日,用银行存款支付工程款 150 万元并开始厂房的建造,20×8 年 4 月 1 日,用银行存款支付工程款 150 万元。该项专门借款第三季度的利息收入为 3 万元,第四季度的利息收入为1.5万元。则20×7年借款费用的资本化金额为（　　）万元。

    A. 2.25   B. 4.5   C. 1.5   D. 3

6. 企业从银行专门借入一笔款项。20×7年2月1日，采用出包方式开工兴建一栋厂房；20×7年10月5日，工程按照合同要求全部完工；10月31日，工程验收合格，11月10日，办理竣工决算；11月20日，完成全部资产移交手续；12月1日，厂房正式投入使用。则企业专门借款利息停止资本化的时点为20×7年（　　）。

    A. 10月5日   B. 10月31日   C. 11月10日   D. 12月1日

7. 当所购建的固定资产（　　）时，应当停止其借款费用的资本化；以后发生的借款费用应于发生当期确认为费用。

    A. 达到预定可使用状态   B. 交付使用

    C. 竣工决算   D. 交付使用并办理竣工决算手续

8. 如果固定资产的购建活动发生非正常中断，并且中断时间连续超过（　　），应当暂停借款费用的资本化，将其确认为当期费用，直至资产的购建活动重新开始。

    A. 1年   B. 3个月   C. 半年   D. 两年

二、多项选择题

1. 借款费用开始资本化必须同时满足的条件包括（　　）。

    A. 资产支出已经发生

    B. 借款费用已经发生

    C. 为使资产达到预定可使用状态或者可销售状态所必要的购建或者生产活动已经开始

    D. 工程项目人员工资已经支出

2. 借款费用包括（　　）。

    A. 因借款而发生的利息

    B. 折价或溢价的摊销

    C. 因外币借款而发生的汇兑差额

    D. 辅助费用

3. 关于借款费用，下列说法中正确的有（　　）。

    A. 企业发生的借款费用，可直接归属于符合资本化条件的资产的购建或者生产的，应当予以资本化，计入相关资产成本

    B. 企业发生的借款费用，不能归属于符合资本化条件的资产的购建或者生产的，应当在发生时根据其发生额确认为费用，计入当期损益

    C. 企业发生的利息费用，可直接归属于符合资本化条件的资产的购建或者生产的，应按资产累计支出加权平均数和资本化率计算的金额确定资本化金额

    D. 借款费用是指企业因借款而发生的利息及其他相关成本

4. 《企业会计准则第17号——借款费用》中的资产支出包括（　　）。

    A. 为购建符合资本化条件的资产而已支出的现金

    B. 为购建符合资本化条件的资产而转移的非现金资产

    C. 为购建符合资本化条件的资产而以承担带息债务形式发生的支出

    D. 计提在建工程人员工资的支出

5. 下列关于安排专门借款而发生的辅助费用的说法中，正确的有（　　）。

A. 属于在所购建固定资产达到预定可使用状态之前发生的,应在发生时予以资本化

B. 属于在所购建固定资产达到预定可使用状态之后发生的,应在发生时确认为费用

C. 无论属于在所购建固定资产达到预定可使用状态之前或之后发生的,均应当在发生时予以资本化

D. 因借款而发生的辅助费用,在开始资本化前,应将其作为当期财务费用处理

6. 下列选项中,符合资本化的资产包括( )。

A. 需要经过相当长时间的购建才能达到预定可使用状态的固定资产

B. 需要经过相当长时间的购建才能达到预定可使用状态的投资性房地产

C. 需要经过相当长时间的生产活动才能达到预定可销售状态的存货

D. 需要经过半年的生产活动才能达到预定可销售状态的存货

7. 企业于20×5年1月1日开工建造一幢写字楼,在写字楼建造过程中发生的下列支出或费用中,属于规定的资产支出的有( )。

A. 用银行存款购买工程物资

B. 用现金支付建设工人工资

C. 计提建设工人职工福利费

D. 将企业自己生产的电梯用于装备写字楼

8. 下列关于《企业会计准则第17号——借款费用》中每一会计期间的利息资本化金额确定的说法中,正确的有( )。

A. 为购建或者生产符合资本化条件的资产而借入专门借款的,应当以专门借款当期实际发生的利息费用,减去将尚未动用的借款资金存入银行取得的利息收入或进行暂时性投资取得的投资收益后的金额确定

B. 企业应当将累计资产支出加权平均数乘以资本化率,计算确定当期应予资本化的利息金额

C. 为购建或者生产符合资本化条件的资产而占用了一般借款的,企业应当根据累计资产支出加权平均数超过专门借款的部分乘以所占用一般借款的资本化率,计算确定一般借款利息中应予资本化的金额

D. 为购建或者生产符合资本化条件的资产而占用了一般借款的,企业应当根据累计资产支出超过专门借款部分的资产支出加权平均数乘以所占用一般借款的资本化率,计算确定一般借款利息中应予资本化的金额

9. 在会计报表附注中披露的借款费用信息包括( )。

A. 当期资本化的借款费用金额

B. 当期借款总额

C. 当期市场利率

D. 当期用于计算确定借款费用资本化金额的资本化率

10. 企业为购建固定资产专门借入的款项所发生的借款费用,停止资本化的时点有( )。

A. 符合资本化条件的资产的实体建造(包括安装)或者生产工作已经全部完成或者实质上已经完成

B. 继续发生在所购建或生产的符合资本化条件的资产上的支出金额很少或几乎不再发生

C. 购建的符合资本化条件的资产的各部分分别完工,且每部分在其他部分继续建造过程中可供使用或者可对外销售,且为使该部分资产达到预定可使用状态所必须的购建活动实质上已经完成的

D. 购建的资产的各部分分别完工,但必须等到整体完工后才可使用

11. 下列关于借款费用暂停资本化的说法中,正确的有(   )。

A. 符合资本化条件的资产在购建或者生产过程中发生非正常中断,且中断时间连续超过3个月的,应当暂停借款费用的资本化

B. 符合资本化条件的资产在购建或者生产过程中发生非正常中断,且中断时间非连续超过3个月的,应当暂停借款费用的资本化

C. 暂停借款费用的资本化,在中断期间发生的借款费用应当确认为费用,计入当期损益

D. 如果因工程质量和安全检查停工中断,借款费用的资本化应当继续进行

12. 下列关于辅助费用以及因外币借款而发生汇兑差额的说法中,正确的有(   )。

A. 在资本化期间内,外币专门借款本金及利息的汇兑差额,应当予以资本化,计入符合资本化条件的资产的成本

B. 在资本化期间内,外币专门借款本金及利息的汇兑差额的计算与资产支出相挂钩

C. 专门借款发生的辅助费用,在所购建或者生产的符合资本化条件的资产达到预定可使用或者可销售状态之前发生的,应当在发生时根据其发生额予以资本化,计入符合资本化条件的资产的成本

D. 专门借款发生的辅助费用,在所购建或者生产的符合资本化条件的资产达到预定可使用或者可销售状态之后发生的,应当在发生时根据其发生额确认为费用,计入当期损益

三、判断题

1. 借款费用是指企业因借款而发生的利息及其他相关成本。   (   )

2. 符合资本化条件的资产,只是指需要经过相当长时间的购建才能达到预定可使用状态的固定资产。   (   )

3. 企业发生的借款费用,可直接归属于符合资本化条件的资产的购建或者生产的,应当予以资本化,计入相关资产成本;其他借款费用,应当在发生时根据其发生额大小确认是否计入当期损益。   (   )

4. 资产支出包括为购建或者生产符合资本化条件的资产而以支付现金、转移非现金资产或者承担带息债务形式发生的支出。   (   )

5. 在资本化期间内,外币专门借款本金的汇兑差额,应当予以资本化,计入符合资本化条件的资产的成本;利息的汇兑差额应计入当期损益。   (   )

6. 专门借款发生的辅助费用,在所购建或者生产的符合资本化条件的资产达到预定可使用或者可销售状态之前发生的,应当在发生时根据其发生额予以资本化,计入符合资本化条件的资产的成本;在所购建或者生产的符合资本化条件的资产达到预定可使用或者可销售状态之后发生的,应当在发生时根据其发生额确认为费用,计入当期损益。   (   )

7. 符合资本化条件的资产在购建或者生产过程中发生非正常中断且中断时间非连续超过 3 个月的,应当暂停借款费用的资本化。 （　　）

四、计算及账务处理题

1. 某股份有限公司于 20×7 年 1 月 1 日动工建造一生产车间,工期为 3 个月,工程采用出包方式,于 20×7 年 1 月 1 日、2 月 1 日、3 月 1 日、3 月 15 日分别支付工程进度款 1 000 万元、1 500 万元、1 000 万元和 500 万元,该生产车间于 20×7 年 4 月 1 日完工,达到了预定可使用状态。

该公司为建造生产车间发生了一笔专门借款,20×7 年 1 月 1 日专门借款 3 000 万元,借款期限 2 年,年利率为 8%,利息按年支付。闲置专门借款资金均用于固定收益债券短期投资,该项投资年收益率为 6%。

要求:根据上述资料,为简化计算,假定全年按照 360 天计算,计算公司建造生产车间应予资本化的利息费用金额。

2. 某股份有限公司为建造一栋厂房于 20×5 年 1 月 1 日按面值发行了 3 亿元的 5 年期债券,年利率为 8%,按债券面值的 2% 支付中介机构手续费 600 万元,已用银行存款支付完毕,厂房的建造工作从 20×7 年 1 月 1 日开始,建造期为 5 年。

要求:计算应予资本化的辅助费用金额。

3. 某公司 20×7 年 1 月 1 日借入 200 万美元用于某项固定资产的建造,年利率为 9%,期限为 5 年。A 公司从 1 月 1 日开始资产建造,当日发生支出 90 万美元,当日美元对人民币的汇率为 1 美元＝6.73 元人民币。1 月 31 日,汇率为 1 美元＝6.87 元人民币;2 月 28 日,汇率为 1 美元＝6.92 元人民币。公司按月计算应予资本化的借款费用金额,对外币账户采用业务发生时的汇率作为折算汇率。

要求:计算外币专门借款本金及利息的汇兑差额。

4. 某公司于 20×7 年月 1 日正式动工兴建一栋办公楼,工期预计为 1 年零 6 个月,工程采用出包方式,每月 1 日支付工程进度款。公司为建造办公楼于 20×7 年 1 月 1 日向 A 银行专门借款 800 万元,借款期限 2 年,年利率为 6%;同日,又向 B 银行专门借款 400 万元,借款期限 2 年,年利率为 8%,两项借款均到期一次还本付息;公司 20×7 年度除了上述两项借款外,于 20×7 年 11 月 1 日取得流动资金借款 500 万元,借款年利率为 4%。

要求:按年度计算公司应予资本化的利息金额。

第五章 外币折算

学习目标与要求

　　了解选定记账本位币应考虑的因素。

　　了解外币交易、即期汇率、即期汇率的近似汇率等相关概念；

　　掌握外币交易的会计处理以及外币财务报表的折算。

重点

　　外币交易的会计处理以及外币财务报表的折算。

难点

　　外币交易的会计处理以及外币财务报表的折算。

导读

　　外币是企业记账本位币以外的货币。外币交易是指以外币计价或者结算的交易。外币财务报表折算是为了特定目的把用一种货币表述的财务报表换成用另外一种货币来表述。

　　当企业发生外币交易时，应当将外币金额折算为记账本位币金额。外币交易应当在初始确认时，采用交易发生日的即期汇率将外币金额折算为记账本位币的金额；也可以采用按照系统合理的方法确定的、与交易发生日即期汇率近似的汇率折算。

第一节 外币折算概述

一、外币折算的业务范围

企业外币折算业务主要有以下两方面内容。

（一）外币交易

外币交易是指以外币计价或者结算的交易。外币是企业记账本位币以外的货币。外币交易主要包括以下内容：

（1）买入或者卖出以外币计价的商品或者劳务。企业在生产过程中，因国内技术所限，从国外购买原材料,或为开拓国际市场向国外出口商品。

（2）借入或者借出外币资金。企业在生产过程中,因国内资金限制,从国外银行或其他金融机构借款。

（3）其他以外币计价或者结算的交易。比如,企业接受国外投资者以外币的投资。

（二）外币财务报表折算

外币财务报表折算是为了特定目的把用一种货币表述的财务报表换成用另外一种货币来表述。比如,我国境内发行股票的公司为了向其报表使用者提供本公司的财务报表,在把境外经营机构财务报表的外国文字翻译成中文的同时,还要把外国货币单位折算成相应的人民币单位。

二、记账本位币的概念、确定及变更

（一）记账本位币的概念

记账本位币是指企业经营所处的主要经济环境中的货币。

主要经济环境是指企业主要产生或支出现金的经济环境。通常情况下,企业应选择人民币作为记账本位币。业务收支以人民币以外的货币为主的企业,可以按照企业会计准则规定选定其中一种货币作为记账本位币。但是,编制的财务报表应当折算为人民币。

（二）确定记账本位币应考虑的因素

1. 企业选定境内经营记账本位币应考虑的因素

企业选定境内经营的记账本位币时,应当考虑下列因素:

（1）从日常活动收入现金的角度看,所选择的货币能够对企业商品和劳务的销售价格起主要作用,通常以该货币进行商品和劳务的计价和结算。

（2）从日常活动支出现金的角度看,所选择的货币能够影响商品和劳务所需的人工、材料和其他费用,通常以该货币进行这些费用的计价和结算。

（3）融资活动获得的货币以及保存从经营活动中收取的款项使用的货币。融资活动获得的货币主要是初始投资获得的资本金、股票发行获得的认购款、银行借款等融资方式所获得的货币。保存从经营活动中收取的款项使用的货币主要是企业在日常活动中收取的货款、劳务收入款项等,由于暂时闲置而保存下来。这些活动所主要使用的货币也是确定记账本位币应该考虑的因素。

2. 企业选定境外经营记账本位币应考虑的因素

境外经营是指企业在境外的子公司、合营企业、联营企业、分支机构。当企业在境内的子公司、合营企业、联营企业、分支机构,选择的记账本位币不同于企业的记账本位币,也应当视同境外经营。

企业选定境外经营的记账本位币时,除了考虑上述因素外,还应当考虑下列因素:

（1）境外经营对其所从事的活动是否拥有很强的自主性。如果境外经营只是母（总）公司业务在境外的简单延伸和扩展（如一个境外设立的销售部）,属于母（总）公司的有机组成部分,则应该选择与母（总）公司相同的记账本位币。相反,若境外经营自主经营能力强,则可以参照上述境内经营企业选择记账本位币的方法自行确定。

(2) 境外经营活动中与企业的交易是否在境外经营活动中占有较大比重。如果境外经营活动中与母(总)公司的交易在境外经营活动中占有较大比重,即说明境外经营活动受到母(总)公司的重大影响,就应该选择与母(总)公司相同的记账本位币。反之,就应该参照上述境内经营企业选择记账本位币的方法自行确定。

(3) 境外经营产生的现金流量是否直接影响企业的现金流量,是否可以随时收回。如果境外经营产生的现金流量直接影响境内母(总)公司的现金流量,并且可以随时汇回国内,则可以将境外经营的交易视为母(总)公司的交易,采用与母(总)公司相同的记账本位币。反之,就应该参照上述境内经营企业选择记账本位币的方法自行确定。

(4) 境外经营产生的现金流量是否足以偿还其现有债务和可预期的债务。如果境外经营产生的现金流量足以偿还其现有的债务和可预期债务,即说明境外经营有很强的自主性和独立性,应该选择当地货币作为记账本位币。否则,境外经营只是作为母(总)公司的一个业务部门,并不负责自身的筹资活动,是母(总)公司整体经营的有机组成部分,在这种情况下,自然选择和母(总)公司相同的记账本位币。

(三) 记账本位币的变更

企业记账本位币一经确定,不得随意变更,但是企业经营所处的主要环境如果发生重大变化,其主要使用的货币也应随之发生变更。

企业因经营所处的主要环境发生重大变化,确需变更记账本位币的,应当采用变更当日的即期汇率将所有项目折算为变更后的记账本位币。

需要说明的是,在确定企业的记账本位币时,上述因素的重要程度因企业具体情况的不同而不同,需要管理当局根据实际情况进行判断。但是,这并不能说明企业管理当局可以根据需要随意选择记账本位币,企业管理当局根据实际情况只能确定一种货币作为记账本位币。

第二节　外币交易的会计处理

一、外币交易发生日的会计处理

当企业发生外币交易时,应当将外币金额折算为记账本位币金额。

外币交易应当在初始确认时,采用交易发生日的即期汇率将外币金额折算为记账本位币的金额;也可以采用按照系统合理的方法确定的、与交易发生日即期汇率近似的汇率折算。

即期汇率通常是指中国人民银行公布的当日人民币外汇牌价的中间价。企业发生的外币兑换业务或涉及外币兑换的交易事项,应当按照交易实际采用的汇率(即银行买入价或卖出价)折算。

即期汇率的近似汇率是指按照系统合理的方法确定的、与交易发生日即期汇率近似的汇率,通常采用当期平均汇率或加权平均汇率等。

企业通常采用即期汇率进行折算。汇率变动不大,也可以采用即期汇率的近似汇率进行折算。

(一)外币兑换业务

外币兑换业务是指企业从银行等金融机构购入外币(对于银行来说,则是卖出外币)或向银行等金融机构售出外币(对于银行来说,则是买入外币)。

企业售出外币时,一方面将实际收取的记账本位币(按照外币买入价折算的记账本位币金额)登记入账;另一方面将实际收取的记账本位币金额,与售出的外币按即期汇率或即期汇率的近似汇率折算为记账本位币之间的差额,作为汇兑损益。

【例5-1】 甲股份有限公司外币业务(记账本位币为人民币)采用交易发生时的即期汇率折算。本期将60 000美元到银行兑换为人民币,银行当日的美元买入价为1美元=6.67元人民币,当日即期汇率为1美元=6.80元人民币。

本例中,企业应当按照当日即期汇率将售出的美元折算为人民币,在银行存款美元账户对应的人民币账户作减少记录;按实际收到的人民币金额,对银行存款人民币账户作增加记录;两者之间的差额作为当期的财务费用。会计分录如下:

借:银行存款——人民币户(60 000×6.67)　　　　　　　　　　400 200
　　财务费用　　　　　　　　　　　　　　　　　　　　　　　　　7800
　　贷:银行存款——美元户(60 000×6.80)　　　　　　　　　　408 000

企业买入外币时,一方面要按外币卖出价折算应向银行支付的记账本位币,并记录所支付的金额;另一方面按照即期汇率或即期汇率的近似汇率将买入的外币折算为记账本位币金额登记入账,并按照买入的外币金额登记相应的外币账户。实际付出的记账本位币金额与收取的外币按照即期汇率或即期汇率的近似汇率折算为记账本位币金额之间的差额,作为当期汇兑损益。

【例5-2】 乙股份有限公司外币业务(记账本位币为人民币)采用交易发生时的即期汇率折算。本期因外币支付需要,从银行购入30 000美元,银行当日的美元卖出价为1美元=6.90元人民币,当日即期汇率为1美元=6.80元人民币。

本例中,企业应在银行存款美元账户作增加记录,按照当日即期汇率折算为人民币,该银行存款相对应的人民币账户作增加记录;按照实际付出的人民币金额对银行存款账户作减少记录。两者之间的差额作为当期财务费用。会计分录如下:

借:银行存款——美元户(30 000×6.80)　　　　　　　　　　204 000
　　财务费用　　　　　　　　　　　　　　　　　　　　　　　　　3 000
　　贷:银行存款——人民币户(30 000×6.90)　　　　　　　　207 000

(二)外币购销业务

企业从国外或境外购进原材料、商品或引进设备,按照即期汇率或即期汇率的近似汇率将支付的外币或应支付的外币折算为人民币记账,以确定购入原材料等货物及债务的入账价值,同时按照外币的金额登记有关外币账户,如外币银行存款和外币应付账款账户等。

【例5-3】 乙股份有限公司外币业务(记账本位币为人民币)采用交易发生时的即期汇

率折算。本期从境外购入不需要安装的机器设备一台,设备价款为 355 000 美元,购入该设备时即期汇率为 1 美元=6.80 元人民币,款项尚未支付。会计分录如下:

借:固定资产——机器设备 2 414 000
  贷:应付账款——美元户(355 000×6.80) 2 414 000

企业出口商品或产品时,按照即期汇率或即期汇率的近似汇率将外币销售收入折算为人民币入账;对于出口销售取得的款项或发生的债权,按照折算后人民币的金额入账,同时按照外币金额登记有关外币账户,如外币银行存款账户和外币应收账款账户等。

【例 5-4】 甲股份有限公司属于增值税一般纳税人,其外币业务(记账本位币为人民币)采用交易发生时的即期汇率折算。本期出口销售商品 12 000 件,销售合同规定的销售价格为每件 250 美元,当日的即期汇率为 1 美元=6.80 元人民币。假设不考虑相关税费,货款尚未收到。会计分录如下:

借:应收账款——美元户(12 000×250×6.80) 20 400 000
  贷:主营业务收入 20 400 000

(三)外币借款业务

企业借入外币时,按照借入外币时的即期汇率或即期汇率的近似汇率折算为记账本位币入账,同时按照借入外币的金额登记相关的外币账户。

【例 5-5】 乙股份有限公司外币业务(记账本位币为人民币)采用交易发生时的即期汇率折算。本期从中国银行借入 1 500 000 港元,期限为 6 个月,借入的港元暂存银行。借入时的即期汇率为 1 港元=1.16 元人民币。会计分录如下:

借:银行存款——港元户(1 500 000×1.16) 1 740 000
  贷:短期借款——港元户 1 740 000

(四)接受外币资本投资业务

企业收到投资者以外币投入资本,应当采用交易发生日即期汇率折算,不得采用合同约定汇率和即期汇率的近似汇率折算,外币投入资本与相应的货币性项目的记账本位币金额之间不产生外币资本折算差额。

【例 5-6】 丁股份有限公司记账本位币为人民币,其与外商签订的投资合同中规定外商分次投入外币资本。丁公司第一次收到外商投入资本 300 000 美元,当日的即期汇率为 1 美元=6.80 元人民币;第二次收到外商投入资本 300 000 美元,当日的即期汇率为 1 美元=6.79 元人民币。会计分录如下:

第一次收到外币资本时:

借:银行存款——美元户(300 000×6.80) 2 040 000
  贷:股本 2 040 000

第二次收到外币资本时:

借:银行存款——美元户(300 000×6.79) 2 037 000
  贷:股本 2 037 000

二、资产负债表日外币交易的会计处理

在资产负债表日,应当按照下列规定对外币货币性项目和外币非货币性项目进行处理。

（一）外币货币性项目

货币性项目是指企业持有的货币资金和将以固定或可确定的金额收取的资产或者偿还的负债。货币性项目分为货币性资产和货币性负债。货币性资产包括库存现金、银行存款、应收账款、其他应收款、长期应收款等,货币性负债包括短期借款、应付账款、其他应付款、长期借款、应付债券、长期应付款等。

外币货币性项目采用资产负债表日的即期汇率折算。对于货币性项目,因结算或采用资产负债表日的即期汇率折算而产生的汇兑差额,计入当期损益,同时调增或调减外币货币性项目的记账本位币金额。

（二）外币非货币性项目

非货币性项目是指货币性项目以外的项目,包括存货、长期股权投资、固定资产、无形资产等。

（1）以历史成本计量的外币非货币性项目,由于已在交易发生日按照当日即期汇率折算,资产负债表日不应当改变其记账本位币金额,不产生汇兑差额。

（2）以公允价值计量的外币非货币性项目,如交易性金融资产（股票、基金等）,采用公允价值确定日的即期汇率折算,折算后的记账本位币金额与原记账本位币金额的差额,作为公允价值变动（含汇率变动）处理,计入当期损益。

【例5-7】　甲股份有限公司20××年12月1日购买10万股H股股票,每股3港元,划分为交易性金融资产,即期汇率1港元=1.20元人民币;12月31日,每股3.5港元,即期汇率1港元=1.15元人民币（假设不考虑有关税费的影响）。

12月1日:

借:交易性金融资产　　　　　　　　　　　　　　　　　　　　　　　360 000
　贷:银行存款——港元户(300 000×1.20)　　　　　　　　　　　　　360 000

12月31日:

由于交易性金融资产以公允价值入账,则在资产负债表日,采用公允价值确定日的即期汇率(1港元=1.15元人民币)折算后,其金额为402 500元(3.5×100 000×1.15),与12月1日入账金额360 000元的差额作为公允价值变动（含汇率变动）处理,计入当期损益。相关账务处理如下:

借:公允价值变动损益　　　　　　　　　　　　　　　　　　　　　　42 500
　贷:交易性金融资产　　　　　　　　　　　　　　　　　　　　　　42 500

【例5-8】　甲股份有限公司外币业务（记账本位币为人民币）采用交易发生时的即期汇率进行折算,按月计算汇兑损益。20××年7月31日的即期汇率为1美元=6.80元人民币。当日外币余额见表5-1。

表 5-1　　　　　　　　　　　　　　　外币账户期末余额表

项目	外币账户金额（美元）	汇率	记账本位币金额（人民币元）
银行存款	100 000	6.80	680 000
应收账款	500 000	6.80	3 400 000
应付账款	200 000	6.80	1 360 000

甲股份有限公司 4 月份发生如下外币业务（假设不考虑有关税费）：

（1）8 月 5 日，收到外商投入的外币资本 500 000 美元，当日的即期汇率为 1 美元＝6.90 元人民币，投资合同约定的汇率为 1 美元＝6.88 元人民币，款项已存入银行。

（2）8 月 12 日，从国外进口一批设备，价款共计 400 000 美元，款项用银行存款支付，当日的即期汇率为 1 美元＝6.85 元人民币。

（3）8 月 25 日，对外赊销产品一批，价款 200 000 美元（不含增值税）。当日的即期汇率为 1 美元＝6.95 元人民币，款项尚未收到。

（4）8 月 31 日，收到 7 月份的应收账款 300 000 美元，当日的即期汇率为 1 美元＝6.99 元人民币。

假定不考虑增值税等相关税费，且甲股份有限公司在银行开设有美元账户。对于 8 月份的外币业务账务处理如下：

日常账务处理如下：

（1）8 月 5 日，收到外商投入的外币资本：

借：银行存款——美元户（500 000×6.90）　　　　　　　　　　　　　3 450 000
　　贷：股本　　　　　　　　　　　　　　　　　　　　　　　　　　3 450 000

（2）8 月 12 日，进口设备：

借：固定资产　　　　　　　　　　　　　　　　　　　　　　　　　2 740 000
　　贷：银行存款——美元户（400 000×6.85）　　　　　　　　　　　2 740 000

（3）8 月 25 日，对外赊销商品：

借：应收账款——美元户（200 000×6.95）　　　　　　　　　　　　1 390 000
　　贷：主营业务收入　　　　　　　　　　　　　　　　　　　　　　1 390 000

（4）8 月 31 日，收到 7 月份的应收账款：

借：银行存款——美元户（300 000 ×6.99）　　　　　　　　　　　　2 097 000
　　贷：应收账款——美元户（300 000×6.99）　　　　　　　　　　　2 097 000

期末汇兑损益的计算如下：

（1）银行存款（美元）账户的余额＝100 000＋500 000－400 000＋300 000
　　　　　　　　　　　　　　　　＝500 000（美元）

　　按当日的即期汇率折算为人民币金额＝500 000×6.99＝3 495 000（元）
　　当期产生的汇兑差额＝3 495 000－（680 000＋3 450 000－2 740 000＋2 097 000）
　　　　　　　　　　　＝8 000（元）

（2）　应收账款（美元）账户的余额 ＝ 500 0000 ＋ 200 000 － 300 000 ＝ 400 000（美元）

按当日的即期汇率折算为人民币金额 ＝ 400 000 × 6.99 ＝ 2 796 000（元）

当期产生的汇兑差额 ＝ 2 796 000 － （3 400 000 ＋ 1 390 000 － 2 097 000）

＝ 103 000（元）

（3）　应付账款（美元）账户的余额 ＝ 200 000（美元）

按当日的即期汇率折算为人民币金额 ＝ 200 000 × 6.99 ＝ 1 398 000（元）

当期产生的汇兑差额 ＝ 1 398 000 － 1 360 000 ＝ 38 000（元）

（4）　应计入当期损益的汇兑差额 ＝ 8 000 ＋ 103 000 － 38 000 ＝ 73 000（元）

期末汇兑损益的会计分录如下：

借：银行存款——美元户	8 000
应收账款——美元户	103 000
贷：应付账款——美元户	38 000
财务费用——汇兑差额	73 000

第三节　外币财务报表的折算

企业的境外经营如果采用与企业相同的记账本位币，则境外经营的财务报表不存在折算问题。如果企业境外经营的记账本位币不同于企业的记账本位币，则需要将企业境外经营的财务报表折算为以企业记账本位币反映的财务报表。

我国外币会计报表折算，包括境外子公司以外币表示的会计报表的折算，以及境内子公司采用与母公司记账本位币不同的货币编报的会计报表的折算。企业将境外经营的财务报表并入本企业财务报表时，应当分下列情况进行折算。

一、正常情况下外币财务报表的折算

（1）资产负债表中的资产、负债项目，采用资产负债表日的即期汇率折算，所有者权益项目除"未分配利润"项目外，其他项目采用发生时的即期汇率折算。

（2）利润表中的收入和费用项目，采用交易发生日的即期汇率折算；也可以采用按照系统合理的方法确认的、与交易发生日即期汇率近似的汇率折算。

（3）按照上述折算产生的外币财务报表折算差额，在资产负债表中所有者权益项目下单独列示。需要注意的是，企业编制合并财务报表涉及境外经营的，如有实质上构成对境外经营净投资的外币货币性项目，因汇率变动而产生的汇兑差额，也应列入所有者权益"外币报表折算差额"项目；处置境外经营时，计入处置当期损益。

【例5-9】　国内甲公司（以下简称甲公司）记账本位币为人民币，该公司在境外有一子公司乙公司，乙公司确定的记账本位币为美元。根据合同约定，甲公司拥有乙公司70%的股权，并对乙公司的财务和经营政策施加重大影响。甲公司采用当期平均汇率折算乙公司利润表项目。乙公司的有关材料如下：

20×8 年 12 月 31 日的汇率为 1 美元 ＝ 7.70 元人民币，20×7 年的平均汇率为 1 美元 ＝

7.60 元人民币,实收资本、资本公积发生日的即期汇率为 1 美元=8.00 元人民币,20×7 年 12 月 31 日的股本为 500 万美元,折算为 4 000 万元人民币;累计盈余公积为 50 万美元,折算为 405 万元人民币,累计未分配利润为 120 万美元,折算为 972 万元人民币,甲、乙公司均在年末提取盈余公积。

报表折算见表 5-2 至表 5-4。

表 5-2

利 润 表(简表)

20×8 年

单位:万元

项目	期末数(美元)	折算汇率	折算为人民币金额
一、营业收入	2 000	7.60	15 200
减:营业成本	1 500	7.60	11 400
税金及附加	40	7.60	304
管理费用	100	7.60	760
财务费用	10	7.60	76
加:投资收益	30	7.60	228
二、营业利润	380	—	2 888
加:营业外收入	40	7.60	304
减:营业外支出	20	7.60	152
三、利润总额	400	—	3 040
减:所得税费用	120	7.60	912
四、净利润	280	—	2 128
五、每股收益			

表 5-3

所有者权益变动表(简表)

20×8 年

单位:万元

	实收资本			盈余公积			未分配利润		外币报表折算差额	股东权益合计
	美元	折算汇率	人民币	美元	折算汇率	人民币	美元	人民币	人民币	人民币
一、本年年初余额	500	8.00	4 000	50		405	120	972		5 377
二、本年增减变动金额										
(一)净利润							280	2 128		2 128
(二)直接计入所有者权益的利得和损失										−210
其中:外币报表折算差额									−210	−210
(三)利润分配										−1 520

	实收资本			盈余公积			未分配利润		外币报表折算差额	股东权益合计
	美元	折算汇率	人民币	美元	折算汇率	人民币	美元	人民币		人民币
1. 提取盈余公积				70	7.60	532	−70	−532		0
2. 对股东的分配							−200	−1 520		−1 520
三、本年年末余额	500	8.00	4 000	120		937	130	1 048	−210	5 775

当期计提的盈余公积采用当期平均汇率折算,期初盈余公积为以前年度计提的盈余公积按相应年度平均汇率折算后金额的累计,期初未分配利润记账本位币金额为以前年度为分配利润记账本位币金额的累计。

表 5-4　　　　　　　　　　　　资产负债表(简表)

20×8 年 12 月 31 日　　　　　　　　　　　　　单位:万元

资产	期末数（美元）	折算汇率	折算为人民币金额	负债和股东权益	期末数（美元）	折算汇率	折算为人民币金额
流动资产:				流动负债:			
货币资金	90	7.70	693	短期借款	45	7.70	346.5
应收账款	190	7.70	1 463	应付账款	285	7.70	2 194.5
存货	240	7.70	1 848	其他流动负债	110	7.70	847
其他流动资产	150	7.70	1 155	流动负债合计	440	—	3 388
流动资产合计	670	—	5 159	非流动负债:			
非流动资产:				长期借款	140	7.70	1 078
长期应收款	120	7.70	924	应付债券	80	7.70	616
固定资产	550	7.70	4 235	其他非流动负债	90	7.70	693
在建工程	80	7.70	616	非流动负债合计	310	—	2 387
无形资产	50	7.7	385	负债合计	750		5 775
其他非流动资产	30	7.70	231	股东权益:			
非流动资产合计	830	—	6 391	股本	500	8.00	4 000
				盈余公积	120		937
				未分配利润	130		1 048
				外币报表折算差额			−210
				股东权益合计	750		5 775
资产合计	1 500		11 550	负债和股东权益合计	1 500		11 550

外币报表折算差额为以记账本位币反映的净资产减去以记账本位币反映的实收资本、累计盈余公积及累计未分配利润后的余额。

二、恶性通货膨胀下外币财务报表的折算

（一）恶性通货膨胀经济的判定

当一个国家经济环境显示出（但不局限于）以下特征时，应当判断该国处于恶性通货膨胀经济中：

（1）最近3年累计通货膨胀率接近或超过100%。

（2）利率、工资和物价与物价指数挂钩。

（3）一般公众不是以当地货币、而是以相对稳定的外币为单位作为衡量货币金额的基础。

（4）一般公众倾向于以非货币性资产或相对稳定的外币来保存自己的财富，持有的当地货币立即用于投资以保持购买力。

（5）即使信用期限很短，赊销、赊购交易仍按补偿信用期预计购买力损失的价格成交。

（二）处于恶性通货膨胀下外币财务报表的折算

企业对处于恶性通货膨胀经济下的境外经营的财务报表，应当先予以重述，然后再进行折算：

（1）资产负债表项目的重述。在对资产负债表项目进行重述时，由于现金、应收账款、其他应收款等货币性项目已经以资产负债表日的计量单位表述，因此不需要对其进行重述；通过协议与物价变动挂钩的资产和负债，应根据协议约定进行调整；非货币性项目中，有些是以资产负债表日的计量单位列示的，如存货如果已经以可变现净值列示，资产负债表日就不需要进行重述。其他非货币性项目，如固定资产、投资、无形资产等，应自购置日起以一般物价指数变动予以重述。

（2）利润表项目的重述。在对利润表项目进行重述时，所有项目金额都需要自其起始确认之日起，以一般物价指数变动进行重述，以使利润表的所有项目都以资产负债表日的计量单位表述。由于上述重述而产生的差额计入当期净利润。

三、境外经营的处置

企业可能通过出售、清算、返还股本或放弃全部或部分权益等方式处置其在境外经营中的利益。在包含境外经营的财务报表中，将已列入所有者权益的外币报表折算差额中与该境外经营相关部分，自所有者权益项目中转入处置当期损益；如果是部分处置境外经营，应当按处置的比例计算处置部分的外币报表折算差额，转入处置当期损益。

本 章 小 结

本章主要介绍了外币交易的会计处理和外币财务报表折算，着重解决采用何种汇率折

算外币财务报表问题。本章的重点是外币交易的会计处理,难点是资产负债表日外币交易的会计处理。

本章的主要内容包括:

(1) 外币交易的会计处理。企业发生的外币交易,应采用交易发生日即期汇率将外币金额折算为记账本位币金额;资产负债表日及结算日,应采用当日即期汇率将外币货币性项目折算为记账本位币,因汇率变动而产生的汇兑差额计入当期损益。

(2) 外币财务报表的折算。资产负债表日,企业在通过合并或权益法核算将境外经营的财务报表纳入本企业财务报表时,在境外经营处于非恶性通货膨胀经济情况下,对境外经营的资产、负债项目应采用资产负债表日即期汇率折算,对境外经营的收入和费用项目应采用交易发生日即期汇率或即期汇率的近似汇率折算,由此产生的汇兑差额计入所有者权益下的"外币报表折算差额"。

【关键术语】

外币交易　外币　记账本位币　即期汇率　即期汇率的近似汇率

【思考题】

1. 何为记账本位币? 企业选定记账本位币需要考虑哪些因素?
2. 企业选定境外经营的记账本位币需要考虑哪些因素?
3. 企业因经营环境改变需变更记账本位币的,应如何进行会计处理?
4. 我国外币财务报表折算的一般原则是什么?
5. 请说明处于恶性通货膨胀经济中境外经营的财务报表应如何进行折算?

【练习题】

一、单项选择题

1. 我国境内的某外商投资企业,业务收支以英镑为主,并以英镑作为记账本位币,其编制的财务报表应当(　　)。

    A. 折算为人民币

    B. 以英镑反映

    C. 折算为美元

    D. 既可以折算为人民币反映,也可以折算为其他外币反映

2. 下列各项中,属于外币兑换业务的是(　　)。

    A. 从银行取得外币借款　　　　　　B. 进口材料发生的外币应付款

    C. 归还外币借款　　　　　　　　　D. 从银行购入外汇

3. 企业的外币交易是指以(　　　)计价或者结算的交易。

    A. 美元　　　　　　　　　　　　　B. 记账本位币

    C. 记账本位币以外的货币　　　　　D. 港元

4. 按照企业会计准则的规定,外币报表折算差额在财务报表中的列示方法是(　　　)。

A. 作为管理费用列示　　　　　　　B. 作为未分配利润的调整项目列示

C. 作为外币报表折算差额单独列示　　D. 作为财务费用列示

5. 收到以外币投入的资本时,其对应的资产账户采用的折算汇率是(　　)。

A. 签订投资合同时的市场汇率　　　　B. 投资合同约定的市场汇率

C. 第一次收到外币资本时的折算汇率　D. 收到外币资本时的即期汇率

6. 某企业外币业务采用交易发生时的即期汇率核算。该企业本月初持有 30 000 美元,月初市场汇率为 1 美元=8.30 元人民币。本月 15 日将其中的 10 000 美元售给中国银行,当日中国银行的美元买入价为 1 美元=8.20 元人民币,即期汇率为 1 美元=8.24 元人民币。企业售出该笔美元时应确认的汇兑收益为(　　)元。

A. −1 000　　　　B. −600　　　　C. −400　　　　D. 0

二、多项选择题

1. 下列差额中,应当作为汇兑损益核算的有(　　)。

A. 收到外币资本投资时外币折算差额

B. 收到外币资本投资时到本会计期末外币折算差额

C. 外币兑换发生的外币折算差额

D. 持有外币存款期间发生的外币折算差额

2. 下列各项中,属于货币性资产的有(　　)。

A. 应收账款　　　B. 应付账款　　　C. 银行存款　　　D. 存货

3. 企业境外经营的财务报表折算时,应采用发生时的即期汇率折算的有(　　)。

A. 存货　　　　B. 固定资产　　　C. 实收资本　　　D. 盈余公积

4. 企业发生外币交易时,外币账户可以采用(　　)作为折算汇率。

A. 历史汇率　　　　　　　　　　B. 账面汇率

C. 交易发生时的即期汇率　　　　D. 交易发生时即期汇率的近似汇率

5. 外币财务报表中应当按照资产负债表日的即期汇率折算的项目有(　　)。

A. 固定资产　　　B. 实收资本　　　C. 无形资产　　　D. 盈余公积

三、判断题

1. 企业通常采用即期汇率进行折算。汇率变动不大,也可以采用即期汇率的近似汇率进行折算。　　　　　　　　　　　　　　　　　　　　　　　　　　　　(　　)

2. 外币业务的折算差额必须记入"财务费用"账户。　　　　　　　　　　　(　　)

3. 企业收到投资者以外币投入资本,应当采用交易发生日即期汇率折算,不得采用合同约定汇率和即期汇率的近似汇率折算。　　　　　　　　　　　　　　　　(　　)

4. 资产负债表中的资产、负债项目,采用资产负债表日的即期汇率折算,所有者权益项目除"未分配利润"项目外,其他项目采用发生时的即期汇率折算。　　　　　　(　　)

5. 在中华人民共和国境内发生的业务都不是外币业务。　　　　　　　　　(　　)

四、计算及账务处理题

1. 某股份有限公司外币业务(记账本位币为人民币)按发生时的即期汇率折算。本期将 50 000 美元到银行兑换为人民币,当日的银行美元买入价为 1 美元=6.85 元人民币,该日的中间价为 1 美元=6.90 元人民币。

要求:编制相关的会计分录。

2. 某股份有限公司外币业务(记账本位币为人民币)按发生时的即期汇率折算。本期因外汇支付需要,从银行购入 10 000 美元,当日银行的美元卖出价为 1 美元＝6.86 元人民币,当日的中间价为 1 美元＝6.80 元人民币。

要求:编制相关的会计分录。

3. 某股份有限公司外币业务(记账本位币为人民币)按发生时的即期汇率折算。本期从境外购入不需要安装的设备一台,设备价款为 250 000 美元,购入该设备时即期汇率为 1 美元＝6.95 元人民币,款项尚未支付。

要求:编制相关的会计分录。

4. 某企业外币业务(记账本位币为人民币)按发生时的即期汇率折算。该企业从中国银行借入 1 000 000 港元用于购买设备,期限为 6 个月,借入的港元暂存中国银行。借入时即期汇率为 1 港元＝0.855 元人民币。

要求:编制相关的会计分录。

第六章　租　赁

学习目标与要求

了解租赁业务的特点和意义。

了解租赁业务的分类。

掌握经营租赁和融资租赁分别从承租人和出租人的角度的会计处理方法。

掌握其他租赁业务如售后租回交易的核算方法。

重点

经营租赁和融资租赁的会计处理方法;售后租回交易的会计处理方法。

难点

经营租赁和融资租赁的会计处理方法;售后租回交易的会计处理方法。

导读

租赁是指在约定的期间内,出租人将资产使用权让与承租人,以获取租金的协议。租赁按与租赁资产所有权有关的风险和报酬是否转移可分为融资租赁和经营租赁;按租赁资产的资金来源不同,租赁可以分为直接租赁、销售租赁、售后租回、杠杆租赁、转租赁及委托租赁等。融资租赁和经营租赁是对租赁业务的基本分类,这两类租赁无论从承租人还是出租人的角度进行会计处理均有较大差异。对售后租回交易分别认定为融资租赁或经营租赁,从承租人和出租人的角度进行会计处理。

第一节　租赁概述

一、租赁的概念

租赁有广义和狭义之分,狭义的租赁又称为现代租赁,是指以融资为主要目的,以设备等资产为主要对象,各方均应履行租约中约定义务的租赁。

根据我国最新的《企业会计准则第 21 号——租赁》[①]规定:租赁是指在约定的期间内,出

---

① 　财政部:《企业会计准则第 21 号——租赁》第一章第二、第三条,经济科学出版社 2006 年版。

租人将资产使用权让与承租人,以获取租金的协议。同时规定了该准则不包括的内容:①出租人以经营租赁方式租出的土地使用权和建筑物,适用《企业会计准则第 3 号——投资性房地产》。②电影、录像、剧本、文稿、专利和版权等项目的许可使用协议,适用《企业会计准则第 6 号——无形资产》。③出租人因融资租赁形成的长期债权的减值,适用《企业会计准则第 22 号——金融工具确认和计量》。

广义的租赁则泛指一切财产使用权的有偿转让活动,它不仅包括现代租赁,还包括为满足短期、临时需要的,或以不动产为对象、不立契约的财产使用权的转让活动。

会计上讨论的租赁主要是指狭义的租赁。

二、租赁的特点

租赁实质上就是一种契约关系。在这种契约关系中,一般涉及三个当事人:出租人、承租人和供货人。其中出租人根据承租人的要求购入设备出租给承租人,在租赁期间,出租人拥有该设备的所有权,并定期收取租金,只是所收取的租金中既包括购买设备的本金,还包含为承租人提供购买设备的资金而应收取的利息;承租人拥有租赁资产的使用权并定期向出租人支付租金;而供货人则根据承租人的特定要求生产设备并将设备提供给出租人。租赁的特点[①]主要有以下四点。

1. 所有权与经营权分离

租赁的首要特点是租赁资产的所有权和经营权相分离。根据这一特点可将租赁和一般的买卖交易相区别。当发生普通买卖交易时,买方通常按约定条件取得商品所有权同时也获得了商品的使用权。租赁则不同,在合同规定的租赁期内,承租人据约取得租赁资产的使用权,所有权归出租人所有。

2. 融物和融资合为一体

租赁和银行信贷一样,租赁在出租人和承租人两方之间所形成的关系,是债权债务关系,这种特殊的关系以“融物”形式达到“融资”目的,而银行则是一种传统的货币信贷。

由于租赁具有这个特点,就使得租赁公司具有银行和经销商的双重职能。它们使商品交易、提供劳务和融资得以同时进行,减少环节,而提高效率。这也使得整个社会的融资渠道和交易方式多样化,有助于打破各种方式和不同程度的垄断,促进了各企业之间的公平竞争,提高了企业和全社会的工作效率。从这个意义上讲,租赁为提高企业和全社会的经济效益创造了条件。

3. 筹资成本低廉

如从银行等金融机构筹措资金,通常要受到严格的限制,大多数都必须对借入资金进行强制性存款,并以此作为贷款抵押。这样,为取得必要的资金,就必须接受超出所需资金的贷款,而租赁却能获得 100%的融资效果。此外,租赁业务大多都是通过专业性的公司来进行的,租赁公司的专业特长及经验能为承租人找到有利的客户。

4. 灵活方便

就融物和融资合为一体而言,租赁和分期付款销售极为相似。但分期付款只能解决购

---

① 张文贤、高建兵:《高级财务会计》首都经济贸易大学出版社 2003 年版,第 555~556 页。

货方一次性购买能力不足的困难,却不能满足企业只要短期使用,而不要永久使用的需求;租赁则不同,可以满足不同方面的需要,特别是现实生活中设备用户对设备的不同需求。

由于以上特点,租赁日益成为企业取得资产使用权的重要方式。特别是自 20 世纪 60 年代出现以融资租赁为主要目的的现代租赁以来,租赁业务在美国、日本、德国获得了迅猛发展。在我国,租赁业务也日益成为企业筹资融资的一种新渠道。

三、租赁的分类

租赁具有较大的灵活性,承租人可以根据自己的需要,采取适当的租赁方式。为了正确认识租赁的性质和有效利用各种租赁形式,有必要从不同的角度对租赁进行分类。

(一) 按与租赁资产所有权有关的风险和报酬是否转移分类

1. 融资租赁

融资租赁是指实质上已转移与资产所有权有关的全部风险和报酬的租赁。这里所谓的"风险",包括资产因技术陈旧、生产能力闲置等造成的损失;这里所指的"报酬",包括资产在其使用年限内带来的收益,以及因资产升值或残值变现可能获得的收益。一项资产如果符合下列一项或数项标准的,应当认定为融资租赁[①]:

(1) 在租赁期届满时,租赁资产的所有权转移给承租人。

(2) 承租人有购买租赁资产的选择权,所订立的购买价款预计将远低于行使选择权时租赁资产的公允价值,因而在租赁开始日就可以合理确定承租人将会行使这种选择权。

(3) 即使资产的所有权不转移,但租赁期占租赁资产使用寿命的大部分。

(4) 承租人在租赁开始日的最低租赁付款额现值,几乎相当于租赁开始日租赁资产公允价值;出租人在租赁开始日的最低租赁收款额现值,几乎相当于租赁开始日租赁资产公允价值。

(5) 租赁资产性质特殊,如果不作较大改造,只有承租人才能使用。

可见,融资租赁是出租人将所投资的资产出租,收回投资额并取得合理利润的一种经济活动;对承租人而言,通过租赁不仅获得了所需资金,同时取得出租人提供资金所购置的资产,并在未取得资产所有权的前提下,承担与资产所有权有关的一切费用,这种租赁方式可使承租人长期使用租赁资产,有时还可最终获得资产所有权。

2. 经营租赁

经营租赁是指融资租赁以外的其他租赁,是承租人为了经营活动中的短期性、临时性及季节性需要而向出租人租用某种资产的行为。在经营租赁下,承租人只要使用某类资产,而不想添置它;而出租人则要将租赁物多次出租方能收回投资和获取利润。经营租赁具有以下特点:

(1) 经营租赁是承租人单纯为了满足生产经营上短期的临时性的需要而租入的资产,承租人只需要某种资产的使用权而不是所有权。

(2) 租赁的期限比较短。经营租赁只是满足企业季节性、临时性的需要而租入的资产,

---

① 财政部:《企业会计准则第 21 号——租赁》第二章第七条,经济科学出版社 2006 年版。

因而资产的使用期限将远远短于其有效使用年限。

（3）出租人承担与资产所有权有关的风险和报酬。经营性租赁因与资产所有权有关的风险和报酬在实质上并未从出租方转移到承租方，因此，与资产所有权有关的风险和报酬应由出租人承担。相应的，承租人还要承担租出资产的保险、维修等费用，承租人付出的代价也要比融资租赁高一些。

将租赁分为融资租赁和经营租赁，是租赁的基本分类，其他分类方式都是建立在此种分类基础之上的。

（二）按租赁资产的资金来源分类

按租赁资产的资金来源不同，租赁可以分为直接租赁、销售租赁、售后租回、杠杆租赁、转租赁及委托租赁等。

1. 直接租赁

直接租赁是指出租人垫付全部资金购入资产，租予承租人并收取租金的租赁业务。出租人垫付的租金可以是自有资金，也可以是借入资金，由于这种租赁实际上是出租人为承租人提供了购置财产的全部资金，因此称为直接租赁或直接融资租赁。

2. 销售式租赁

销售式租赁是指具有销售性质的租赁，出租人通过这种租赁方式既可赚取销售财产的收益，也可赚取融资收益。从事销售式租赁的一般是资产的制造厂家或经销商，他们将所生产或经销的商品以融资租赁的方式租出，也实现了销售的目的。与这种销售方式最接近的是分期付款销售。两者的区别为：前者的资产所有权并没有转移，属于购买方。这种租赁方式的出租人多为既从事资产生产、买卖，又从事资产租赁的制造厂家或经销商。

3. 售后租回

售后租回是指资产的所有者将自己拥有的资产先卖给租赁公司，然后再从租赁公司租回的租赁活动，从事售后租回的承租人，主要是在企业资金短缺时，为了筹集经营活动所需的资金，先将所拥有的资产变现，但为继续使用该资产就再从租赁公司将其租回。

这种租赁活动对承租人来讲，并没有改变资产的使用权，改变的只是资产的所有权；通过让渡资产的所有权，获得了资金，但通过租赁又取得了资产的使用权。

4. 杠杆租赁

杠杆租赁又称举债融资租赁，是指租赁公司在购置大型的资产时，自己承担资产购置成本的小部分（通常为20%～40%），然后以租赁资产第一抵押权、租赁合同和收取租金的受让权作为借款担保，通过银行等金融机构的贷款来融通大部分资产的购置成本。杠杆租赁涉及三方当事人：承租人、出租人和贷款人。在这种租赁活动中出租人具有双重身份，既是出租人又是贷款人。

5. 转租赁

转租赁又称租进租出式租赁，是指出租人从一家租赁公司或制造厂商租进一项资产后转租给承租人的租赁业务。在转租赁业务中，出租人在资产的原始出租人和最终承租人之间主要起中介作用。

6. 委托租赁

委托租赁是指出租人在直接租赁的基础上，因承租人在异地而委托他人或其他租赁公司代办有关租赁手续的一种租赁。与委托租赁相反的是代理租赁，这是由租赁公司接收其他租赁公司或制造厂商的委托,代办租赁手续的一种租赁方式。

我国以上对租赁的分类采取了国际会计准则的标准,也借鉴了美国等国家的有关做法。考虑到任何一项租赁出租人与承租人的权利、义务是以双方签订的同一租赁协议为基础,因而我国租赁会计从出租人与承租人的不同角度对租赁的分类采取相同的标准,避免同一项租赁业务因双方分类不同而造成会计处理不一致的情况。

第二节 承租人的会计处理

融资租赁和经营租赁是对租赁业务的基本分类,这两类租赁无论从承租人还是出租人的角度进行会计处理均有较大差异,本节主要从承租人的角度对融资租赁和经营租赁进行相应的会计处理,有关出租人的会计处理将在第三节介绍。

一、融资租赁下承租人的会计处理

在融资租赁业务中由于与资产有关的风险和报酬已经转移给承租人,根据实质重于形式的会计原则,承租人应将租入的资产列为企业的资产,同时将应付的租金列报为长期负债。具体包括以下过程[①]。

(一)租赁资产的初始确认及计量

承租人进行融资租赁实质上是一种融资手段,在取得一项资产的同时,也承担了一笔债务。在会计处理上,一方面应确认租入资产的入账价值,另一方面需确认一项长期负债。新企业会计准则规定,租入资产的入账价值是租赁开始日租赁资产公允价值与最低租赁付款额现值两者中的较低者,其差额作为未确认融资费用。

为此,确认时需经过以下几个步骤:

(1)最低租赁付款额的确定。所谓最低租赁付款额,是指在租赁期内,承租人应支付或可能被要求支付的款项(不包括或有租金和履约成本),加上由承租人或与其有关的第三方担保的资产余值。这里的"余值"是相对于或有租金、履约成本而言的,是指在租赁开始日确定的,承租人将必须向出租人支付的最小金额。最低租赁付款额具体包括的内容,一般视租赁协议规定的具体内容而定。

如果租赁协议规定,在租赁期满转移租赁资产的所有权,最低租赁付款额等于租赁期内租金总额;如果租赁协议规定承租人有购买租赁资产的选择权,最低租赁付款额等于租赁期内租金总额与期末购买租赁资产价款之和。如果租赁协议规定期满不转移租赁资产的所有权,承租人也没有购买租赁资产的选择权,最低租赁付款额等于租赁期内租金总额与承担人担保的资产余值之和。

或有租金是指金额不确定,以时间长短以外的其他因素(如销售量、使用量、物价指数等)为依据计算的租金,或有租金应当在实际发生时计入当期损益。履约成本是指租赁期内

---

① 于小镭、徐兴恩:《企业会计准则实务指南与讲解》机械工业出版社 2007 年版,第 184～185 页。

为租赁资产支付各种使用费用,如技术咨询和服务费、人员培训费、维修费、保险费等。

(2)确定折现率。最低租赁付款额的现值,必须根据一定的折现率来折现。确认折现率时,能够取得出租人租赁内含利率的,应当采用租赁内含利率;否则,应当采用租赁合同规定的利率;承租人无法取得出租人的租赁内含利率且租赁合同没有规定利率的,应当采用同期银行贷款利率作为折现率。

租赁内含利率是指在租赁开始日,使最低租赁收款额的现值与未担保余值的现值之和等于租赁资产公允价值与出租人的初始直接费用之和的折现率。

(3)确定最低租赁付款额现值。在已确定折现率的情况下,即可计算最低租赁付款额的现值。如果每年支付等额的租金,应以年金现值系数计算现值,其余的付款额则以复利现值系数计算现值。

(4)将计算出的最低租赁付款额的现值与资产的公允价值进行比较,两者中较低者即为租入资产的入账价值。

(5)租入资产入账价值与长期应付款之差,即是未确认融资费用。未确认融资费用应当在租赁期内各个期间进行分摊。承租人应当采用实际利率法计算确认当期的融资费用。

租赁资产入账的账务处理为:在租赁期开始日,按应计入固定资产成本的金额(租赁开始日租赁资产公允价值与最低租赁付款额现值两者中较低者加上初始直接费用),借记"固定资产——融资租入固定资产"账户,按最低租赁付款额,贷记"长期应付款——应付融资租赁款"账户,按发生的初始直接费用金额,贷记"银行存款"等账户,按其差额,借记"未确认融资费用"账户。如果融资租入的固定资产在租赁开始日需要经过安装,应先通过"在建工程"账户核算,安装完毕交付使用时,再由"在建工程"账户转入"固定资产——融资租入固定资产"账户。

(二)初始直接费用的确认

承租人在租赁谈判和签订租赁合同过程中发生的,可归属于租赁项目的手续费、律师费、差旅费、印花税、谈判费等初始直接费用,承租人发生的初始直接费用应当计入租入资产价值。

(三)计提固定资产折旧

承租人应当采用与自有固定资产相一致的折旧政策计提租赁资产折旧。能够合理确定租赁期届满时取得租赁资产所有权的,应当在租赁资产使用寿命内计提折旧;无法合理确定租赁期届满时取得租赁资产所有权的,应当在租赁期与租赁资产使用寿命两者中较短的期间内计提折旧。

(四)支付租金及未确认融资费用的分摊

在融资租赁下,承租人向出租人支付的租金中包含了本金和利息两部分。承租人应支付的租金应在租赁期内分摊,一方面应减少长期应付款(即本金部分),另一方面应同时将未确认的融资租赁费按合理的方法确认为当期融资费用(即利息部分)。在先付租金(即每期期初等额支付租金制)的情况下,租赁期第一期应支付的租金中不含利息,只需减少长期应付款,不必同时确认当期融资租赁费用。

未确认融资租赁费用应当在租赁期内各个期间进行分摊。承租人应当采用实际利率法计算确认当期的融资费用。

承租人采用实际利率法分摊未确认融资费用时,应当根据租赁期开始日租入资产入账价值的不同情况,对未确认融资费用采用不同的分摊率。

(1)租赁资产以最低租赁付款额的现值为入账价值,以出租人的租赁内含利率为折现率的情况,应当将租赁内含利率作为未确认融资费用的分摊率。

(2)租赁资产以最低租赁付款额的现值为入账价值,以租赁和他规定的利率为折现率的情况,应当将合同规定利率作为未确认融资费用的分摊率。

(3)租赁资产以最低租赁付款额的现值为入账价值,以同期银行贷款利率为折现率的情况,应将银行同期贷款利率作为未确认融资费用的分摊率。

(4)以租赁资产公允价值作为入账价值的,应当重新计算分摊率。该分摊率是使最低租赁付款额的现值与租赁资产公允价值相等的折现率。

支付租金的账务处理为:承租人对每期支付的租金,应按每期支付的租金金额,借记"长期应付款——应付融资租赁款"账户,贷记"银行存款"账户,如果支付的租金中包含有履约成本,还应同时借记"制造费用"和"管理费用"等账户。

分摊未确认融资费用时,按当期应分摊的未确认融资费用金额,借记"财务费用"账户,贷记"未确认融资费用"账户。

(五)履约成本和或有租金的账务处理

履约成本是指在租赁期内为租赁资产支付的各种使用成本,如技术咨询和服务费、人员培训费、维修费、保险费等。履约成本承租人可根据其内容分别进行处理。例如,对于融资租入固定资产的技术咨询和服务费、人员培训费等应予以递延、分摊计入各期费用或直接计入当期费用,借记"长期待摊费用""制造费用""管理费用"账户,贷记"银行存款"等账户。对于固定资产的经常性修理费、保险费等可直接计入当期费用,借记"制造费用"和"管理费用"等账户,贷记"银行存款"等账户。

或有租金由于金额不固定,无法采用系统合理的方法对其进行分摊,故在实际发生时计入当期损益,并分别情况进行账务处理:如果或有租金以销售量、使用量为依据计算的,借记"销售费用"等科目,贷记"银行存款"等科目;如果或有租金以物价指数为依据计算的,借记"财务费用"科目,贷记"银行存款"科目。

(六)租赁期届满时的会计处理

租赁期届满时,承租人根据租赁协议的不同进行相应的会计处理。

1. 返还租赁资产

租赁期届满,承租人向出租人返还租赁资产时,通常借记"长期应付款——应付融资租赁费"和"累计折旧"账户,贷记"固定资产——融资租入固定资产"账户。

2. 优惠续租租赁资产

如果承租人行使优惠续租选择权,则应视同该项租赁一直存在而作出相应的账务处理。

如果租赁届满时没有续租,根据租赁合同规定需向出租人支付违约金时,借记"营业外支出"账户,贷记"银行存款"账户。

3. 留购租赁资产

在承租人享有优惠购买选择权的情况下,支付购买价款时,借记"长期应付款——应付融资租赁款"账户,贷记"银行存款"账户;同时,将固定资产从"融资租入固定资产"明细账户转入有关明细账户。

【例6-1】 假设华美公司于20×6年1月1日从恒昌公司以融资租赁的方式租入一套新设备,(恒昌公司购置设备的成本为80万元,)该设备公允价值80万元。租赁期为6年,自租赁开始日每年年末支付租金16.5万元,期满设备归华美公司享有优先购买的选择权,购买价格为100元,估计该日租赁资产的公允价值为9万元。出租人恒昌公司的内含利率为6%,同期银行贷款利率为8%。设备的保险、维修等履约成本均由华美公司负担,每年约为10 000元。设备寿命期为8年,预计残值率为5%,该设备采用直线法计提折旧,另外,华美公司在20×7年向恒昌公司支付或有租金3 000元。

承租人华美公司会计处理过程如下:

(1)计算租赁开始日最低租赁付款额的现值:

$$最低租赁付款额 = 各期租金之和 + 行使优惠购买选择权支付的金额$$
$$= 165\ 000 \times 6 + 100 = 990\ 100(元)$$
$$最低租赁付款额的现值 = 165\ 000 \times (P/A, 6\%, 6) + 100 \times (P/F, 6\%, 6)$$
$$= 811\ 425(元)$$

最低租赁付款额的现值大于公允价值,因此租赁资产的入账价值即为公允价值800 000元。

$$未确认融资费用 = 最低租赁付款额 - 租赁资产的入账价值$$
$$= 990\ 100 - 800\ 000 = 190\ 100(元)$$

据此,租赁开始日的会计分录为:

借:固定资产——融资租入固定资产   800 000
 未确认融资费用   190 100
 贷:长期应付款——应付融资租赁款   990 100

(2)确定融资租赁费的折现率和分摊额:

承租人采用实际利率法分摊未确认融资费用时,以租赁资产公允价值作为入账价值的,应当重新计算分摊率。该分摊率为"使最低租赁付款额的现值与租赁资产公允价值相等的折现率"。设未确认融资租赁费的分摊率为 r,即:

$$165\ 000(P/A, r, 6) + 100(P/F, r, 6) = 800\ 000$$

查年金现值表和复利现值表,可得相近现值及其对应的利率,如表6-1所示。

表6-1   相近现值及其对应利率表

现值	利率	现值	利率
811 429	6%	786 546	7%
800 000	r		

采用插值法计算可得:$r = 6.459\% \approx 6.46\%$,即融资租赁费的分摊率为6.46%。在按实际利率法分摊未确认融资费用时,可编制摊销表,如表6-2所示。

表 6-2 未确认融资租赁费用摊销表 单位:元

日期	年租金	利息费用	应付本金减少额	应付本金余额
	①	②＝期初④×6.46%	③＝①－②	期末④＝期初④－③
20×6 年 01 月 01 日				800 000
20×6 年 12 月 31 日	165 000	51 680	113 320	686 680
20×7 年 12 月 31 日	165 000	44 360	120 640	566 040
20×8 年 12 月 31 日	165 000	36 566	128 434	437 606
20×9 年 12 月 31 日	165 000	28 269	136 731	300 875
20×0 年 12 月 31 日	165 000	19 437	145 563	155 312
20×1 年 12 月 31 日	165 000	9 788	155 212	100
20×2 年 01 月 01 日	100		100	
合　计	990 100	190 100	800 000	

(3) 支付租金及确认融资费用:

20×6 年 12 月 31 日,支付第一期租金的会计分录:

借:长期应付款——应付融资租赁款 165 000
　贷:银行存款 165 000

借:财务费用——利息 51 680
　贷:未确认融资费用 51 680

以后各期支付租金,均按此作会计分录。

(4) 租赁期内计提折旧:

按直线折旧法,每年应计提的折旧额如下:

$$年折旧额 = 800\ 000 \times (1 - 5\%) \div 8 = 95\ 000(元)$$

计提折旧的会计分录为:

借:制造费用——折旧费 95 000
　贷:累计折旧 95 000

(5) 支付设备的保险、维修等履约成本:

借:制造费用——维修费 10 000
　贷:银行存款 10 000

(6) 或有租金在发生时直接计入当期费用:

20×7 年,支付或有租金的会计分录如下:

借:管理费用 3 000
　贷:银行存款 3 000

(7) 租赁期届满行使购买权:

借：长期应付款——应付融资租赁款   100

 贷：库存现金   100

（8）租入资产转为自有资产：

借：固定资产——生产用固定资产   800 000

 贷：固定资产——融资租入固定资产   800 000

二、经营租赁下承租人的会计处理

我国现行企业会计准则中，对经营租赁下承租人的会计处理规定如下[①]：

（1）租入资产，承租人只是为了满足经营上的临时需要而租入资产，不涉及与资产所有权有关的风险和报酬转移问题，也没有购置租赁资产的特殊权利，因此，租入资产不正式记入"固定资产"账户中，只是另设备查簿登记，也不计提折旧。

（2）支付的租金应在租赁期内的各个期间按直线摊销法确认为费用，并按其用途分别记入"制造费用"和"管理费用"等账户。

（3）发生的初始直接费用，确认为当期费用。

（4）对于租入资产所发生的改良支出，应单独设置"经营租入固定资产改良"账户核算，并在剩余租赁期和租赁资产尚可使用年限两者中较短的期间内，采用合理的方法摊销，发生时，记入"长期待摊费用"账户，分期摊销列入各期费用。

（5）或有租金应当在实际发生时计入当期损益。

【例6-2】 华为公司向荣发公司以经营租赁方式租入办公楼数间，租赁合同规定：租期2年，押金60 000元，租金总额240 000元，租金于租赁开始日和租赁结束日各支付50%，此外，华为公司签订租赁协议后以银行存款支付房屋装修费60 000元，公司决定按租期2年摊销。

承租人华为公司有关的账务处理过程如下：

（1）对租赁资产在固定资产备查簿中登记。

（2）支付押金：

借：其他应收款——荣发公司   60 000

 贷：银行存款   60 000

（3）租赁开始日支付租金的50%时：

借：长期待摊费用   120 000

 贷：银行存款   120 000

（4）每月分摊租金：

借：管理费用   10 000

 贷：长期待摊费用   10 000

---

① 武玉荣、崔也光：《高级会计学》（修订第二版），首都经济贸易大学出版社2004年版，第281-282页。

（5）支付租赁用房装修费：

借：长期待摊费用——经营租入固定资产改良   60 000

  贷：银行存款   60 000

（6）每月摊销：

借：管理费用   2 500

  贷：长期待摊费用   2 500

（7）第二年 1～12 月预提每月应付租金：

借：管理费用   10 000

  贷：其他应付款   10 000

（8）租赁结束日支付租金的 50%：

借：其他应付款   120 000

  贷：银行存款   120 000

三、承租人的报表列示

1. 融资租赁下承租人的报表列示

承租人应当在资产负债表中，将与融资租赁相关的长期应付款减去未确认融资费用的差额，分别在长期负债和 1 年内到期的长期负债项目中列示；承租人应当在附注中披露与融资租赁有关的下列信息：

（1）各类租入固定资产的期初和期末原价、累计折旧额。

（2）资产负债表日后连续 3 个会计年度每年将支付的最低租赁付款额，以及以后年度将支付的最低租赁付款额总额。

（3）未确认融资费用的余额，以及分摊未确认融资费用所采用的方法。

2. 经营租赁下承租人的报表列示

承租人对于重大的经营租赁，应当在附注中披露下列信息：

（1）资产负债表日后连续 3 个会计年度每年将支付的不可撤销经营租赁的最低租赁付款额。

（2）以后年度将支付的不可撤销经营租赁的最低租赁付款额总额。

第三节　出租人的会计处理

本节主要介绍从出租人的角度对融资租赁和经营租赁应该如何进行会计处理。

一、融资租赁下出租人的会计处理

出租人以融资租赁方式租出资产的会计处理要点及程序如下。

（一）在租赁期开始日，融资租赁债权的确认及会计处理

新《企业会计准则第 21 号——租赁》规定：在租赁期开始日，出租人应当将租赁开始日最低租赁收款额与初始直接费用之和作为应收融资租赁款的入账价值，同时记录未担保余值；将最低租赁收款额、初始直接费用及未担保余值之和与其现值之和的差额确认为未实现融资收益。未实现融资租赁收益应当在租赁期内各个期间进行分配。出租人应当采用实际利率法计算确认当期的融资收入。

（1）确定最低租赁收款额。最低租赁收款额是指最低租赁付款额加上与独立于承租人与出租人的第三方对出租人担保资产的余值。

最低租赁收款额中的担保余值包括两部分内容：一部分是指对承租人的担保余值；另一部分是与承租人和出租人均无关，但在财务上能够担保的第三方担保的资产余值，这部分不包含在最低租赁付款额中，但包含在最低租赁收款额中。

（2）未担保余值的确认。未担保余值是指租赁资产余值中扣除就出租人而言的担保余值以后的资产余值。未担保余值不能作为应收租赁款的一部分，但应包括在出租人投资总额中。

（3）确认租赁投资总额，租赁投资总额包括最低租赁收款额和未担保余值，是出租人对租赁资产的投资总额。

（4）确认未实现融资收益。未实现融资收益是最低租赁收款额、初始直接费用及未担保余值之和与其现值之和的差额。

其账务处理为：按租赁开始日最低租赁收款额与初始直接费用之和，借记"长期应收款——应收融资租赁款"账户；按未担保余值，借记"未担保余值"账户；按融资租赁资产的账面价值，贷记"融资租赁资产"账户，按融资租赁资产的公允价值与账面价值的差额，借记"营业外支出"账户或贷记"营业外收入"账户；按发生的初始直接费用，贷记"银行存款"等账户；按借贷方差额，贷记"未实现融资租赁收益"账户。

（二）初始直接费用的账务处理

出租人发生的初始直接费用和承租人发生的初始直接费用类似，通常也包括手续费、律师费、差旅费、印花税、谈判费等，作为出租人为承租人预支或垫付的款项，确认为出租人债权的一部分。一般来说，出租人初始直接费用的收回，是通过承租人支付租金的方式进行的。出租人每期收到租金时，按收到的租金，借记"银行存款"账户，贷记"长期应收款——应收融资租赁款"账户。

（三）未实现融资租赁收益的账务处理

出租人收取的租金包含本金和利息两部分，应在租赁期内对租金进行分配，一部分应作为利息确认为当期租赁收入，另一部分应冲减应收融资租赁款中的本金。

未实现融资租赁收益应当在租赁期内各个期间进行分配。出租人采用实际利率法分配未实现融资租赁收益时，应当将租赁内含利率作为未实现融资租赁收益的分摊率。

采用实际利率法按期计算确定的融资收入，借记"未实现融资租赁收益"账户，贷记"租赁收入"账户。

（四）租金逾期未能收回的账务处理

根据谨慎性原则的要求，超过一个租金支付期未收到租金，出租人应停止确认租金中所含的融资收入，其已确认的融资收入，应予冲回，转作表外核算。在实际收到租金时，将租金中所含融资收入确认为当期收入。这有利于出租人加强对租金回收的管理，及时催收租金，提高租金的使用效率。

【例 6-3】 假设：[例 6-1]中 20×7 年 12 月 31 日，"未实现融资收益"账户的借方发生额合计为 51 680 元，"租金收入"账户的贷方余额为 51 680 元，但 20×7 年 12 月 31 日仍然未收到第一期租金。有关的账务处理如下：

（1）20×7 年 12 月 31 日，停止将第一期租金中所含的融资收入继续列报在利润表中，持续到收到第一期租金时才予以恢复融资收入在利润表中的列报。

（2）20×7 年 12 月 31 日，将已确认的第一期租金中所含的融资收入予以全部冲回，如下：

借：租赁收入   51 680
  贷：未实现融资收益   51 680

（3）20×8 年 1 月 20 日，收到第一笔租金，确认所含融资租赁收入的金额为 51 680 元：

借：未实现融资收益   51 680
  贷：租赁收入   51 680

（五）应收融资租赁款坏账准备的计提

由于逾期租金所含融资收入已根据谨慎性原则停止确认，因此，出租人只需对应收融资租赁款减去未实现融资收益的差额部分（本金）合理计提坏账准备，而不是对应收融资租赁款全额计提坏账准备。计提坏账准备的方法由出租人自行确定，一经确定不得随意变更。

账务处理程序为：计提坏账准备时，借记"管理费用"账户，贷记"坏账准备"账户；一旦发生确实无法收回的应收融资款，经批准冲销计提的坏账准备，借记"坏账准备"账户，贷记"应收融资租赁款"账户；已确认并转销的坏账损失以后又收回，按实际收回的金额，借记"应收融资租赁款"账户，贷记"坏账准备"账户，同时，借记"银行存款"等账户，贷记"应收融资租赁款"账户。

（六）未担保余值发生减少的账务处理

有证据表明未担保余值已经减少的，应当重新计算租赁内含利率，将由此引起的租赁投资净额的减少，计入当期损益；以后各期根据修正后的租赁投资净额和重新计算的租赁内含利率确认融资收入。租赁投资净额是融资租赁中最低租赁收款额及未担保余值之和与未实现融资收益之间的差额①。

已确认损失的未担保余值得以恢复的，应当在原已确认的损失金额内转回，并重新计算租赁内含利率，以后各期根据修正后的租赁投资净额和重新计算的租赁内含利率确认融资收入。

---

① 财政部：《企业会计准则第 21 号——租赁》第四章第二十条，经济科学出版社 2006 年版。

有关账务处理为:

（1）在未担保余值发生减少时,如果对前期已确认的融资收入不作追溯调整,只对未担保余值发生减少的当期及以后各期,根据修正后的租赁投资净额和重新计算的租赁内含利率计算确认融资收入。资产负债表日确定未担保余值发生减少时,按应减记的金额,借记"资产减值损失"账户,贷记"未担保余值减值准备"账户。以后又得以恢复的,应在原已计提的减值准备金额内,借记"未担保余值减值准备"账户,贷记"资产减值损失"账户。未担保余值增加的,不作调整。

（2）在未担保余值发生减少时,如果需要对前期已确认的融资收入作相应调整,则在确认减值损失、重新计算租赁内含利率的同时,还应将由此导致的租赁投资净额的减少数,计入当期损益。

（七）或有租金的会计处理

或有租金具有较大的不确定性,新准则规定或有租金应当在实际发生时计入当期损益,借记"银行存款"账户,贷记"租赁收入"账户。

（八）租赁期届满时的账务处理

租赁期届满时,出租人也像承租人一样根据租赁协议的不同进行相应的会计处理。

1. 收回租赁资产

出租人收到承租人返还的租赁资产时,存在担保余值的,按担保余值,借记"融资租赁资产"账户,贷记"长期应收款"账户,存在未担保余值的,按未担保余值,借记"融资租赁资产"账户,贷记"未担保余值"账户,担保余值和未担保余值均不存在的,出租人无需作账务处理,只需作相应的备查登记。

2. 优惠续租租赁资产

若承租人行使优惠续租选择权,则应视同该项租赁一直存在而作出相应的账务处理。

若租赁届满时没有续租,根据租赁合同规定应向承租人收取违约金时,借记"其他应收款"账户,贷记"营业外收入"账户。同时将收回的租赁资产按有关规定进行处理。

3. 承租人留购租赁资产

租赁期届满时,承租人行使了优惠购买选择权。出租人按收到的价款,借记"银行存款"等账户,贷记"长期应收款"账户。存在未担保余值的,按未担保余值,借记"租赁收入"账户,贷记"未担保余值"账户。

【例 6-4】 沿用[例 6-1]的资料,为出租人恒昌公司作相应的账务处理。

（1）租赁开始日应收融资租赁款及未实现融资收益的确认:

借:长期应收款——应收融资租赁款	990 100
贷:融资租赁资产	800 000
未实现融资收益	190 100

收到第一期租金时的会计分录:

借:银行存款	165 000
贷:长期应收款——应收融资租赁款	165 000

借：未实现融资收益   51 680
  贷：租赁收入   51 680

其他各期收到租金的会计分录与上类似。

（2）收到或有租金直接计入当期收入：

20×7 年收到或有租金的会计分录如下：

借：银行存款   3 000
  贷：租赁收入   3 000

（3）租赁期届满承租人行使购买权，收到留购款时：

借：库存现金   100
  贷：长期应收款——应收融资租赁款（优惠购买价）   100

二、经营租赁下出租人的会计处理

在经营租赁下，出租人应当按资产的性质，将用作经营租赁的资产包括在资产负债表中的相关项目内。对经营租赁中的固定资产，出租人仍应采用类似资产的折旧政策计提折旧；对于其他经营租赁资产，应当采用系统合理的方法进行摊销，并承担租出资产的维修费和保养费。

对于经营租赁的租金，出租人应当在租赁期内各个期间按照直线法确认为当期损益。出租人发生的初始直接费用及或有租金，均在发生时计入当期损益。

【例 6-5】 假设永兴公司于 20×6 年 1 月 1 日向华美公司租用一套办公室，租期 2 年，每年租金 18 万元，共计支付租金 36 万元。华美公司要求承租日支付租金总额的 50%，余下的分别在 20×6 年年底和 20×7 年年底各支付 25%，租赁期满，华美公司收回出租办公室，华美公司作出相应的会计处理如下：

（1）20×6 年 1 月 1 日，收到租金的 50% 时：

借：银行存款   180 000
  贷：应收账款   180 000

（2）20×6 年 12 月 31 日，确认当年租金收入及收到租金的 25% 时：

借：应收账款   180 000
  贷：租赁收入   180 000

借：银行存款   90 000
  贷：应收账款   90 000

（3）20×7 年 12 月 31 日，确认当年租金收入及收到租金的 25% 时：

借：银行存款   90 000
  贷：应收账款   90 000

借：应收账款   180 000
  贷：租赁收入   180 000

三、出租人的报表列示

1. 融资租赁下出租人的报表列示

出租人应当在资产负债表中,将应收融资租赁款减去未实现融资收益的差额,作为长期债权列示,还要在附注中披露与融资租赁有关的下列信息:

(1) 资产负债表日后 3 个会计年度每年将收到的最低租赁收款额,以及以后年度将收到的租赁收款额总额。

(2) 未实现融资收益的余额,以及未实现融资收益所采用的方法。

2. 经营租赁下出租人的报表列示

出租人对于经营租赁,应当披露各类租出资产的账面价值。在资产负债表的长期资产项下单独列示以经营租赁方式租出的固定资产原值、累计折旧及净值。对经营租赁的租金收益、出租资产各期折旧额、租赁开始前发生的直接费用,应在利润表中单独列示或同其他同类项目合并列示。

第四节　售后租回交易的会计处理

一、售后租回交易

售后租回交易是指卖主将一项资产出售后又将同一资产租回来的业务。这里的卖主既是销售者,又是承租人,因为卖主在将资产出售后又将这一资产租回。通过售后租回交易,资产的原所有者(承租人)在保留对资产的使用权和控制权的前提下,将固定资本转化为货币资本,在出售时可以取得全部价款的现金,而租金则是分期支付的,从而获得了所需的资金;而资产的新所有者(出租人)通过售后租回交易,找到了一个风险小、回报有保障的投资机会。

从实质来看,售后租回是一种融资的行为。因此,在此项业务发生时,会计处理上一般不应当确认损益。

二、售后租回交易的会计核算原则

会计处理上,对出租人来说,售后租回与一般租赁业务没有什么区别;但对承租人来说,由于既是资产的出租人又是资产的承租人,售后租回交易同一般租赁业务的会计处理有所不同。因此,《企业会计准则第 21 号——租赁》对售后租回的规定实际上是从承租人的角度作出的。具体的会计核算原则在企业会计准则中有明确规定:

(1) 承租人和出租人应当根据企业会计准则的规定,将售后租回交易认定为融资租赁或经营租赁。

(2) 售后租回交易认定为融资租赁的,售价与资产账面价值之间的差额应当予以递延,并按照该项租赁资产的折旧进度进行分摊,作为折旧费用的调整。

（3）售后租回交易认定为经营租赁的，如租金能够得到补偿，则售价与资产账面价值之间的差额应当予以递延，并在租赁期内按照与确认租金费用相一致的方法进行分摊，作为租金费用的调整。但是，有确凿证据表明售后租回交易是按照公允价值达成的，售价与资产账面价值之间的差额应当计入当期损益。

三、售后租回交易的账务处理

售后租回交易的账务处理应根据所形成的租赁类型而定，可按融资租赁和经营租赁分别进行账务处理。

（一）售后租回交易形成融资租赁的账务处理

售后租回认定为融资租赁的，售价与资产账面价值之间的差额应当予以递延，并按照该项租赁资产的折旧进行分摊，作为折旧费用的调整。

账务处理方面，承租人应设置"递延收益——未实现售后租回损益（融资租赁）"账户，以核算在售后租回交易中售价与资产账面价值的差额。租赁资产按高于资产账面价值出售时，借记"银行存款"账户，贷记"固定资产清理""递延收益——未实现售后租回损益（融资租赁）"等账户；租赁资产按低于资产账面价值出售时，借记"银行存款""递延收益——未实现售后租回损益（融资租赁）"等账户，贷记"固定资产清理""主营业务收入"等账户。

分摊递延收益时，如果租赁资产是按高于资产账面价值出售的，应借记"递延收益——未实现售后租回损益（融资租赁）"账户，贷记"制造费用——折旧费""销售费用——折旧费""管理费用——折旧费"等账户；如果资产是按低于资产账面价值出售的，应借记"制造费用——折旧费""销售费用——折旧费""管理费用——折旧费"等账户，贷记"递延收益——未实现售后租回损益（融资租赁）"账户。其他的会计处理同一般情况下对融资租赁的处理。

（二）售后租回交易形成经营租赁的账务处理

售后租回交易认定为经营租赁的，售价与租赁资产账面价值之间的差额应当予以递延，并在租赁期内按照与确认租金费用相一致的方法分摊，作为租金费用的调整。

账务处理方面，承租人应设置"递延收益——未实现售后租回损益（经营租赁）"账户，以核算在售后租回交易中售价与资产账面价值的差额。租赁资产按高于资产账面价值出售时，借记"银行存款"账户，贷记"固定资产清理""递延收益——未实现售后租回损益（经营租赁）"等账户；租赁资产按低于资产账面价值出售时，借记"银行存款""递延收益——未实现售后租回损益（经营租赁）"等账户，贷记"固定资产清理"等账户。

分摊递延收益时，如果租赁资产是按高于资产账面价值出售的，应借记"递延收益——未实现售后租回损益（经营租赁）"账户，贷记"制造费用——折旧费""销售费用——折旧费""管理费用——折旧费"等账户；如果资产是按低于资产账面价值出售的，应借记"制造费用——折旧费""销售费用——折旧费""管理费用——折旧费"等账户，贷记"递延收益——未实现售后租回损益（经营租赁）"账户。其他的会计处理同一般情况下对经营租赁的处理。

（三）实例分析

【例6-6】 希望公司为了解决资金短缺的矛盾，将不久前购入尚未使用的一台账面价值 300 000 元的设备采取售后租回的方式出售给大众公司。租约规定：

（1）设备售价为 379 721 元。

（2）租赁期为 5 年，设备的使用期为 6 年。

（3）租赁期满，设备归希望公司所有，届时还需支付名义价 1 000 元。

（4）希望公司每年需支付租金 100 000 元，于每年年末支付。

（5）租赁公司的租赁内含利率为 10%。

希望公司的账务处理如下：

（1）根据资料不难判断属于融资性质的售后租回，销售设备时，

借：固定资产清理   300 000

 贷：固定资产——未使用固定资产   300 000

借：银行存款   379 221

 贷：固定资产清理   300 000

  递延收益——未实现售后租回损益   79 721

（2）承租人的最低租赁付款额，也即出租人的最低租赁收款额为 501 000 元（100 000 × 5 + 1 000）。出租人的租赁内含利率为 10%，据此计算最低租赁收款额的现值为：

$$最低租赁收款额的现值 = 租金现值 + 名义价现值$$
$$= 100\ 000 × 3.791 + 1\ 000 × 0.621 = 379\ 721（元）$$

由于最低租赁收款额的现值与设备的售价相等，故出租人的租赁内含利率为 10%，承租人按 10% 计算最低租赁付款额现值，结果如上。

租赁开始日，希望公司账务处理如下：

借：固定资产——融资租入固定资产   379 721

  未确认融资费用   121 279

 贷：长期应付款——应付融资租赁款   501 000

租赁开始日，希望公司编制的未确认的融资费用摊销表如表 6-3 所示，并据此进行有关账务处理

表 6-3   未确认融资费用摊销表（实际利率法）   单位：元

期数	年租金 ①	确认的融资费用 ②＝期初④×10%	应付本金减少额 ③＝①－②	应付本金余额 期末④＝期初④－③
				379 721
1	100 000	37 972	62 028	317 693
2	100 000	31 769	68 231	249 462
3	100 000	24 946	75 054	174 409
4	100 000	17 441	82 559	91 850
5	100 000	9 185	90 850	1 000
6			1 000	0

按期支付租金,以第一期为例,付款后:

借:长期应付款——应付融资租赁款　　　　　　　　　100 000
　贷:银行存款　　　　　　　　　　　　　　　　　　　　　100 000

同时:

借:财务费用　　　　　　　　　　　　　　　　　　　　37 972
　贷:未确认融资费用　　　　　　　　　　　　　　　　　　37 972

假设按直线法计提折旧,则年折旧额为 63 287 元(379 721÷6),按年计提折旧时:

借:制造费用　　　　　　　　　　　　　　　　　　　　63 287
　贷:累计折旧　　　　　　　　　　　　　　　　　　　　　63 287

(3) 按折旧进度分摊未实现回租收益,作为折旧费用的减少,当售后租回的固定资产采用直线法折旧时,按折旧进度分摊未实现回租收益,实际上是按直线法分摊;如果固定资产采用加速法折旧,则按折旧进度分摊未实现回租收益,即按当期的折旧率分摊,各期分摊的金额呈递减趋势,从而使各期分摊的未实现回租收益与当期的折旧费用相配比。本例中未实现回租收益 79 721 元,按租赁资产的折旧进度分摊,租赁期内,各年平均分摊 13 287 元(79 721÷6)。每年摊销时:

借:递延收益——未实现售后回租收益　　　　　　　　13 287
　贷:制造费用　　　　　　　　　　　　　　　　　　　　　13 287

租赁期内,承租人和出租人以后各期的账务处理,可比照上面进行。

租赁期满,希望公司付清租金包括名义价后,取得该项资产所有权。

借:固定资产——生产经营用固定资产　　　　　　　　379 721
　贷:固定资产——融资租入固定资产　　　　　　　　　　　379 721

四、售后租回交易的报表列示

承租人、出租人在财务会计报告中揭示售后租回交易的相关信息时,除了在会计报表附注中说明售后租回交易的特殊条款外,其他应予以说明的事项,可比照前述经营租赁、融资租赁条件下,承租人、出租人在财务报告中的揭示方法进行。这里的"特殊条款"是指售后租回合同中规定的区别于一般租赁交易的条款,如租赁标的物的售价等。

本 章 小 结

本章主要介绍了租赁的会计处理。租赁作为财产使用权的一种有偿转让活动,形式多种多样。对此,首先要了解租赁的含义及其特点。明确租金是资本化还是费用化的问题。会计上一般按与租赁资产所有权有关的风险和报酬是否转移,净租赁分为经营租赁和融资租赁两种。租金是承租人的一种支出,经营租赁支付的租金直接确认为各期费用;对融资租赁支付的租金予以资本化,在整个租赁期内摊销。

经营租赁的会计核算比较简单,学习中应掌握经营租赁的会计处理原则。承租人只需按期支付租金并计入有关费用。出租人对租出资产与其他自有资产一样进行核算与管理,会计上按权责发生制原则分期确认租金收入,作为主营业务收入或其他业务收入处理。

租赁业务的主要会计处理如下:

(1) 经营租赁的会计处理。承租人只需按期支付租金并计入有关费用。出租人对租出资产与其他自有资产一样进行核算与管理,会计上按权责发生制原则分期确认租金收入,作为主营业务收入或其他业务收入处理。

(2) 融资租赁的会计处理。首先,应了解租金的构成,进而掌握租金的计算方法,主要是实际利率法。其次,掌握融资租赁的会计处理程序。对承租人而言,关键是确定资本化的租金金额,即最低租赁付款额及现值的确定,这是承租人确定融资租入资产、负债和未确认融资费用的依据,因此重点是要会计算分摊租赁期内未确认融资费用,再在把握以上要点的基础上进行相应的账务处理。对出租人而言,重点确定最低租赁收款额以确认企业的长期债权并核算各期租赁收益。

(3) 其他租赁业务的核算。主要介绍了售后租回交易的会计处理方法,在掌握基本的融资租赁和经营租赁业务的会计处理方法基础上,对售后租回交易分别认定为融资租赁或经营租赁,参照前面的会计处理方法进行。

【关键术语】

融资租赁　经营租赁　回租租赁　最低租赁付款额　租赁内含利率　杠杆租赁

【思考题】

1. 何谓租赁?租赁有哪些特点?
2. 租赁有哪些基本分类?如何判断一项租赁是经营租赁还是融资租赁?
3. 经营租赁中承租人和出租人的会计处理原则有哪些不同?
4. 融资租赁中承租人和出租人的会计处理原则有哪些不同?
5. 何谓最低租赁付款额?如何计算最低租赁付款额的现值?
6. 简述售后租回交易中形成融资租赁和经营租赁时承租人和出租人的会计处理原则。

【练习题】

一、单项选择题

1. 在租赁业务中,出租人让渡的是资产的( )。
   A. 所有权　　　　　B. 占有权　　　　　C. 使用权　　　　　D. 控制权
2. 下列关于融资租赁的说法中,不正确的是( )。
   A. 实质上转移与一项资产所有权有关的全部风险和报酬的一种租赁
   B. 资产所有权最终可能转移给承租人
   C. 资产所有权最终可能没有转移给承租人
   D. 租期结束后,出租方必须承担资产的残值风险

3. 下列关于经营租赁的表述中，正确的是(   )。

A. 承租人租赁期间的租金应予以资本化

B. 承租人租赁期间应计提租赁资产的折旧

C. 承租人租赁期间的租金应计入当期费用

D. 出租人转让了租赁资产的控制权

4. 出租人出租一台设备，其公允市价为 100 000 元，租赁期限为 4 年。承租人担保的租赁资产残值为 1 000 元，租赁的内含利率为 10%。如果租约规定承租人于每年年初支付租金，则承租人每年应支付的租金为(   )元。

A. 26 719　　　　　　B. 29 391　　　　　　C. 22 500　　　　　　D. 31 546

5. 出租人出租一台设备，其公允市价为 100 000 元，租赁期限为 4 年。租赁期满后，设备转归承租人。如果租约规定承租人于每年年初支付租金 27 956 元，则出租人的内含报酬率为(   )。

A. 7%　　　　　　　　B. 8%　　　　　　　　C. 9%　　　　　　　　D. 10%

二、多项选择题

1. 下列关于融资租赁的表述中，正确的有(   )。

A. 实质上转移与一项资产所有权有关的全部风险和报酬的一种租赁

B. 资产所有权最终转移给承租人

C. 资产所有权最终可能没有转移给承租人

D. 在融资租赁业务中，出租方仍然拥有资产的所有权

2. 满足下列条件之一的为融资租赁的有(   )。

A. 承租人有购买资产的廉价选择权

B. 租赁期为资产使用年限的大部分

C. 在租赁开始日，租赁的最低付款额的现值大于或等于租赁资产的公允市价减去应当给出租人的补贴金和税款减免后的金额

D. 租期结束后，出租方承担资产的残值风险

3. 下列关于经营租赁的表述中，正确的有(   )。

A. 承税人租赁期间的租金应予以资本化

B. 承租人租赁期间应计提租赁资产的折旧

C. 承租人租赁期间的租金应计入当期费用

D. 出租人在租赁期内应计提租赁资产的折旧费

4. 下列表述中，正确的有(   )。

A. 经营租赁期限较短，承租人应将租金确认为当期费用

B. 经营租赁中，承租人应将未来应付的租金确认为一项负债

C. 在融资租赁业务中，承租人应以租赁最低付款额的现值确认租赁资产的价值

D. 在融资租赁业务中，出租人应定期计提固定资产的折旧

5. 按出租人取得租赁物的来源和方式为标准，可将租赁划分为(   )。

A. 直接融资租赁　　　　　　　　　　B. 销售方式租赁

C. 杠杆租赁　　　　　　　　　　　　D. 回租租赁

6. 租赁最低付款额通常包括(   )。

A. 或有租金　　　　　　　　　　　　B. 未担保残值

C. 承租人担保的租赁资产残值　　　　D. 承租人行使廉价购买权支付的金额

三、判断题

1. 融资租赁资产的所有权最终应转移给承租人。　　　　　　　　　　　　（　）
2. 在经营租赁业务中,出租人转让的只是资产的使用权,而不是资产的所有权。（　）
3. 销售租赁实质就是分期付款销售。　　　　　　　　　　　　　　　　　（　）
4. 租赁资产的计价应采用公允市价与租赁最低付款额现值。　　　　　　　（　）
5. 融资租赁资产在计提折旧时应以租赁期为标准。　　　　　　　　　　　（　）
6. 融资租赁是指在实质上转移与一项资产所有权有关的部分风险和报酬。　（　）

四、计算与账务处理题

A 公司于 20×7 年 7 月 1 日将成本为 200 000 元的设备出租给 B 公司,租期为 2 年,每年租金为 20 000 元,每年的 7 月 1 日支付。A 公司采用直线法计提折旧。该项固定资产可使用 10 年,期末估计残值为 10 000 元。

要求:编制两公司在租赁期内的会计分录。

2. 假设 20×1 年 12 月 1 日,北方公司与中华公司签订了一份租赁合同。合同主要条款及相关资料如下:

(1) 租赁标的物:塑钢机。

(2) 起租日:20×2 年 1 月 1 日。

(3) 租赁期:20×2 年 1 月 1 日～20×4 年 12 月 31 日,共 36 个月。

(4) 租金支付:自租赁开始日每隔 6 个月于月末支付租金 150 000 元。

(5) 该机器的保险、维护等费用均由北方公司负担。

(6) 该机器在 20×2 年 1 月 1 日的原账面价值和公允价值均为 700 000 元。

(7) 租赁合同规定的利率为 7%(6 个月)。利率为 7%,6 期的普通年金现值系数为 4.767;利率为 7%,6 期的复利现值系数为 0.666。

(8) 该机器的估计使用年限为 8 年,已使用 3 年,期末无残值。承租人采用平均年限法计提折旧。

(9) 租赁期届满时,北方公司享有优惠购买该机器的选择权,购买价为 100 元,估计该日租赁资产的公允价值为 80 000 元。

(10) 20×3 年和 20×4 年两年,北方公司每年按该机器所生产的产品——塑钢窗户的年销售收入的 5% 向中华公司支付经营分享收入。

(11) 北方公司于 20×1 年 11 月 26 日因租赁交易向某律师事务所支付律师费 28 000 元。

(12) 北方公司于 20×2 年 12 月 31 日支付该机器的保险费和维护费 12 000 元。

(13) 20×3 年和 20×4 年北方公司分别实现塑钢窗户销售收入 120 000 元和 180 000 元。

(14) 20×5 年 1 月 1 日,北方公司向中华公司支付购买价款 100 元。

(15) 租入资产占北方公司资产总额的 40%。

(16) 未确认融资费用按直线法摊销。

要求:

(1) 判断北方公司的租赁类型。

(2) 计算租赁开始日最低租赁付款额的现值,确定租赁资产的入账价值。

(3) 计算未确认融资费用及每期摊销数。

（4）计算固定资产的年折旧额。

（5）计算 20×3 年和 20×4 年的或有租金。

（6）编制下列事项的会计分录：

① 20×1 年 11 月 26 日支付律师费。

② 20×2 年 1 月 1 日租入固定资产。

③ 20×2 年 6 月 30 日支付租金并摊销未确认融资费用。

④ 20×2 年 12 月 31 日计提折旧。

⑤ 20×2 年 12 月 31 日支付机器保险费和维护费。

⑥ 20×3 年应付或有租金。

⑦ 20×5 年 1 月 1 日支付购买款。

第七章 会计政策、会计估计变更和会计差错更正

学习目标与要求

了解会计政策、会计估计变更和前期差错更正的含义、内容及披露。

掌握会计政策、会计估计及其变更和前期差错更正的处理方法。

重点

会计政策、会计估计及其变更和前期差错更正的处理方法。

难点

会计政策、会计估计及其变更和前期差错更正的处理方法。

导读

会计政策是指企业在会计确认、计量和报告中所采用的原则、基础和会计处理方法。会计估计是指企业对其结果不确定的交易或事项以最近可利用的信息为基础所作的判断。前期差错是指由于没有运用或错误运用下列两种信息,而对前期财务报表造成省略或错报。一是编报前期财务报表时预期能够取得并加以考虑的可靠信息。二是前期财务报告批准报出时能够取得的可靠信息。

对会计政策变更和前期差错可采用追溯调整法和未来适用法处理。对会计估计变更应当采用未来适用法处理。

第一节 会计政策及其变更

一、会计政策概述

（一）会计政策的概念

会计政策是指企业在会计确认、计量和报告中所采用的原则、基础和会计处理方法。企业采用的会计计量基础（又称会计计量属性）也属于会计政策。

（二）会计政策的特点

企业会计政策的选择和运用具有如下特点：

（1）企业应在国家统一规定的会计政策范围内选择适用的会计政策。随着市场经济的发展，企业的经济业务日趋复杂和多样化，某些交易和事项可以有多种会计处理方法。例如，企业应当采用先进先出法、加权平均法或者个别计价法确定发出存货的实际成本。企业在发生某项经济业务时，必须从允许选用的会计原则、基础和会计处理方法中选择适合本企业实际情况的会计政策。

（2）会计政策涉及会计原则、会计基础和具体的会计处理方法。会计政策中所指的会计原则是指某一类会计业务的核算所应遵循的特定原则，而不是笼统地指所有的会计原则。例如，借款费用是费用化还是资本化，即属于特定的会计原则。而客观性、及时性、实质重于形式等属于会计信息质量要求，是为了满足会计信息质量要求而制定的原则，是统一的、不可选择的，不属于特定原则，不属于会计政策。

会计基础主要是指会计确认基础和会计计量基础。从会计实务的角度看，可供选择的会计确认基础有权责发生制和收付实现制。在我国，企业应当采用权责发生制作为会计确认基础。会计计量基础主要包括历史成本、重置成本、可变现净值、现值和公允价值等。企业在进行会计核算时，应当按照国家统一的会计制度选择和使用会计基础。

具体的会计处理方法是指企业根据国家统一的会计制度所允许选择的，对某一类会计业务的具体处理方法作出的具体选择。例如，企业在年限平均法、工作量法、双倍余额递减法和年数总和法之间进行固定资产折旧方法的选择，这些方法就是具体的会计处理方法。

（3）企业所采用的会计政策是企业进行会计核算的基础。企业在国家统一的会计制度允许选择的会计政策中选择适用的具体会计原则、会计基础和会计处理方法，是企业进行会计核算的基础。例如，采用实际成本核算的企业，对于发出或销售的存货如果选择采用先进先出法确定其实际成本，则应按照先进先出法确定发出或销售存货成本的要求进行会计核算。

（4）会计政策应当保持前后各期的一致性。会计信息使用者需要比较一个以上期间的会计信息，以判断企业的财务状况、经营成果和现金流量的趋势。因此，企业通常应在每期采用相同的会计政策。一般情况下，为了使会计信息具有可比性，企业选用的会计政策不能也不应当随意变更。

（5）实务中某些交易或者事项的会计处理，企业会计准则具体准则或应用指南未作规范的，应当根据基本准则规定的原则、基础和方法进行处理；待作出具体规定时，从其规定。

（三）会计政策的类型

企业在会计核算中所采用的会计政策，通常应在会计报表附注中加以披露，需要披露的会计政策主要有以下几项：

（1）财务报表的编制基础、计量基础和会计政策的确定依据等。

（2）合并政策，即编制合并财务报表所采纳的原则。例如，母公司与子公司的会计年度不一致的处理原则、确定合并范围的原则等。

（3）外币折算，即所采用的外币折算方法及汇兑损益的处理方法。例如，外币报表折算是采用现行汇率法，还是采用时态法或其他方法。

（4）收入的确认，即收入确认的原则和方法。例如，建造合同是按照完成合同法确认收入，还是按照完工百分比法或其他方法确认收入。

（5）存货的计价，即企业存货的计价方法。例如，发出和领用的存货是采用先进先出法，还是采用加权平均法或其他所允许的方法；存货的期末计价是采用历史成本法，还是采用成本与可变现净值孰低法。

（6）长期股权投资的后续计量是指企业取得长期股权投资后的会计处理方法。例如，企业对被投资单位的长期股权投资是采用成本法核算，还是采用权益法核算。

（7）坏账损失的核算是指坏账损失的具体会计处理方法。例如，企业的坏账损失是采用应收账款余额百分比法，还是采用账龄分析法进行核算。

（8）借款费用的核算，即借款费用的处理方法。例如，借款费用是予以资本化，还是计入当期损益。

二、会计政策变更的概念及其变更条件

（一）会计政策变更的概念

会计政策变更是指企业对相同的交易或事项由原来采用的会计政策改用另一会计政策的行为。也就是说，在不同的会计期间执行不同的会计政策。

企业不能随意变更会计政策并不意味着企业的会计政策在任何情况下均不能变更。企业提供的会计信息应当具有可比性。一般情况下同一企业不同时期发生的相同或相似的交易或者事项，应当采用一致的会计政策，不得随意变更。确需变更的，应当在附注中说明。不同企业发生的相同或相似的交易或者事项，应当采用规定的会计政策，确保会计信息口径一致，相互可比。

（二）会计政策变更的条件

会计政策变更，并不意味着以前期间的会计政策是错误的，只是由于情况发生了变化，或者掌握了新的信息、积累了更多的经验，使得变更会计政策能够更好地反映企业的财务状况、经营成果和现金流量。如果以前期间会计政策的选择和运用是错误的，则属于前期差错，应按前期差错更正的会计处理方法进行处理。

符合下列条件之一的，企业可以变更会计政策：

（1）法律、行政法规或国家统一的会计制度等要求变更。这是指按照法律、行政法规以及国家统一的会计制度的规定，要求企业采用新的会计政策。在这种情况下，企业应按规定改变原会计政策，采用新的会计政策。例如，《企业会计准则第 8 号——资产减值》规定，对固定资产、无形资产等计提的减值准备不得转回。

（2）会计政策变更能够提供更可靠、更相关的会计信息。这是指由于经济环境、客观情况的改变，使企业原来采用的会计政策所提供的会计信息，已不能恰当地反映企业的财务状况、经营成果和现金流量等情况。在这种环境下，应改变原有会计政策，按新的会计政策进行核算，以便对外提供更可靠、更相关的会计信息。

对会计政策变更的认定，直接影响到会计处理方法的选择。因此，在会计实务中，企业应当分清哪些情形属于会计政策变更，哪些情形不属于会计政策变更。下列情形不属于会

计政策变更：

（1）本期发生的交易或事项与以前相比具有本质差别而采用新的会计政策。例如，某企业以往租入的设备均为临时需要而租入的，企业按经营租赁会计处理方法核算，但自本年度起租入的设备均采用融资租赁方式，则该企业自本年度起对新租入的设备采用融资租赁会计处理方法核算。这一会计处理方法的改变不属于会计政策变更。

（2）对初次发生的或不重要的交易或事项采用新的会计政策。例如，某造船厂第一次签订建造合同，为另一企业建造一艘船舶，该造船厂对该项建造合同采用完工百分比法确认收入。由于该企业初次发生该项交易，采用完工百分比法确认该交易的收入，不属于会计政策变更。又如，某企业原来在生产经营过程中使用的少量的低值易耗品，采用一次摊销法摊销；但该企业于近期转产生产新产品，所需低值易耗品较多，且价值较大，于是改按五五摊销法对低值易耗品进行摊销，这一改变对损益的影响并不大，属于不重要的事项，因而会计政策在这种情况下改变，不属于会计政策变更。

三、会计政策变更的会计处理

发生会计政策变更，有两种会计处理方法，即追溯调整法和未来适用法。

（一）追溯调整法

追溯调整法是指对某项交易或事项变更会计政策，视同该项交易或事项初次发生时即采用变更后的会计政策，并以此对财务报表相关项目进行调整的方法。

追溯调整法的运用通常按以下步骤进行：

（1）计算确定会计政策变更的累积影响数。

（2）编制相关的调整分录。

（3）调整列报前期最早期初财务报表相关项目及其金额。

（4）报表附注说明。

会计政策变更的累积影响数，是指按照变更后的会计政策对以前各期追溯计算的列报前期最早期初留存收益应有金额与现有金额之间的差额。这里的留存收益，包括当年和以后年度的未分配利润和按照相关法律规定提取并累积的盈余公积。会计政策变更的累积影响数，是对变更会计政策所导致的对净损益的累积影响，不考虑分配的利润或股利。

会计政策变更的累积影响数，通常可以通过以下几个步骤计算获得：

第一步，根据新的会计政策重新计算受影响的前期交易或事项；

第二步，计算两种会计政策下的差异；

第三步，计算差异的所得税影响金额；

第四步，确定前期中每一期的税后差异；

第五步，计算会计政策变更的累积影响数。

【例7-1】 20×8年1月1日，A公司按照企业会计准则规定，对建造合同的收入确认由完成合同法改为完工百分比法，公司会计资料齐全，可以采用追溯调整法。假设所得税税率为25％，税法按完工百分比法计算收入并计入应纳税所得额。该公司按净利润的10％提取法定盈余公积，两种方法计算的税前会计利润见表7-1。

表 7-1	两种方法计算的税前会计利润	单位:元
年度	完工百分比法	完成合同法
20×4 年以前	2 000 000	1 500 000
20×4 年	1 200 000	1 000 000
20×5 年	900 000	1 200 000
20×6 年	1 000 000	800 000
20×7 年	1 300 000	1 100 000
20×8 年	1 500 000	1 600 000

根据上述资料,A 公司的会计处理如下:

(1) 计算改变建造合同收入确认方法后的累积影响数见表 7-2。

表 7-2		改变建造合同收入确认方法后的累积影响数		单位:元
年度	完工百分比法	完成合同法	税前差异	所得税影响	税后差异
20×4 年以前	2 000 000	1 500 000	500 000	125 000	375 000
20×4 年	1 200 000	1 000 000	200 000	50 000	150 000
20×5 年	900 000	1 200 000	−300 000	−7 500	−225 000
20×6 年	1 000 000	800 000	200 000	50 000	150 000
小计	5 100 000	4 500 000	600 000	150 000	450 000
20×7 年	1 300 000	1 100 000	200 000	50 000	150 000
20×8 年	1 500 000	1 600 000	−100 000	−25 000	−7 500
总计	7 900 000	7 200 000	700 000	175 000	525 000

对于 20×8 年而言,"列报前期最早期初留存收益"是指 20×7 年年初。A 公司在 20×7 年以前按完工百分比法计算的税前利润为 5 100 000 元,按完成合同法计算的税前利润为 4 500 000 元,两者的所得税影响合计为 150 000 元。两者差异的税后净影响额为 450 000 元,即为该公司由完成合同法改为完工百分比法的"累积影响数"。

(2) 对 20×6 年有关事项的调整分录:

调整会计政策变更累计影响数:

借:工程施工   600 000
  贷:利润分配——未分配利润   450 000
    递延所得税负债   150 000

调整利润分配:

借:利润分配——未分配利润   45 000
  贷:盈余公积   45 000

(3) 对于 20×7 年的调整分录:

借:工程施工   200 000
  贷:利润分配——未分配利润   150 000
    递延所得税负债   50 000

借：利润分配——未分配利润   15 000

贷：盈余公积   15 000

（4）报表调整分别如表7-3至表7-5所示。

表 7-3

资 产 负 债 表

编制单位：A公司   20×8年12月31日   单位：元

资产	年初余额		负债和股东权益	年初余额	
	调整前	调整后		调整前	调整后
……			……		
存货	9 800 000	10 600 000	盈余公积	1 700 000	1 760 000
			未分配利润	600 000	1 140 000
……			……		

表 7-4

利 润 表

编制单位：A公司   20×8年度   单位：元

项目	上期金额	
	调整前	调整后
一、营业收入	18 000 000	18 500 000
减：营业成本	13 000 000	13 300 000
……		
二、营业利润	3 900 000	4 100 000
……		
三、利润总额	4 060 000	4 260 000
减：所得税费用	1 015 000	1 065 000
四、净利润	3 045 000	3 195 000
……		

表 7-5

股东权益变动表

编制单位：A公司   20×8年度   单位：元

项目	上期金额			
	……	盈余公积	未分配利润	……
一、上年年末余额		1 700 000	600 000	
加：会计政策变更		45 000	405 000	
前期差错更正				
二、本年年初余额		1 745 000	1 005 000	
……				

（5）附注说明：20×8年，A公司按照企业会计准则规定，对建造合同的收入确认由完成合同法改为完工百分比法。此项会计政策变更采用追溯调整法，20×8年的比较报表已重新表述。20×8年运用新的方法追溯计算的会计政策变更累积影响数为450 000元。会计政策变更对20×8年损益的影响为减少净利润75 000元，对20×7年度财务报告损益的影响数为增加净利润150 000元，调增20×6年的期初留存收益450 000元，其中，调增未分配利润405 000元。

（二）未来适用法

未来适用法是指将变更后的会计政策应用于变更日及以后发生的交易或者事项，或者在会计政策变更当期和未来期间确认会计政策变更影响数的方法。

在未来适用法下，不需要计算会计政策变更的累积影响数，也无须重编以前年度的财务报表。企业会计账簿记录及财务报表上反映的金额，变更之日仍保留原有的金额，不因会计政策变更而改变以前年度的既定结果，并在现有金额的基础上再按新的会计政策进行核算。企业如果因账簿、凭证超过法定保存期限而销毁，或因不可抗力而毁坏、遗失，如火灾、水灾等。或因人为因素，如盗窃、故意毁坏等，会计政策变更可以采用未来适用法进行处理。

（三）会计政策变更的会计处理方法的选择

对于会计政策变更，企业应当根据具体情形，分别采用不同的会计处理方法：

（1）法律、行政法规或者国家统一的会计制度等的需求变更的情况下，企业应当分别以下情况进行处理：①国家发布相关的会计处理办法，则按照国家发布相关的会计处理规定进行处理。②国家没有发布相关的会计处理办法，则采用追溯调整法进行会计处理。

（2）会计政策变更能够提供更可靠、更相关的会计信息的，应当采用追溯调整法处理将会计政策变更累积影响数调整列报前期最早期初留存收益，其他相关项目的期初余额和列报前期披露的其他比较数据也应一并调整。但确定该项会计政策变更累积影响数不切实可行的除外。

（3）确定会计政策变更对列报前期影响数不切实可行的，应当从可追溯调整的最早期间期初开始应用变更后的会计政策。在当期期初确定会计政策变更对以前各期累积影响数不切实可行的，应当采用未来适用法处理。不切实可行，是指企业在采取所有合理的方法后，仍然不能获得采用某项规定所必需的相关信息，而导致无法采用该项规定，则该项规定在此时是不切实可行的。

四、会计政策变更的披露

对于会计政策变更，企业除按前文所述进行会计处理之外，还应当在会计报表附注中披露下列信息：

（1）会计政策变更的性质、内容和原因。

（2）当期和各个列报前期财务报表中受影响的项目名称和调整金额。

（3）无法进行追溯调整的，说明事实和原因以及开始应用变更后的会计政策的时点、具体应用情况。

第二节 会计估计及其变更

一、会计估计概述

企业为了定期、及时地提供有用的会计信息,将延续不断的经营活动人为地划分为一定的期间,并在权责发生制的基础上对企业的财务状况和经营成果进行定期确认、计量和报告。为此,企业需要对尚在延续中、其结果尚未确定的交易或事项予以估计入账。

会计估计是指企业对其结果不确定的交易或事项以最近可利用的信息为基础所作的判断。会计估计具有以下特点。

(一)会计估计的存在是由于经济活动中内在的不确定因素的影响

在会计核算中,有些交易和事项本身具有不确定性,例如坏账的计提比例、固定资产折旧年限、固定资产净残值等,需要根据经验作出估计。同时,采用权责发生制原则编制财务报表这一事项本身,也使得有必要充分估计未来交易或事项的影响。可以说,在会计核算和信息披露过程中,会计估计是不可避免的。

(二)会计估计应当以最近可利用的信息或资料为基础

企业在进行会计估计时,通常应根据当时的情况和经验,以一定的信息或资料为基础进行。但是,随着时间的推移、环境的变化,进行会计估计的基础可能会发生变化,由于最新的信息是最接近目标的信息,以其为基础进行估计最接近实际,所以,进行会计估计时应以最近可利用的信息或资料为基础。例如,某企业在取得一项专利技术时,根据当时的情形估计其使用寿命为 10 年,后来,由于科学技术的发展,市场上出现了替代技术,使得该专利技术的使用寿命受到影响,该企业应当以此为基础,对该专利技术的使用寿命进行重新估计。

(三)进行会计估计并不会削弱会计核算的可靠性

由于存在会计分期和货币计量的前提,在确认和计量过程中,不得不对许多尚在延续中、结果不确定的交易和事项予以估计入账。但是,估计是建立在具有确凿证据的前提下,而不是随意的。例如,企业估计固定资产预定使用年限,应当考虑该项固定资产的技术性能、历史资料、同行业同类固定资产的预计使用年限、本企业经营性质等诸多因素,并掌握确凿证据后确定。因此,企业根据当时所掌握的客观证据作出的估计,不会削弱会计核算的可靠性。

下列各项属于常见的需要进行会计估计的项目:

(1)坏账的计提比例。

(2)存货遭受毁损,全部或部分陈旧过时。

(3)固定资产的耐用年限与净残值。

(4)无形资产的受益期限。

(5) 或有事项中的估计。

(6) 收入确认中的估计等。

二、会计估计变更

如前所述,会计估计应当以最近可利用的信息或资料为基础。随着时间的推移,如果赖以进行估计的基础发生了变化,或者由于取得了新的信息、积累了更多的经验,以及后来的发展变化,可能需要对会计估计进行修订。

会计估计变更是指由于资产和负债的当前状况及预期经济利益和义务发生了变化,从而对资产或负债的账面价值或者资产的定期消耗金额进行调整。

会计估计变更,并不意味着以前期间的会计估计是错误的,只是由于情况发生变化,或者掌握了新的信息,积累了更多的经验,使得变更会计估计能够更好地反映企业的财务状况和经营成果。如果以前期间的会计估计是错误的,则属于前期差错,按前期差错更正的会计处理方法进行处理。

通常情况下,企业可能由于以下原因而发生会计估计变更:

(1) 赖以进行估计的基础发生了变化。企业进行会计估计总是依赖于一定的基础。如果其所依赖的基础发生了变化,则会计估计也应作出相应改变。例如,企业某项无形资产的摊销年限原定为 10 年,以后发生的情况表明,该资产的受益年限已不足 10 年,则相应调减摊销年限。

(2) 取得了新的信息,积累了更多的经验。企业进行会计估计是就现有资料对未来所做的判断,随着时间的推移,企业有可能取得了新的信息,积累了更多的经验,在这种情况下,也需要对会计估计进行修订。例如,企业原对固定资产采用平均年限法按 15 年计提折旧,后来根据新得到的信息,认为该固定资产经济使用寿命只有 10 年,企业改按 10 年采用平均年限法计提固定资产折旧。

三、会计估计变更的会计处理

会计估计变更应采用未来适用法处理,即在会计估计变更当期及以后期间,采用新的会计估计,不改变以前期间的会计估计,也不追溯调整以前期间的报告结果。

第一,如果会计估计的变更仅影响变更当期,有关估计变更的影响应于当期确认。

第二,如果会计估计的变更既影响变更当期又影响未来期间,有关估计变更的影响在当期及以后各期确认。例如,应计提折旧的固定资产其有效使用年限或预计净残值和估计发生的变更,常常影响变更当期及资产以后使用年限内各个期间的折旧费用,因此,这类会计估计的变更应于变更当期及以后各期确认。

会计估计变更的影响数应计入变更当期与前期相同的项目中。为了保证不同期间的财务报表具有可比性,会计估计变更的影响数如果以前包括在企业日常活动的损益中,则以后也应包括在相应的损益类项目中;如果会计估计变更的影响数以前包括在特殊项目中,则以后期间也应计入特殊项目。

【例 7-2】 甲公司于 20×1 年 12 月 31 日购入一台管理用设备,原值为 84 000 元,预计使用年限为 8 年,预计净残值为 4 000 元,按直线法计提折旧。20×6 年 1 月 1 日,由于新技术的发展,需要对原估计的使用年限和净残值作出修正,修正后该设备预计尚可用 2 年,预计净残值为 2 000 元,所得税税率为 25%。

甲公司对上述会计估计变更的处理如下:

(1) 不调整以前各期折旧,也不计算累积影响数。

(2) 变更日以后改按新的估计计提折旧。

按原估计,每年折旧额为 10 000 元,已计提折旧 4 年,累计折旧为 40 000 元,固定资产账面价值为 44 000 元。20×6 年 1 月 1 日起,改按新的使用年限计提折旧,每年折旧费为 21 000 元[(44 000－2 000)÷2]。有关会计处理如下:

借:管理费用   21 000
 贷:累计折旧   21 000

第三,企业难以对某项变更区分为会计政策变更或会计估计变更的,应当将其作为会计估计变更处理。

第四,会计估计变更的披露。对于会计估计变更,企业除按前文所述进行会计处理外应在会计报表附注中披露以下事项:

(1) 会计估计变更的内容和原因。

(2) 会计估计变更对当期和未来期间的影响数。

(3) 会计估计变更的影响数不能确定的,披露这一事实和原因。

【例 7-3】 对于[例 7-2]所述情形,应作如下说明:

本公司一台管理用设备,原值为 84 000 元,原预计使用年限为 8 年,预计净残值为 4 000 元,按直线法计提折旧。由于新技术的发展,该设备已不能继续按原预计使用年限计提折旧,本公司于 20×6 年年初将该设备的预计尚可使用年限变更为 2 年,预计净残值变更为 2 000 元。此项会计估计变更使本年度净利润减少了 8 250 元[(21 000－10 000)×(1－25%)]。

第三节　前期差错及其更正

一、前期差错概述

前期差错是指由于没有运用或错误运用下列两种信息,而对前期财务报表造成省略或错报:①编报前期财务报表时预期能够取得并加以考虑的可靠信息。②前期财务报告批准报出时能够取得的可靠信息。前期差错通常包括计算错误、应用会计政策错误、疏忽或曲解事实、舞弊产生的影响,以及存货、固定资产盘盈等。没有运用或错误运用上述两种信息而形成前期差错的情形主要有:

(1) 计算以及账户分类错误。例如,企业购入的 5 年期国债,意图长期持有,但在记账时计入了交易性金融资产,导致账户分类上的错误,并导致在资产负债表上流动资产和非流动资产的分类也有误。

(2) 采用法律、行政法规或者国家统一的会计制度等不允许的会计政策。例如,按照《企业会计准则第 17 号——借款费用》的规定,为购建固定资产的专门借款而发生的借款费用,满足一定条件的,在固定资产达到预定可使用状态前发生的,应予资本化,计入所购建固定资产的成本;在固定资产达到预定可使用状态后发生的,计入当期损益。如果企业固定资产已达到预定可使用状态后发生的借款费用,也计入该项固定资产的价值予以资本化,则属于采用法律或会计准则等行政法规、规章所不允许的会计政策。

（3）对事实的疏忽或曲解,以及舞弊。例如,企业对某项建造合同应按建造合同规定的方法确认营业收入,但该企业却按确认商品销售收入的原则确认收入。

（4）在期末对应计项目与递延项目未予调整。例如,企业应在本期摊销的费用在期末未予摊销。

（5）漏记已完成的交易。例如,企业销售一批商品,商品已经发出,开出增值税专用发票,商品销售收入确认条件均已满足,但企业在期末时未将已实现的销售收入入账。

（6）提前确认尚未实现的收入或不确认已实现的收入。例如,在采用委托代销商品的销售方式下,应以收到代销单位的代销清单时,确认商品销售收入的实现,如企业在发出委托代销商品时即确认为收入,则为提前确认尚未实现的收入。

（7）资本性支出与收益性支出划分差错等。例如,企业发生的管理人员的工资一般作为收益性支出,而发生的在建工程人员工资一般作为资本性支出。如果企业将发生的在建工程人员工资计入了当期损益,则属于资本性支出与收益性支出的划分差错。

二、前期差错更正的会计处理

重要的前期差错是指足以影响财务报表使用者对企业财务状况、经营成果和现金流量作出正确判断的前期差错。不重要的前期差错,是指不足以影响财务报表使用者对企业财务状况、经营成果和现金流量作出正确判断的会计差错。

企业应当采用追溯重述法更正重要的前期差错,但确定前期差错累积影响数不切实可行的除外。追溯重述法,是指在发现前期差错时,视同该项前期差错从未发生过,从而对财务报表相关项目进行更正的方法。

（一）不重要的前期差错的会计处理

对于不重要的前期差错,企业不需调整财务报表相关项目的期初数,但应调整发现当期与前期相同的相关项目。属于影响损益的,应直接计入本期与上期相同的净损益项目;属于不影响损益的,应调整本期与前期相同的相关项目。

【例7-4】 A公司于20×6年12月31日发现一台价值9 600元,应计入固定资产,并于20×5年2月1日开始计提折旧的管理用设备,在20×5年计入了当期费用。该公司固定资产折旧采用直线法,该资产估计使用年限为4年,假设不考虑净残值因素。则在20×6年12月31日更正此差错的会计分录为:

借：固定资产   9 600
  贷：管理费用   5 000
      累计折旧   4 600

假设该项差错直到20×9年2月后才发现,则不需要作任何分录,因为该项差错已经抵销了。

（二）重要的前期差错的会计处理

对于重要的前期差错，企业应当在其发现当期的财务报表中，调整前期比较数据。具体地说，企业应当在重要的前期差错发现当期的财务报表中，通过下述处理对其进行追溯更正：

（1）追溯重述差错发生期间列报的前期比较金额。

（2）如果前期差错发生在列报的最早前期之前，则追溯重述列报的最早前期的资产、负债和所有者权益相关项目的期初余额。

对于发生的重要的前期差错，如影响损益，应将其对损益的影响数调整发现当期的期初留存收益，财务报表其他相关项目的期初数也应一并调整；如不影响损益，应调整财务报表相关项目的期初数。

需要注意的是，对于当期发现的、属于当期的会计差错，应调整本期相关项目。例如，企业将本年度在建工程人员的工资计入了管理费用，则应将计入管理费用的在建工程人员工资调整计入工程成本。对于年度资产负债表日至财务报告批准报出日之间发现的报告年度的会计差错及报告年度前不重要的前期差错，应按照《企业会计准则第 29 号——资产负债表日后事项》的规定进行处理。

【例 7-5】 B 公司在 20×6 年发现，20×5 年公司漏记一项管理用固定资产的折旧费用 150 000 元，所得税申报表中未扣除该项费用。假设 20×5 年适用所得税税率为 25%，无其他纳税调整事项。该公司按净利润的 10%、5% 分别提取法定盈余公积和任意盈余公积。公司发行股票份额为 1 800 000 股。

分析前期差错的影响数：

20×5 年少计折旧费用 150 000 元；多计所得税费用 37 500 元（150 000×25%）；多计净利润 112 500 元；多计应交税费 37 500 元（150 000×25%）；多提法定盈余公积 11 250 元（112 500×10%）和任意盈余公积 5 625 元（112 500×5%）。假定税法允许调整应交所得税。

编制有关项目的调整分录：

（1）补提折旧：

借：以前年度损益调整——管理费用　　　　　　　　　　　　　150 000
　　贷：累计折旧　　　　　　　　　　　　　　　　　　　　　　150 000

（2）调整应交所得税：

借：应交税费——应交所得税　　　　　　　　　　　　　　　　37 500
　　贷：以前年度损益调整——所得税费用　　　　　　　　　　　37 500

（3）将"以前年度损益调整"账户余额转入利润分配：

借：利润分配——未分配利润　　　　　　　　　　　　　　　　112 500
　　贷：以前年度损益调整　　　　　　　　　　　　　　　　　　112 500

（4）调整利润分配有关数字：

借：盈余公积　　　　　　　　　　　　　　　　　　　　　　　16 875
　　贷：利润分配——未分配利润　　　　　　　　　　　　　　　16 875

财务报表调整和重述（财务报表略）：B公司在列报20×6年财务报表时，应调整20×6年资产负债表有关项目的年初余额、利润表有关项目及所有者权益变动表的上年金额也应进行调整。

（1）资产负债表项目的调整：调增累计折旧150 000元；调减应交税费37 500元；调减盈余公积16 875元；调减未分配利润95 625元。

（2）利润表项目的调整：调增管理费用上年金额150 000元；调减所得税费用上年金额37 500元；调减净利润上年金额112 500元；调减基本每股收益上年金额0.062 5元。

（3）所有者权益变动表项目的调整：调减前期差错更正项目中盈余公积上年金额16 875元，未分配利润上年金额95 625元，所有者权益合计上年金额112 500元。

三、前期差错更正的披露

企业应当在附注中披露与前期差错更正有关的下列信息：

（1）前期差错的性质。

（2）各个列报前期财务报表中受影响的项目名称和更正金额。

（3）无法进行追溯重述的，说明该事实和原因，以及对前期差错开始进行更正的时点、具体更正情况。

在以后期间的财务报表中，不需要重复披露在以前期间的附注中已披露的前期差错更正的信息。

【例7-6】 沿用［例7-5］，应在财务报表附注中作如下说明：

本年度发现20×5年漏记固定资产折旧150 000元，在编制20×5年与20×6年比较财务报表时，已对该项差错进行了更正。更正后，调减20×5年净利润及留存收益112 500元，调增累计折旧150 000元。

本 章 小 结

本章主要介绍了会计政策、会计估计变更和差错更正的会计处理。会计政策是指企业在会计确认、计量和报告中所采用的原则、基础和会计处理方法。企业采用的会计计量基础也属于会计政策。会计估计是指企业对其结果不确定的交易或事项以最近可利用的信息为基础所作的判断。前期差错是指由于没有运用或错误运用下列两种信息，而对前期财务报表造成省略或错报：①编报前期财务报表时预期能够取得并加以考虑的可靠信息。②前期财务报告批准报出时能够取得的可靠信息。本章重点是会计政策变更、会计估计变更、前期差错更正的会计处理。难点是会计政策变更、会计估计变更、前期差错更正的正确区分。

本章的主要内容包括：

（1）会计政策变更的会计处理。会计政策变更是指企业对相同的交易或事项由原来采用的会计政策改用另一会计政策的行为。会计政策变更应按如下规定处理：①企业根据法律、行政法规或者国家统一的会计制度等要求变更会计政策的，应当按照国家相关会计规定执行。会计政策变更能够提供更可靠、更相关的会计信息的，应当采用追溯调整法处理。②确定会计政策变更对列报前期影响数不切实可行的，应当从可追溯调整的最早期间期初开始应用变更后的会计政策。在当期期初确定会计政策变更对以前各期累积影响数不切实可行的,应当采用未来适用法处理。

(2) 会计估计变更的会计处理。会计估计变更是指企业对相同的交易或者事项,由原来采用的会计政策改用另一种会计政策的行为。对会计估计变更应当采用未来适用法处理。

(3) 前期差错更正的会计处理。企业应当采用追溯重述法更正的前期差错,但确定前期差错累积影响数不切实可行的除外。对于不重要且非故意造成的前期差错,可以采用未来适用法更正。前期差错的重要程度,应根据差错的性质和金额加以具体判断。

【关键术语】

会计政策　会计政策变更　会计估计　会计估计变更　追溯调整法　未来适用法

【思考题】

1. 会计政策包括的主要内容有哪些?
2. 会计政策变更的含义是什么?
3. 会计政策变更的会计处理原则有哪些?
4. 会计估计变更的含义是什么?
5. 会计估计变更和会计政策变更的会计处理原则有何不同?
6. 前期差错产生的原因主要有哪些?对前期差错应采用什么样的原则处理?

【练习题】

一、单项选择题

1. 下列各项中,属于会计政策变更的是( )。
    A. 以前没有出现过的事项采用新会计政策
    B. 对以前出现过,但不重要的事项采用新的政策
    C. 对与以前发生过的事项有本质不同的事项采用新的政策
    D. 依据会计法律、法规的要求采用新会计政策

2. 某项长期股权投资业务的原持股比例为5%,采用成本法核算;后因追加投资持股比例达到40%,决定改为权益法核算,这一事项应属于( )。
    A. 会计政策变更   B. 会计估计变更
    C. 前期差错   D. 企业正常的会计处理

3. 为了使提供的会计信息更加可靠、更加相关,以前年度对存货发出采用加权平均法核算,从本年度起改按个别计价法核算。这种方法的改变属于( )。
    A. 会计政策变更   B. 会计估计变更
    C. 会计政策随意变更   D. 前期差错

4. 对于会计估计变更。企业应采用的会计处理方法是( )。
    A. 追溯调整法   B. 未来适用法

C. 追溯重述法　　　　　　　　　　　D. 上述三种方法均可选择

5. 固定资产折旧方法的改变属于(　　　)。

　　A. 会计估计变更　　　　　　　　　B. 会计政策变更

　　C. 或有事项　　　　　　　　　　　D. 前期差错更正

6. 下列各项中,不属于会计政策变更的是(　　　)。

　　A. 坏账准备由按应收账款余额3%提取改按5%提取

　　B. 存货发出的计价由先进先出法改为加权平均法

　　C. 存货的期末计价由成本改为成本与可变现净值孰低法

　　D. 长期股权投资的核算由成本法改为权益法

7. 在会计实务中,如果不易分清会计政策变更和会计估计变更时,应当(　　　)。

　　A. 不作处理,待分清后再作处理　　　B. 按会计政策变更处理

　　C. 按会计估计变更处理　　　　　　　D. 在两种处理方法中任选其一

8. A公司20×3年1月1日起计提折旧的一台设备,原值为84 000元,估计使用8年,净残值为4 000元,按直线法折旧。到20×7年年初,由于新技术发展,对原估计的使用年限修订为6年,净残值为2 000元,则20×7年计提的折旧为(　　　)元。

　　A. 21 000　　　　　B. 13 667　　　　　C. 10 500　　　　　D. 20 000

二、多项选择题

1. 下列各项中,属于会计政策变更事项的有(　　　)。

　　A. 长期股权投资核算由成本法改为权益法

　　B. 坏账损失的核算由直接待销法改为备抵法

　　C. 备抵法下坏账估计比率由3‰变为6‰

　　D. 存货发出由先进先出法改为加权平均法

2. 下列各项中,属于需要进行会计估计事项的有(　　　)。

　　A. 预交所得税　　　　　　　　　　B. 预付购货款

　　C. 固定资产的耐用年限与净残值　　D. 无形资产的受益期限

3. 下列情况下,可以进行会计估计变更的有(　　　)。

　　A. 发现会计差错

　　B. 赖以进行估计的基础发生了变化

　　C. 取得了新的信息,积累了更多的经验

　　D. 会计估计变更的累积影响数不能合理确定

4. 下列各项中,不属于企业会计准则所定义的"会计政策变更"的有(　　　)。

　　A. 对与以前相比具有本质差别的事项采用新政策

　　B. 对初次发生的事项采用新政策

　　C. 按照会计准则、规章的要求采用新政策

　　D. 为提供更可靠、更相关的会计信息采用新政策

5. 下列各项中,属于会计政策项目的有(　　　)。

　　A. 收入确认的原则和方法　　　　　B. 所得税会计处理方法

　　C. 坏账损失的处理方法　　　　　　D. 计提坏账准备的比例

6. 对于前期差错更正,应在会计报表附注中披露的内容有(　　　)。

　　A. 前期差错的性质

B. 各个列报前期财务报表中受影响的项目名称和更正金额

C. 本期发生的差错的更正金额

D. 无法进行追溯重述的,说明该事实和原因以及对前期差错开始进行更正的时点、具体更正情况

7. 由于会计政策变更而采用追溯调整法时,需要将累积影响数进行相应账务处理和报表调整,可能涉及的项目有(　　)。

A. 法定盈余公积　　　　　　　　B. 任意盈余公积

C. 应付股利　　　　　　　　　　D. 未分配利润

8. 下列关于会计估计变更的说法中,正确的有(　　)。

A. 会计估计变更应采用未来适用法

B. 会计估计变更不改变以前期间的会计估计

C. 应计算确认会计估计变更的累积影响数

D. 不应计算确认会计估计变更的累积影响数

9. 会计政策变更时会计处理方法的选择,应遵循的原则有(　　)。

A. 依据会计相关法律或法规的需求变更会计政策,按国家相关规定执行

B. 为提供更可靠、更相关的会计信息变更会计政策,采用追溯调整法

C. 确定会计政策变更对列报前期影响数不切实可行的,从可追溯调整的最早期间期初开始应用变更后的会计政策

D. 在当期期初确定会计政策变更对以前各期累积影响数不切实可行的,采用未来适用法

三、判断题

1. 会计政策是指企业在会计确认、计量和报告中所采用的原则、基础和会计处理方法。

（　　）

2. 按照企业会计准则的规定,一贯性原则和客观性原则均属于企业的会计政策。

（　　）

3. 如果会计政策变更的累积影响数不能合理确定,无论何种情况下均应采用未来适用法进行会计处理。　　　　　　　　　　　　　　　　　　　　　　（　　）

4. 对于不重要且非故意造成的前期差错,可以采用未来适用法。　　（　　）

5. 为了提供更可靠、更相关的会计信息,某公司将坏账准备的计提方法由直接转销法改为备抵法,并采用未来适用法进行处理。　　　　　　　　　　　（　　）

6. 如果不易区分是会计政策变更,还是会计估计变更,均应视为会计估计变更,按会计估计变更的会计处理方法进行处理。　　　　　　　　　　　　　　（　　）

7. 无论是会计政策变更,还是会计估计变更,均应计算变更产生的累积影响数,并采用追溯调整法进行会计处理。　　　　　　　　　　　　　　　　　（　　）

8. 企业对于初次发生的交易或事项采用新的会计政策,不属于会计政策变更。（　　）

9. 企业在估计某项固定资产的预计使用年限时,多估计或少估计预计使用年限,属于会计政策范围。　　　　　　　　　　　　　　　　　　　　　　（　　）

10. 20×7年1月18日,在2006年度财务报告批准报出前,发现2006年年末交易性金融资产公允价值变动损益1 000万元计入了资本公积,企业应调整20×7年度会计报表相关项目的期初数和上年数。　　　　　　　　　　　　　　　　　（　　）

四、计算与分析题

1. 甲股份有限公司自 20×7 年起执行新企业会计准则,所得税采用资产负债表债务法核算,所得税税率为 25%。20×7 年发生如下业务:

(1) 20×6 年 1 月,购入了一项专利权,总价款为 500 万元,预计有效年限为 5 年,预计净残值为 0。20×7 年起,由于技术进步,该专利权的预计有效年限变更为 4 年。该专利技术未计提减值损失,在有效期内摊销的无形资产可以在所得税税前抵扣。

(2) 20×4 年 12 月购入的一台管理用电子设备,原价为 3 200 万元,预计使用年限为 5 年,预计净残值为 200 万元,采用直线法计提折旧。20×7 年 1 月 1 日起,由于该电子设备预期实现经济利益的方式发生变化,折旧方法改为年数总和法,预计使用年限和预计净残值不变。

按照税法规定,该电子类设备采用直线法计提折旧可在税前扣除,预计使用年限和预计净残值与税法一致。

要求:判断上述事项属于会计政策变更还是会计估计变更,并进行相应的会计处理。

2. 甲公司所得税采用资产负债表债务法核算,所得税税率为 25%,按净利润的 10% 计提盈余公积。20×7 年 12 月在财务检查中发现下列问题:

(1) 20×6 年年末某库存商品账面余额为 305 万元。经检查,该库存商品的预计售价为 260 万元,预计销售费用和相关税金为 5 万元。当时由于疏忽,将售价误计为 360 万元,未计提存货跌价准备。

(2) 20×6 年 12 月 16 日,甲公司支付 800 万元购入股票,作为交易性金融资产。至年末尚未销售,12 月末的收盘价为 740 万元。甲公司按其成本列报在资产负债表中。

(3) 甲公司于 20×6 年 1 月,支付 3 000 万元价款取得了丁公司 80% 的股权,实现了非同一控制下的企业合并,使丁公司成为甲公司的子公司。20×6 年,丁公司实现净利润 500 万元,甲公司按权益法核算确认了投资收益 400 万元。

(4) 20×6 年 1 月,甲公司从其他企业集团中收购了 100 辆出租汽车,确认了出租汽车牌照专属使用权 800 万元,作为无形资产核算。甲公司从 20×6 年起按照 10 年对该无形资产进行摊销。经检查,出租汽车牌照专属权没有使用期限。假设按税法规定,无法确定使用寿命的无形资产按 10 年摊销。

要求:对上述问题按照企业会计准则的规定进行更正。

3. 甲公司于 20×2 年 12 月 4 日购入一台车床,原价为 110 000 元,原估计使用年限为 10 年,预计净残值为 10 000 元,按直线法计提折旧。由于技术进步以及使用时的磨损较严重,已不能继续按原定使用年限计提折旧,于 20×7 年 1 月 1 日将车床的折旧年限改为 6 年,预计净残值仍为 10 000 元,所得税税率为 25%。

要求:根据上述资料进行会计处理。

4. 甲公司于 20×6 年 12 月发现,20×5 年漏记了一项无形资产的摊销费用 300 000 元,所得税申报中也没有包括这笔费用。甲公司按利润的 10% 计提法定盈余公积,适用所得税税率为 25%。

要求:根据上述资料,进行有关的会计处理。

5. 20×3 年 1 月 1 日,甲公司由于业务需要,从外部购入一项专利权,购入成本为 160 000 元,估计预计使用寿命为 8 年。20×7 年 1 月 1 日,由于新专利技术的问世,经过评估,甲公司认为原专利权已失去经济效益,决定将其账面余额 80 000 元全部在当月予以摊销。

要求:编制该公司的会计分录。

第八章 资产负债表日后事项

学习目标与要求

了解资产负债表日后事项的概念和资产负债表日后事项涵盖的期间。

掌握资产负债表日后调整事项的内容及其处理方法。

掌握资产负债表日后非调整事项的内容及其处理方法。

重点

掌握资产负债表日后调整事项的内容及其处理方法;掌握资产负债表日后非调整事项的内容及其处理方法。

难点

掌握资产负债表日后调整事项的内容及其处理方法;掌握资产负债表日后非调整事项的内容及其处理方法。

导读

资产负债表日后事项是指资产负债表日至财务报告批准报出日之间发生的有利或不利事项。

第一节 资产负债表日后事项概述

一、资产负债表日后事项的定义

资产负债表日后事项是指资产负债表日至财务报告批准报出日之间发生的有利或不利事项。要正确理解资产负债表日后事项的含义,需要注意以下方面。

（一）资产负债表日

资产负债表日是指会计年度末和会计中期期末。按照《会计法》的规定,我国会计年度采用公历年度,即1月1日至12月31日。因此,年度资产负债表日是指每年的12月31日,中期资产负债表日是指各会计中期期末。会计中期是指短于一个完整的会计年度的报告期间,包括半年度、季度和月度。例如,提供第一季度财务报告时,资产负债表日是该年度的3月31日;提供半年度财务报告时,资产负债表日是该年度的6月30日。

（二）财务报告批准报出日

财务报告批准报出日是指董事会或类似机构批准财务报告报出的日期,通常是指对财务报告的内容负有法律责任的单位或个人批准财务报告对外公布的日期。

财务报告的批准者包括所有者、所有者中的多数、董事会或类似的管理单位、部门和个人。对于公司制企业(包括有限责任公司和股份有限公司),董事会有权制订公司的年度财务预算方案、决算方案、利润分配方案和弥补亏损方案,因此,公司制企业的财务报告批准报出日是指董事会批准财务报告报出的日期,而不是股东大会审议批准的日期。对于非公司制企业,财务报告批准报出日是指经理(厂长)会议或类似机构批准财务报告报出的日期。

（三）有利事项和不利事项

资产负债表日后事项包括有利事项和不利事项。有利或不利事项的含义是指,资产负债表日后事项肯定对企业财务状况和经营成果具有一定影响(既包括有利影响也包括不利影响)。如果某些事项的发生对企业并无任何影响,那么这些事项就不属于资产负债表日后事项。

对于资产负债表日后有利事项或不利事项,其会计处理原则是相同的。如果该事项属于资产负债表日后调整事项,对有利和不利的调整事项均应进行处理,并调整报告年度或报告中期的财务报表;如果该事项属于资产负债表日后非调整事项,对有利和不利的非调整事项均应在报告年度或报告中期的附注中进行披露。

此外,需注意资产负债表日后事项不是指在这个特定期间内发生的全部事项,而是与资产负债表日存在状况有关的事项,或虽然与资产负债表日存在状况无关,但对企业财务状况具有重大影响的事项。

二、资产负债表日后事项涵盖的期间

资产负债表日后事项涵盖的期间是自资产负债表日次日起至财务报告批准报出日止的一段时间。对上市公司而言,这一期间内涉及几个日期,包括完成财务报告编制日、注册会计师出具审计报告日、董事会批准财务报告可以对外公布日、实际对外公布日等。这一期间包括:

(1)报告年度次年的1月1日或报告期间下一期第一天至董事会或类似机构批准财务报告对外公布的日期,即以董事会或类似机构批准财务报告对外公布的日期为截止日期。

(2)董事会或类似机构批准财务报告对外公布的日期,与实际对外公布日之间发生的与资产负债表日后事项有关的事项,由此影响财务报告对外公布日期的,应以董事会或类似机构再次批准财务报告对外公布的日期为截止日期。

如果公司管理层由此修改了财务报表,注册会计师应当根据具体情况实施必要的审计程序,并针对修改后的财务报表出具新的审计报告。新的审计报告日不应早于董事会或类似机构批准修改后的财务报表对外公布的日期。

【例8-1】 甲上市公司20×7年度的财务报告于20×8年2月18日编制完成,注册会计师完成整个年度审计工作并签署审计报告的日期为20×8年4月20日,董事会批准财务报告对外公布的日期为20×8年4月21日,财务报告实际对外公布的日期为20×8年4月

26 日,股东大会召开日期为 20×8 年 5 月 12 日。

根据资产负债表日后事项涵盖期间的规定,财务报告批准报出日为 20×8 年 4 月 21 日,资产负债表日后事项涵盖的期间为 20×8 年 1 月 1 日至 20×8 年 4 月 21 日。假如甲上市公司在 4 月 21 日至 4 月 26 日之间发生了重大事项,需要调整财务报表相关项目,调整后的财务报告再经董事会批准对外报出的日期为 20×8 年 4 月 29 日,实际对外公布的日期为 20×8 年 4 月 30 日,则资产负债表日后事项涵盖的期间为 20×8 年 1 月 1 日至 20×8 年 4 月 29 日。

三、资产负债表日后事项的内容

资产负债表日后事项包括资产负债表日后调整事项和资产负债表日后非调整事项。

(一)资产负债表日后调整事项

资产负债表日后调整事项是指对资产负债表日已经存在的情况提供了新的或进一步证据的事项。

如果资产负债表日及其所属会计期间已经存在某种情况,但当时并不知道其存在或者不能知道确切结果,资产负债表日后发生的事项能够证实该情况的存在或者确切结果,则该事项属于资产负债表日后调整事项。资产负债表日后调整事项能对资产负债表日的存在情况提供追加的证据,并会影响编制财务报表过程中的内在估计。因此,资产负债表日后调整事项具有以下两个特征:①在资产负债表日已经存在,资产负债表日后得以证实的事项。②对按资产负债表日存在状况编制的财务报表产生重大影响的事项。

企业发生的资产负债表日后调整事项,通常包括下列各项:

(1)资产负债表日后诉讼案件结案,法院判决证实了企业在资产负债表日已经存在现时义务,需要调整原先确认的与该诉讼案件相关的预计负债,或确认一项新负债。

(2)资产负债表日后取得确凿证据,表明某项资产在资产负债表日发生了减值或者需要调整该项资产原先确认的减值金额。

(3)资产负债表日后进一步确定了资产负债表日前购入资产的成本或售出资产的收入。

(4)资产负债表日后发现了财务报表舞弊或差错。

【例 8-2】 甲公司因产品质量问题被消费者起诉。20×7 年 12 月 31 日法院尚未判决,考虑到消费者胜诉要求甲公司赔偿的可能性较大,甲公司为此确认了 300 万元的预计负债。20×8 年 2 月 25 日,在甲公司 20×7 年度财务报告对外报出之前,法院判决消费者胜诉,要求甲公司支付赔偿款 450 万元。

本例中,甲公司在 20×7 年 12 月 31 日结账时已经知道消费者胜诉的可能性较大,但不能知道法院判决的确切结果,因此确认了 300 万元的预计负债。20×8 年 2 月 25 日法院判决结果为甲公司预计负债的存在提供了进一步的证据。此时,按照 20×7 年 12 月 31 日存在状况编制的财务报表所提供的信息已不能真实反映企业的实际情况,应据此对财务报表的相关数字进行调整。

【例 8-3】 甲公司应收乙公司账款 200 000 元,按合同约定应在 20×7 年 11 月 20 日前偿还。在 20×7 年 12 月 31 日结账时,甲公司尚未收到这笔款项,并已知乙公司财务状况不佳,近期内难以偿还债务,甲公司对该应收账款提取了20%的坏账准备。20×8年2月15日,在甲公司对外报出财务报告之前收到乙公司通知,乙公司已经宣告破产,无法偿还大部分欠款。

甲公司于20×7年12月31日结账时已经知道乙公司财务状况不佳,即在20×7年12月31日,乙公司财务状况不佳的事实已经存在,但未得到乙公司破产的确切证据。20×8年2月15日,在甲公司对外报出财务报告之前收到乙公司通知,乙公司已经宣告破产,该证据表明根据20×7年12月31日存在情况提供的资产负债表反映的应收乙公司款项中的大部分已经成为坏账,依据该资产负债表日存在状况编制的财务报表所提供的信息已不能真实反映企业的实际情况,因此,应据此对财务报表相关项目的数字进行调整。

（二）资产负债表日后非调整事项

资产负债表日后非调整事项是指表明资产负债表日后发生的情况的事项。资产负债表日后非调整事项的发生不影响资产负债表日企业的财务报表数字,只说明资产负债表日后发生了某些情况。对于财务报告使用者而言,非调整事项说明的情况有的重要,有的不重要。其中重要的非调整事项虽然不影响资产负债表日的财务报表数字,但可能影响资产负债表日以后的财务状况和经营,不加以说明将会影响财务报告使用者作出正确估计和决策,因此需要适当进行披露。

企业发生的资产负债表日后非调整事项,通常包括下列各项:①资产负债表日后发生重大诉讼、仲裁、承诺;②资产负债表日后资产价格、税收政策、外汇汇率发生重大变化;③资产负债表日后因自然灾害导致资产发生重大损失;④资产负债表日后发行股票和债券以及其他巨额举债;⑤资产负债表日后资本公积转增资本;⑥资产负债表日后发生巨额亏损;⑦资产负债表日后发生企业合并或处置子公司。

【例8-4】 甲公司20×7年度财务报告于20×8年3月30日经董事会批准对外公布。20×8年1月30日,甲公司与银行签订了6 000万元的贷款合同,用于生产项目的技术改造,贷款期限自20×8年2月1日至20×9年7月31日。

本例中,甲公司向银行贷款的事项发生在20×8年度,且在公司20×7年度财务报告尚未批准对外公布的期间内,即该事项发生在资产负债表日后事项所涵盖的期间内。该事项在20×7年12月31日尚未发生,与资产负债表日存在的状况无关。不影响资产负债表日企业的财务报表数字。但是,该事项属于重要事项,会影响公司以后期间的财务状况和经营成果,因此,需要在报表附注中予以披露。

（三）资产负债表日后调整事项与非调整事项的区别

资产负债表日后发生的某一事项究竟是调整事项还是非调整事项,取决于该事项表明的情况在资产负债表日或资产负债表日以前是否已经存在。若该情况在资产负债表日或之前已经存在,则属于调整事项;反之,则属于非调整事项。

【例8-5】 甲公司20×7年9月15日向乙公司出售产品一批,价值3 000万元,根据销售合同,乙公司应在收到产品后3个月内付款。至20×7年12月31日,乙公司尚未付款。假定甲公司在编制20×7年度财务报告时有两种情况:

（1）20×7年12月31日,甲公司根据掌握的资料判断,乙公司有可能破产清算,估计该应收账款将有20%无法收回,故按20%的比例计提坏账准备;20×8年2月1日,甲公司收到通知,乙公司已被宣告破产清算,甲公司估计有 60% 的债权无法收回。

（2）20×7 年 12 月 31 日,乙公司的财务状况良好,甲公司预计应收账款可按时收回;20×8 年 2 月 1 日,乙公司发生重大火灾,导致甲公司 50% 的应收账款无法收回。

20×8 年 3 月 25 日,甲公司的财务报告经批准对外公布。

对甲公司资产负债表日后事项的具体分析如下:

（1）导致甲公司应收账款无法收回的事实是乙公司财务状况恶化,该事实在资产负债表日已经存在,乙公司被宣告破产只是证实了资产负债表日乙公司财务状况恶化的情况,因此,乙公司破产导致甲公司应收款项大部分无法收回的事项属于调整事项。

（2）导致甲公司应收账款损失的因素是火灾,火灾是不可预计的,应收账款发生损失这一事实在资产负债表日以后才发生,因此乙公司发生火灾导致甲公司应收账款部分无法收回的事项属于非调整事项。

第二节　资产负债表日后调整事项的会计处理

一、资产负债表日后调整事项的处理原则

企业发生的资产负债表日后调整事项,应当调整资产负债表日已编制的财务报表。对于财务报告年度而言,由于资产负债表日后事项发生在次年,上年度的有关账目已经结转,特别是损益类账户在结账后已无余额。因此,资产负债表日后发生的调整事项,应具体分别以下情况进行处理:

第一,涉及损益的事项,通过"以前年度损益调整"账户核算。调整增加以前年度利润或调整减少以前年度亏损的事项,记入"以前年度损益调整"账户的贷方;调整减少以前年度利润或调整增加以前年度亏损的事项,记入"以前年度损益调整"账户的借方。

涉及损益的调整事项,如果发生在资产负债表日所属年度（即报告年度）所得税汇算清缴前的,应调整报告年度应纳税所得额、应纳所得税税额;发生在报告年度所得税汇算清缴后的,应调整本年度（即报告年度的次年）应纳所得税税额。

由于以前年度损益调整增加的所得税费用,记入"以前年度损益调整"账户的借方,同时,贷记"应交税费——应交所得税"等账户;由于以前年度损益调整减少的所得税费用,记入"以前年度损益调整"账户的贷方,同时借记"应交税费——应交所得税"等账户。调整完成后,应将"以前年度损益调整"账户的贷方或借方余额,转入"利润分配——未分配利润"账户。

第二,涉及利润分配调整的事项,直接在"利润分配——未分配利润"账户核算。

第三,不涉及损益以及利润分配的事项,调整相关账户。

第四,进行上述账务处理的同时,还应调整财务报表相关项目的数字,包括:

（1）资产负债表日编制的财务报表相关项目的期末或本年发生数。

（2）当期编制的财务报表相关项目的期初数或上年数。

（3）上述调整如果涉及附注内容的,还应当调整附注相关项目的数字。

二、资产负债表日后调整事项的具体会计处理方法

为简化处理,本节所有例题均假定:财务报告批准报出日是次年3月31日,所得税税率为25%,按净利润的10%提取法定盈余公积,提取法定盈余公积后不再作其他分配。如无特别说明,调整事项按税法规定均可调整应交纳的所得税;涉及递延所得税资产的,均假定未来期间很可能取得用来抵扣暂时性差异的应纳税所得额。不考虑报表附注中有关现金流量表项目的数字,金额单位以万元表示,计算结果保留小数点后两位数。

第一,资产负债表日后诉讼案件结案,法院判决证实了企业在资产负债表日已经存在现时义务,需要调整原先确认的与该诉讼案件相关的预计负债,或确认一项新负债。

这一事项是指导致诉讼的事项在资产负债表日已经发生,但尚不具备确认负债的条件而未确认,资产负债表日后至财务报告批准报出日之间获得了新的或进一步的证据(法院判决结果),表明符合负债的确认条件,因此应在财务报告中确认为一项新的负债;或者在资产负债表日虽已确认,但需要根据判决结果调整已确认预计负债的金额。

【例8-6】 甲公司与乙公司签订一项供销合同,约定甲公司在20×7年10月份供应给乙公司一批物资。由于甲公司未能按照合同发货,致使乙公司发生重大经济损失。乙公司通过法律程序要求甲公司赔偿经济损失2 000万元,该诉讼案件在12月31日尚未判决,甲公司确认了1 000万元的预计负债,并将该项赔款反映在12月31日的财务报表中,乙公司未确认应收赔偿款。20×8年2月10日,经法院一审判决,甲公司需要偿付乙公司经济损失1 600万元,甲公司不再上诉,赔款已经支付。假定甲、乙两公司均于20×8年2月15日完成了20×7年度所得税汇算清缴。根据税法规定,上述预计负债产生的损失不允许在实际发生前税前扣除。

本例中,20×8年2月10日法院的判决证实了甲、乙两公司在资产负债表日分别存在现时义务和获赔权利,因此都应按调整事项的处理原则进行会计处理。

甲公司的会计处理如下:

(1)记录支付的赔偿款:

借:以前年度损益调整——营业外支出	6 000 000
贷:其他应付款	6 000 000
借:预计负债	10 000 000
贷:其他应付款	10 000 000
借:其他应付款	16 000 000
贷:银行存款	16 000 000

注:资产负债表日后事项如涉及现金收支项目,均不调整报告年度资产负债表的货币资金项目和现金流量表各项目数字。本例中,虽然已经支付了赔偿款,但在调整会计报表相关数字时,只需调整上述第一笔和第二笔分录,第三笔分录作为20×8年的会计事项处理。

(2)调整递延所得税资产:

借:以前年度损益调整——所得税费用(10 000 000×25%)	2 500 000
贷:递延所得税资产	2 500 000

（3）计算应交所得税：

借：应交税费——应交所得税（16 000 000×25％）　　　　　　　　　　　4 000 000

　　贷：以前年度损益调整——所得税费用　　　　　　　　　　　　　　　　　　　4 000 000

（4）将"以前年度损益调整"账户余额转入利润分配：

借：利润分配——未分配利润　　　　　　　　　　　　　　　　　　　　4 500 000

　　贷：以前年度损益调整　　　　　　　　　　　　　　　　　　　　　　　　　　4 500 000

（5）调整利润分配有关数字：

借：盈余公积　　　　　　　　　　　　　　　　　　　　　　　　　　　　450 000

　　贷：利润分配——未分配利润（4 500 000×10％）　　　　　　　　　　　　　　450 000

（6）调整报告年度会计报表相关项目的数字（财务报表略）：

资产负债表项目的调整：调减递延所得税资产 250 万元，调增其他应付款项目 1 600 万元，调减应交税费 400 万元，调减预计负债 1 000 万元；调减盈余公积 45 万元；调减未分配利润 405 万元。

利润表项目的调整：调增营业外支出 600 万元，调减所得税费用 250 万元。

所有者权益变动表项目的调整：调减净利润 450 万元，调减提取盈余公积 45 万元。

（7）调整 20×8 年 2 月份资产负债表相关项目的年初数（资产负债表略）。

甲公司在编制 20×8 年 1 月份资产负债表时，按照调整前 20×7 年 12 月 31 日的资产负债表的数字作为资产负债表的年初数，由于发生了资产负债表日后调整事项，甲公司除了调整 20×7 年度资产负债表相关项目的数字外，还应当调整 20×8 年 2 月份资产负债表相关项目的年初数，其年初数按照 20×7 年 12 月 31 日调整后的数字填列。

乙公司的会计处理：

（1）记录已收到的赔偿款：

借：其他应收款　　　　　　　　　　　　　　　　　　　　　　　　　16 000 000

　　贷：以前年度损益调整　　　　　　　　　　　　　　　　　　　　　　　　16 000 000

借：银行存款　　　　　　　　　　　　　　　　　　　　　　　　　　16 000 000

　　贷：其他应收款　　　　　　　　　　　　　　　　　　　　　　　　　　　16 000 000

（2）调整应交所得税：

借：以前年度损益调整　　　　　　　　　　　　　　　　　　　　　　　4 000 000

　　贷：应交税费——应交所得税（16 000 000×25％）　　　　　　　　　　　　4 000 000

（3）将"以前年度损益调整"账户余额转入利润分配：

借：以前年度损益调整（16 000 000－4 000 000）　　　　　　　　　　12 000 000

　　贷：利润分配——未分配利润　　　　　　　　　　　　　　　　　　　　　12 000 000

（4）调整利润分配有关数字：

借：利润分配——未分配利润　　　　　　　　　　　　　　　　　　　　1 200 000

　　贷：盈余公积（12 000 000×10％）　　　　　　　　　　　　　　　　　　1 200 000

（5）调整报告年度财务报表相关项目的数字、20×8 年 2 月资产负债表项目的年初数

（略）。

第二，资产负债表日后取得确凿证据，表明某项资产在资产负债表日发生了减值或者需要调整该项资产原先确认的减值金额。

这一事项是指在资产负债表日，根据当时的资料判断某项资产可能发生了损失或减值，但没有最后确定是否会发生，因而按照当时的最佳估计金额反映在财务报表中；但在资产负债表日至财务报告批准报出日之间，所取得的确凿证据能证明该事实成立，即某项资产已经发生了损失或减值，则应对资产负债表日所作的估计予以修正。

企业在年度资产负债表日至财务报告批准报出日之间发生的涉及资产减值准备的调整事项，如发生在报告年度所得税汇算清缴之前，应相应调整报告年度的所得税；如果发生在报告年度汇算清缴之后，应将与资产减值准备有关的事项产生的纳税调整金额，作为本年度的纳税调整事项，相应调整本年度应交所得税。

【例8-7】 甲公司20×7年6月销售给乙公司一批产品，货款为500万元（含增值税），乙公司于7月份收到所购物资并验收入库。按合同规定，乙公司应于收到所购物资后3个月内付款。由于乙公司财务状况不佳，到20×7年12月31日仍未付款。甲公司于12月31日编制20×7年度财务报表时，已为该项应收账款提取坏账准备100万元（企业所得税税前准予扣除的坏账准备的计提比例为5‰）；12月31日，资产负债表上"应收账款"项目的金额为860万元，其中400万元为该项应收账款。甲公司于20×8年2月1日（所得税汇算清缴前）收到乙公司通知，乙公司已宣告破产清算，无力偿还所欠部分货款，甲公司预计可收回应收账款的40％。

本例中，甲公司在收到乙公司通知时，首先判断是属于资产负债表日后事项中的调整事项，并根据调整事项的处理原则进行处理如下：

（1）补提坏账准备：

$$应补提的坏账准备 = 500 \times 60\% - 100 = 200（万元）$$

借：以前年度损益调整——资产减值损失	2 000 000
贷：坏账准备	2 000 000

（2）调整递延所得税资产：

借：递延所得税资产	500 000
贷：以前年度损益调整——所得税费用（2 000 000×25％）	500 000

（3）将"以前年度损益调整"账户的余额转入利润分配：

借：利润分配——未分配利润	1 500 000
贷：以前年度损益调整（2 000 000－500 000）	1 500 000

（4）调整利润分配有关数字：

借：盈余公积	150 000
贷：利润分配——未分配利润（1 500 000×10％）	150 000

（5）调整报告年度财务报表相关项目的数字（财务报表略）：

资产负债表项目的调整：调减应收账款200万元；调增递延所得税资产50万元；调减盈余公积15万元；调减未分配利润135万元。

利润表项目的调整：调增管理费用200万元；调减所得税费用50万元。

所有者权益变动表项目的调整：调减净利润150万元，调减提取盈余公积15万元。

（6）调整20×8年2月份资产负债表相关项目的年初数（资产负债表略）。

甲公司在编制20×8年1月份的资产负债表时，按照调整前20×7年12月31日的资产负债表的数字作为资产负债表的年初数，由于发生了资产负债表日后调整事项，甲公司除了调整20×7年度资产负债表相关项目的数字外，还应当调整20×8年2月份资产负债表相关项目的年初数，其年初数按照20×7年12月31日调整后的数字填列。

第三，资产负债表日后进一步确定了资产负债表日前购入资产的成本或售出资产的收入。

这类调整事项包括两方面的内容：

（1）若资产负债表日前购入的资产已经按暂估金额等入账，资产负债表日后获得证据，可以进一步确定该资产的成本，则应该对已入账资产的成本进行调整。例如，购建固定资产已经达到预定可使用状态，但尚未办理竣工决算，企业已办理暂估入账；资产负债表日后办理决算，此时应根据竣工决算的金额调整暂估入账的固定资产成本等。

（2）企业符合收入确认条件确认资产销售收入，但资产负债表日后获得关于资产收入的进一步证据，如发生销售退回等，此时也应调整财务报表相关项目的金额。需要说明的是，资产负债表日后发生的销售退回，既包括报告年度或报告中期销售的商品在资产负债表日后发生的销售退回，也包括以前期间销售的商品在资产负债表日后发生的销售退回。

发生在资产负债表所属期间或以前期间所售商品的退回，在会计处理时作为资产负债表日后调整事项处理。按照税法规定，企业年度申报纳税汇算清缴后发生的属于资产负债表日后事项的销售退回所涉及的应纳税所得额的调整，应作为本年度的纳税调整，而不作为报告年度的纳税调整。因此，发生于资产负债表日后至财务报告批准报出日之间的销售退回事项，可能发生于年度所得税汇算清缴之前，也可能发生于年度所得税汇算清缴之后。

第一，资产负债表日后事项中涉及报告年度所属期间的销售退回发生于报告年度所得税汇算清缴之前，应调整报告年度利润表的收入、成本等，并相应调整报告年度的应纳税所得额以及报告年度应交的所得税等。

【例8-8】 甲公司于20×7年11月30日销售一批商品给乙企业，取得收入1 000万元（不含税，增值税税率为17%），甲公司发出商品后，按照正常情况已确认收入，并结转成本700万元。此笔货款到年末尚未收到，甲公司按应收账款余额的5%计提了坏账准备58.5万元。20×8年1月20日，由于产品质量问题，本批货物全部被退回。按税法规定，经税务机关批准在应收款项余额5‰的范围内计提的坏账准备可以在税前扣除，本年度除应收乙企业账款计提的坏账准备外，无其他纳税调整事项。20×8年2月28日完成了20×7年所得税汇算清缴。

本例中，销售退回业务应属于资产负债表日后调整事项。

据此，甲公司的账务处理如下：

（1）20×8年1月20日，调整销售收入：

借：以前年度损益调整——主营业务收入　　　　　　　　　　　　10 000 000

　　应交税费——应交增值税（销项税额）　　　　　　　　　　　1 700 000

　　贷：应收账款　　　　　　　　　　　　　　　　　　　　　　11 700 000

（2）调整坏账准备余额：

借：坏账准备   585 000

    贷：以前年度损益调整——资产减值损失   585 000

（3）调整销售成本：

借：库存商品   7 000 000

    贷：以前年度损益调整——主营业务成本   7 000 000

（4）调整应交纳的所得税：

借：应交税费——应交所得税   735 375

    贷：以前年度损益调整——所得税费用

      [（10 000 000−7 000 000−11 700 000×5‰）×25％]   735 375

（5）调整已确认的递延所得税资产：

借：以前年度损益调整——所得税费用   131 625

    贷：递延所得税资产[（585 000−11 700 000×5‰）×25％] 131 625

（6）将"以前年度损益调整"账户余额转入未分配利润：

借：利润分配——未分配利润   1 811 250

    贷：以前年度损益调整（10 000 000−7 000 000−585 000−735 375+131 625） 1 811 250

（7）调整盈余公积：

借：盈余公积（1 811 250×10％）   181 125

    贷：利润分配——未分配利润   181 125

（8）调整相关财务报表（略）。

第二，资产负债表日后事项中涉及报告年度所属期间的销售退回发生于报告年度所得税汇算清缴之后，应调整报告年度会计报表的收入、成本等，但按照税法规定在此期间的销售退回所涉及的应交所得税，应作为本年的纳税调整事项。

【例8-9】 沿用[例8-8]，假定销售退回的时间改为20×8年3月15日（即报告年度所得税汇算清缴后）。

甲公司的账务处理如下：

（1）20×8年3月15日，调整销售收入：

借：以前年度损益调整——主营业务收入   10 000 000

    应交税费——应交增值税（销项税额）   1 700 000

    贷：应收账款   11 700 000

（2）调整坏账准备余额：

借：坏账准备   585 000

    贷：以前年度损益调整——资产减值损失   585 000

（3）调整销售成本：

借：库存商品   7 000 000

    贷：以前年度损益调整——主营业务成本   7 000 000

（4）调整所得税费用：

借：应交税费——应交所得税　　　　　　　　　　　　　　　735 375
　　贷：所得税费用[(10 000 000−7 000 000−11 700 000×5‰)×25%]　　　735 375

（5）调整已确认的递延所得税资产：

借：以前年度损益调整——所得税费用　　　　　　　　　　　131 625
　　贷：递延所得税资产[(585 000−11 700 000×5‰)×25%]　　　　131 625

（6）将"以前年度损益调整"账户余额转入未分配利润：

借：利润分配——未分配利润　　　　　　　　　　　　　　　2 546 625
　　贷：以前年度损益调整(10 000 000−7 000 000−585 000+131 625)　　2 546 625

（7）调整盈余公积：

借：盈余公积(2 546 625×10%)　　　　　　　　　　　　　254 662.50
　　贷：利润分配——未分配利润　　　　　　　　　　　　　254 662.50

（8）调整相关财务报表（略）。

（四）资产负债表日后发现了财务报表舞弊或差错

这一事项是指资产负债表日至财务报告批准日之间发生的属于资产负债表期间或以前期间存在的财务报表舞弊或差错，这种舞弊或差错应当作为资产负债表日后调整事项，调整报告年度的年度财务报告或中期财务报告相关项目的数字。具体会计处理可以参见第七章的相关内容。

第三节　资产负债表日后非调整
事项的会计处理

一、资产负债表日后非调整事项的处理原则

资产负债表日后非调整事项是指表明资产负债表日后发生的情况的事项，不影响资产负债表日存在状况，不应当调整资产负债表日的财务报表。但有的非调整事项对财务报告使用者具有重大影响，如不加以说明，将会影响财务报告使用者作出正确估计和决策，因此，应在附注中加以披露。

二、资产负债表日后非调整事项的具体会计处理方法

资产负债表日后发生的非调整事项，应当在报表附注中披露每项重要的资产负债表日后非调整事项的性质、内容，及其对财务状况和经营成果的影响。无法作出估计的，应当说明原因。

资产负债表日后非调整事项的主要事项如下。

（1）资产负债表日后发生重大诉讼、仲裁、承诺。资产负债表日后发生的重大诉讼等事项，对企业影响较大，为防止误导投资者及其他财务报告使用者，应当在报表附注中披露。

【例8-10】 甲企业是房地产的销售代理商，在买卖双方同意房地产的销售条款时确认佣金收入，佣金由卖方支付。20×7年，甲企业同意替乙企业的房地产寻找买主。在20×7年后期，甲企业找到一位有意的买主丙企业，丙企业以其获得银行融资的能力与乙企业签订购买该房地产的合同。20×8年2月，丙企业通知甲企业，其在获得银行贷款方面有困难，但仍然能够履行合同。之后不久，甲企业找到另一位以现金购买该房地产的买主丁企业。20×8年2月，丁企业通过法律手段起诉甲企业违背受托责任。20×8年3月，甲企业同意付给丁企业300 000元的现金以使其撤回法律诉讼。

本例中，由于资产负债表日后发生的重大诉讼、仲裁、承诺等事项影响较大，为防止误导投资者及其他财务报告使用者，应当在报表附注中进行相关披露，即甲企业和丁企业均应在20×7年度报表附注中披露诉讼事项的信息。

（2）资产负债表日后资产价格、税收政策、外汇汇率发生重大变化。资产负债表日后发生的资产价格、税收政策和外汇汇率的重大变化，虽然不会影响资产负债表日财务报表相关项目的数据，但对企业资产负债表日后期间的财务状况和经营成果有重大影响，应当在报表附注中予以披露。

【例8-11】 甲公司20×7年10月采用融资租赁方式从美国购入某重型机械设备，租赁合同规定，该重型机械设备的租赁期为15年，年租金40万美元。甲公司在编制20×7年度财务报表时已按20×7年12月31日的汇率对该笔长期应付款进行了折算（假设20×7年12月31日的汇率为1美元＝7.85元人民币）。假设国家规定从20×8年1月1日起进行外汇管理体制改革，外汇管理体制改革后，人民币对美元的汇率发生重大变化。

本例中，甲公司在资产负债表日已经按照当天的资产计量方式进行处理，或按规定的汇率对有关账户进行调整，因此，无论资产负债表日后汇率如何变化，均不影响资产负债表日的财务状况和经营成果。但是，如果资产负债表日后外汇汇率发生重大变化，应对由此产生的影响在报表附注中进行披露。

（3）资产负债表日后因自然灾害导致资产发生重大损失。自然灾害导致资产重大损失对企业资产负债表日后财务状况的影响较大，如果不加以披露，有可能使财务报告使用者作出错误的决策，因此应作为资产负债表日后非调整事项在报表附注中进行披露。

【例8-12】 甲公司20×7年11月购入商品一批，共计500万元，至20×7年12月31日该批商品已全部验收入库，货款也已通过银行支付。20×8年2月5日，甲公司所在地发生水灾，该批商品全部冲毁。

本例中，甲公司所在地水灾发生于20×8年2月5日，属于资产负债表日后才发生或存在的事项，应当作为资产负债表日后非调整事项在20×7年度报表附注中进行披露。

（4）资产负债表日后发行股票和债券以及其他巨额举债。企业发行股票、债券以及向银行或非银行金融机构举借巨额债务都是比较重大的事项，虽然这一事项与企业资产负债表日的存在状况无关，但这一事项的披露能使财务报告使用者了解与此有关的情况及可能带来的影响，因此应当在报表附注中进行披露。

【例8-13】 甲企业于20×8年1月10日经批准发行3年期债券10 000万元，面值为10元，年利率为8％，企业按12元的价格发行，并于20×8年3月10日结束发行。

本例中，甲企业发行债券数额较大，是重大的事项。虽然这一事项与企业资产负债表日的存在状况无关,但这一事项的披露能使财务报告使用者了解与此有关的情况及可能带来的影响,故应当在报表附注中进行披露。

(5)资产负债表日后资本公积转增资本。企业以资本公积转增资本将会改变企业的资本(或股本)结构,影响较大,应当在报表附注中进行披露。

【例 8-14】 甲企业 20×8 年 2 月,经批准将 25 000 万元资本公积转增资本。

本例中,企业以资本公积转增资本将会改变企业的资本(或股本)结构,影响较大。虽然这一事项与企业资产负债表日的存在状况无关,但这一事项的披露能使财务报告使用者了解与此有关的情况及可能带来的影响,故应当在报表附注中进行披露。

(6)资产负债表日后发生巨额亏损。企业资产负债表日后发生巨额亏损将会对企业报告期以后的财务状况和经营成果产生重大影响,应当在报表附注中及时披露该事项,以便为投资者或其他财务报告使用者作出正确决策提供信息。

(7)资产负债表日后发生企业合并或处置子公司。企业合并或者处置子公司的行为可以影响股权结构、经营范围等方面,对企业未来的生产经营活动能产生重大影响,应当在报表附注中进行披露。

(8)资产负债表日后,企业利润分配方案中拟分配的以及经审议批准宣告发放的股利或利润。资产负债表日后,企业制订利润分配方案,拟分配或经审议批准宣告发放股利或利润的行为,并不会导致企业在资产负债表日形成现时义务,虽然该事项的发生可导致企业负有支付股利或利润的义务,但支付义务在资产负债表日尚不存在,不应该调整资产负债表日的财务报告,因此,该事项为非调整事项。不过,该事项对企业资产负债表日后的财务状况有较大影响,可能导致现金大规模流出、企业股权结构变动等,为便于财务报告使用者更充分了解相关信息,企业需要在财务报告中适当披露该信息。

本 章 小 结

本章是关于资产负债表日后调整事项和非调整事项会计处理的介绍。资产负债表日后调整事项是指对资产负债表日已经存在的情况下提供了新的或进一步证据的事项;资产负债表日后非调整事项是指表明资产负债表日后发生的情况的事项。

本章的主要内容包括:

(1)资产负债表日后事项的概念和资产负债表日后事项涵盖的期间。

(2)资产负债表日后调整事项的内容及其会计处理方法。企业发生的资产负债表日后调整事项应当调整资产负债表日已编制的财务报表。

(3)资产负债表日后非调整事项的内容及其会计处理方法。资产负债表日后发生的非调整事项不应当调整资产负债表日的财务报表。

【关键术语】

资产负债表日后事项　调整事项　非调整事项

【思考题】

1. 资产负债表日后事项中调整事项和非调整事项应如何区分？

2. 资产负债表日后事项中涉及报告年度所属期间的销售退回发生于报告年度所得税汇算清缴之前、之后的会计处理有何差异？

3. 资产负债表日后调整事项中涉及的现金项目，是否应当调整现金流量表、资产负债表的相关项目？

4. 为什么资产负债表日后企业利润分配方案中拟分配的以及经审议批准宣告发放的股利或利润不确认为资产负债表日的负债？

【练习题】

一、单项选择题

1. 资产负债表日后的非调整事项是指( )。

    A. 资产负债表日后新发生的事项

    B. 资产负债表日后新发生的事项，且对理解和分析财务报告有重大影响的事项

    C. 资产负债表日或以前已经存在，但对编制财务报告没有影响的事项

    D. 资产负债表日或以前已经存在，但资产负债表日后发生变化的事项

2. 甲公司 20×8 年 1 月 10 日向乙公司销售一批商品并确认收入实现，20×8 年 2 月 20 日，乙公司因产品质量原因将上述商品退货。甲公司 20×7 年财务报告批准报出日为 20×8 年 4 月 30 日。甲公司对此项退货业务正确的处理方法是( )。

    A. 作为 20×7 年资产负债表日后事项中的调整事项处理

    B. 作为 20×7 年资产负债表日后事项中的非调整事项处理

    C. 冲减 20×8 年 1 月份相关收入、成本和税金等相关项目

    D. 冲减 20×8 年 2 月份相关收入、成本和税金等相关项目

3. 某上市公司在其年度资产负债表日后至财务报告批准报出日前发生的下列事项中，属于调整事项的是( )。

    A. 因税收优惠退回报告年度以前的所得税 200 万元

    B. 因报告年度走私而被罚款 200 万元

    C. 对报告年度的工程完工进度作了修改，增加主营业务收入 200 万元

    D. 以存货归还报告年度形成的负债 200 万元

4. 某企业因合同违约于 20×7 年 10 月被一家客户起诉，原告提出索赔 800 000 元。20×8 年 1 月 21 日，法院作出终审判决，判决该企业自判决日起 30 日内向原告赔偿 750 000 元。在该企业 20×8 年 3 月 1 日公布的 20×7 年度的会计报表中，该赔偿金额应作为( )。

    A. 20×7 年度的调整事项处理   B. 20×7 年度的管理费用处理

    C. 20×7 年度的非调整事项处理   D. 20×7 年度的营业外支出处理

5. 甲公司年度财务报告批准报出日为 4 月 30 日。20×6 年 12 月 27 日，甲公司销售一批产品，折扣条件是 10 天内付款折扣 2%，购货方次年 1 月 3 日付款，取得现金折扣 1 000 元。该项业务对甲公司 20×6 年度会计报表无重大影响。甲公司正确的处理是( )。

A. 作为资产负债表日后事项的"调整事项"

B. 作为资产负债表日后事项的"非调整事项"

C. 直接作为20×7年当期事项

D. 在20×6年报表附注中说明

6. 下列项目中,在"以前年度损益调整"账户的借方反映的是( )。

A. 调整以前年度损益而需调增的管理费用

B. 调整以前年度损益而相应减少的所得税

C. 调整以前年度损益而相应增加的主营业务收入

D. 调增本期管理费用

7. "以前年度损益调整"账户用来核算( )。

A. 本年度发现的以前年度非重大差错涉及损益调整的事项

B. 资产负债表日后事项重大差错涉及损益调整的事项

C. 本年度发现的以前年度重大差错涉及损益调整的事项

D. 本年度发现的以前年度重大差错涉及利润分配调整的事项

8. 某上市公司20×7年度财务报告批准报出日为20×8年4月10日。公司在20×8年1月1日至4月10日发生的下列事项中,属于资产负债表日后调整事项的是( )。

A. 公司在一起历时半年的诉讼中败诉,支付赔偿金50万元,公司在上年末已确认预计负债30万元

B. 因遭受水灾上年购入的存货发生毁损100万元

C. 公司董事会提出20×7年度利润分配方案为每10股送3股股票股利

D. 公司支付20×7年度财务会计报告审计费40万元

9. 资产负债表日后事项中的非调整事项是指( )。

A. 资产负债表日该状况并不存在,而是期后发生或存在的对理解和分析财务报告无重大影响的事项

B. 资产负债表日该状况已经存在,对理解和分析财务报告无重大影响的事项

C. 资产负债表日该状况并不存在,而是期后发生或存在的对理解和分析财务报告有重大影响的事项

D. 资产负债表日该状况已经存在,对理解和分析财务报告有重大影响的事项

10. 20×7年12月,A公司与B公司签订了一项供销合同,由于A公司未按约定发货,使B公司发生了重大经济损失。A公司认为责任的确在本方,于是在20×7年12月31日资产负债表中的"预计负债"项目反映了30 000元的赔偿款。20×8年2月27日,经法院判决,A公司需向B公司偿付赔款35 000元。A公司不再上诉,并已支付款项。已知A公司财务报告报出日为4月15日,则报告年度资产负债表中的"预计负债"项目应( )。

A. 调增5 000元   B. 调减30 000元

C. 调增35 000元   D. 调减35 000元

11. 长江公司20×7年3月在上年度财务报告批准报出后,发现20×5年9月购入并开始使用的一台管理用固定资产一直未计提折旧。该固定资产20×5年应计提折旧20万元,20×6年应计提折旧80万元。长江公司对此重大会计差错采用追溯重述法进行会计处理。假定长江公司按净利润的10%提取法定盈余公积,不考虑其他因素,长江公司20×7年度利润表"本年实际"栏中的"年初未分配利润"项目应调整的金额为( )。

A. 调减 100 万元　　　　　　　　　B. 调减 90 万元

C. 调增 100 万元　　　　　　　　　D. 调增 90 万元

二、多项选择题

1. 某上市公司财务报告批准报出日为次年 4 月 30 日,该公司在资产负债表日后发生以下事项,其中属于非调整事项的有(　　)。

    A. 接到某债务人 1 月 28 日发生一场火灾,导致重大损失,以至于不能偿还货款的通知,该公司已将此货款于资产负债表日计入应收账款

    B. 外汇汇率发生较大变动

    C. 已登记为报告年度的销售货物被退回

    D. 发生债券筹资

2. 某上市公司财务报告批准报出日为次年 4 月 30 日,该公司 20×7 年 12 月 31 日结账后发生以下事项,其中属于调整事项的是(　　)。

    A. 20×7 年 1 月 10 日收到某企业退回的货物,该货物已登记为 20×6 年度销售收入并结转了相关成本

    B. 20×7 年 1 月 10 日收到某企业退回的货物,该货物属于 20×5 年度销售,已登记为 20×5 年度销售收入并结转了相关成本

    C. 20×7 年 2 月 10 日董事会制订 20×6 年度利润分配方案中涉及盈余公积的分配

    D. 20×7 年 2 月 10 日董事会制订 20×6 年度利润分配方案中涉及股票股利和现金股利的分配

3. 某企业 20×6 年会计报表批准对外报出日为 20×5 年 4 月 10 日。20×7 年 2 月 18 日,该企业发现报告年度的会计记录存在以下问题并予以调整。但并不需要调整报告年度利润表相关项目的问题有(　　)。

    A. 漏记 20×6 年 12 月 31 日发出的委托代销商品一批,其成本为 10 万元,售价为 12.8 万元

    B. 20×6 年 12 月 31 日,漏记货到单未到的一批材料估计成本为 5 000 元

    C. 20×6 年 12 月 28 日,误将委托加工物资 6 000 元记作委托代销商品

    D. 20×6 年 12 月 18 日,误将销售折让 300 万元作为现金折扣处理

4. 上市公司在其年度资产负债表日后至财务报告批准报出日前发生的下列事项中,属于非调整事项的有(　　)。

    A. 因发生火灾导致存货严重损失　　B. 以前年度售出商品发生退货

    C. 董事会提出股票股利分配方案　　D. 董事会提出现金股利分配方案

5. 资产负债表日后至财务报告批准报出日之间,由董事会或类似机构制定的股利分配政策,应当采取的处理方法有(　　)。

    A. 现金股利在资产负债表所有者权益中单独列示

    B. 现金股利在会计报表附注中单独披露

    C. 股票股利在资产负债表流动负债中单独列示

    D. 股票股利在会计报表附注中单独披露

6. 20×4 年甲公司为乙公司的 500 万元债务提供 70% 的担保,乙公司因到期无力偿还债务被起诉,至 12 月 31 日,法院尚未作出判决,甲公司根据有关情况预计很可能承担部分担保责任,20×5 年 2 月 6 日甲公司财务报告批准报出之前法院作出判决,甲公司承担全部担保

责任,需为乙公司偿还债务的70%,甲公司已执行。甲公司的下列处理正确的有(　　)。

A. 20×4年12月21日按照很可能承担的担保责任预计负债

B. 20×4年12月31日对此预计负债作出披露

C. 20×4年12月31日对此或有负债作出披露

D. 20×5年2月6日按照资产负债表日后调整事项处理,调整会计报表相关项目

7. 下列资产负债表日后事项中,属于调整事项的有(　　)。

A. 在资产负债表日或以前提起的诉讼,以不同于资产负债表中登记的金额结案

B. 新的证据表明,在资产负债表日对建造合同按完工百分比法确认的收入存在重大差错

C. 对外巨额举债

D. 对资产负债表日后出现的情况引起的固定资产或投资上的减值

8. 某股份有限公司20×7年度财务报告经注册会计师审计后,于20×8年4月26日批准报出。该公司对下列发生在20×8年1月1日至4月25日的事项的会计处理中,正确的有(　　)。

A. 20×7年度销售的商品退回,原销售价格500 000元,销售成本300 000元。该公司冲减了20×7年度利润表上销售收入和销售成本等项目,并相应调整了资产负债表有关项目

B. 因应收账款坏账准备估计有误,20×7年度少计利润850 000元,并按规定补交了所得税280 500元。该公司在20×7年度利润表和资产负债表上作了相应调整,同时调增了现金流量表经营活动的现金流出280 500元

C. 获知20×8年3月20日某债务单位发生火灾,该公司应收账款中的450 000元预计不能收回。该公司据此作为坏账损失,调整了20×7年度利润表和资产负债表的相关项目,并在会计报表附注中予以说明

D. 该公司20×7年12月份与甲企业发生经济诉讼事项,20×8年2月4日经双方协商同意,由该公司当日支付给甲企业80 000元作为赔偿,甲企业撤回起诉。该公司于20×8年2月5日将此项应付赔偿款确认为20×7年度的损失,并调整了20×7年度的利润表和资产负债表相关项目但未对现金流量表的有关项目进行调整

9. 发生资产负债表日后事项中的调整事项,在当期经过财务处理后,还应当调整会计报表相关项目,包括(　　)。

A. 报告年度资产负债表相关项目的数字

B. 报告年度利润表相关项目的数字

C. 当期编制的资产负债表相关项目的年初数

D. 当期编制的利润表上年数

三、判断题

1. 资产负债表日后发生的调整事项如涉及现金收支项目的,均不调整报告年度资产负债表的货币资金项目和现金流量表正表各项目数字。　　　　　　　　　　　(　　)

2. 资产负债表日后事项中的调整事项是指在资产负债表日已经存在,对理解和分析财务报告有重大影响,应在会计报表附注中予以说明的事项。　　　　　　　　(　　)

3. 对资产负债表日后事项中的调整事项,涉及损益的事项,通过"以前年度损益调整"

账户核算,然后将以前年度损益调整的余额转入"本年利润"账户。 （ ）

4. 资产负债表日后事项中的调整事项,无论是有利事项还是不利事项,均应当调整报告年度会计报表相关项目数字。 （ ）

5. 企业在资产负债表日至财务报告批准报出日之间发生的对外巨额投资,应在会计报表附注中披露,但不需要对报告期的会计报表进行调整。 （ ）

6. 企业在判断或有事项的存在及有关金额时,依据或有事项准则进行处理,当或有事项确定下来成为资产负债表日后事项时,依据资产负债表日后事项准则作出相应处理。
（ ）

7. 资产负债表日后事项的调整事项,虽然已经调整了报表项目的相关数字,但是也要在会计报表附注中进行披露。 （ ）

8. 企业在资产负债表日至财务报告批准报出日之间发生的对外巨额举债,应在会计报表附注中披露,但不需要对报告期的会计报表进行调整。 （ ）

9. 资产负债表日后发生的调整事项,应当如同资产负债表所属期间发生的事项一样,作出相关账务处理,并对资产负债表日已编制的会计报表作相应的调整。 （ ）

10. 企业在资产负债表日后至财务报告批准报出日之间发生巨额亏损,这一事项与企业资产负债表日存在状况无关,不应作为非调整事项在会计报表附注中披露。 （ ）

四、计算题

1. 黄山公司为增值税一般纳税人,适用的增值税税率为17%,所得税采用资产负债表债务法核算,适用的所得税税率为25%,黄山公司按净利润的10%提取法定盈余公积,假定该企业计提的各种资产减值准备和因或有事项确认的负债均为暂时性差异处理。黄山公司20×7年度的财务报告于20×8年4月30日批准报出,汇算清缴日为4月30日。自20×8年1月1日至4月30日财务报告公布前发生如下事项:

(1) 1月30日,接到通知,某一债务企业乙公司宣告破产,其所欠应收账款100万元确定只能收回60%。黄山公司在20×7年12月31日以前已被告知该债务企业资不抵债,面临破产,并已经计提坏账准备10万元。

(2) 3月4日,收到丙公司一批100万元退货的产品以及退回的增值税发票联、抵扣联,该产品系黄山公司20×7年12月销售给丙公司的产品,成本80万元,丙公司验收货物时发现不符合合同要求需要退货,黄山公司收到丙公司的通知后希望再与丙公司协商,因此黄山公司编制20×7年12月31日资产负债表时,仍确认了收入,将此应收账款117万元(含增值税)列入资产负债表"应收账款"项目,对此项未到期应收账款年末没有计提坏账准备。

(3) 3月20日,黄山公司发现在20×7年12月31日计算A库存商品的可变现净值时发生差错,该库存产品的成本为1 500万元,预计可变现净值应为1 200万元。20×7年12月31日,黄山公司误将A库存产品的可变现净值预计为1 000万元。

(4) 黄山公司与丁公司签订供销合同,合同规定黄山公司在20×7年11月供应给丁公司一批货物,由于黄山公司未能按照合同发货,致使丁公司发生重大经济损失。丁公司通过法律要求黄山公司赔偿经济损失100万元,该诉讼案在12月31日尚未判决,黄山公司已确认预计负债40万元。20×8年3月25日,经法院一审判决,黄山公司需要赔偿丁公司经济损失60万元,黄山公司不再上诉,并且赔偿款已经支付。

(5) 3月31日,因自然灾害导致资产发生重大损失1 000万元。

(6) 20×7年2月,黄山公司与乙公司签订一项为期3年、500万元的劳务合同,预计合同总成本 400 万元,适用增值税税率为 6%,黄山公司用完工百分比法(按已完工作的测量确定完工百分比)核算长期合同的收入和成本。至 20×7 年 12 月 31 日,黄山公司估计完成劳务总量的 20%,并按此确认了损益。20×8 年 4 月 5 日,黄山公司经修订的进度报表表明原估计有误,20×7 年已完成合同 30%,款项未结算。

要求:

(1) 指出上述事项中哪些属于资产负债表日后调整事项,哪些属于非调整事项,注明序号即可。

(2) 对资产负债表日后调整事项,编制相关调整会计分录。

2. 东方公司 20×7 年 11 月向南通企业销售其产品,销售价格为 250 000 元(不含增值税),增值税税率为 17%,销售成本为 200 000 元,东方公司于 12 月 20 日收到对方通知,南通企业因产品质量与合同不符要求退货。截至 12 月 31 日,东方公司未收到货款和退货。东方公司期末将上述货款和增值税一并计入应收账款,并按 5‰ 计提坏账准备,东方公司于 20×8 年 3 月 10 日收到了全部退回的产品以及退回的增值税专用发票。东方公司财务报表批准报出日为 4 月 30 日,所得税税率为 25%,期末按净利润的 15% 提取了盈余公积。南通公司已经税务部门批准在应收账款余额 5‰ 的范围内计提的坏账准备可以在税前扣除,除应收南通企业账款计提的坏账准备外,无其他纳税调整事项。东方公司所得税采用资产负债表债务法核算,20×8 年 2 月 15 日,完成了 20×7 年所得税汇算清缴。

要求(计算结果保留两位小数):

(1) 写出该调整事项的会计处理。

(2) 将有关报表数字进行调整。

资产负债表部分项目科目余额如表 8-1 所示。

表 8-1　　　　　　　　　资产负债表部分项目账户余额

资产	调整前	调整后	负债及所有者权益	调整前	调整后
应收账款	796 000		应交税费	250 000	
存货	290 000		盈余公积	120 000	
递延所得税资产	50 000		未分配利润	680 000	

五、综合题

1. 远洋公司为境内上市公司,主要从事生产和销售中成药制品,适用的所得税税率为 25%,所得税采用资产负债表债务法核算,产品的销售价格均为不含增值税价格,假定不考虑所得税以外的其他相关税费。远洋公司 20×7 年度财务报告于 20×8 年 4 月 29 日对外报出。远洋公司 20×7 年 12 月 31 日编制的利润表如表 8-2 所示。

表 8-2　　　　　　　　　利　润　表

编制单位:远洋公司　　　　　　　　20×7 年　　　　　　　　　　单位:万元

项　　目	本期金额
一、营业收入	35 000
减:营业成本	15 000
税金及附加	1 000

项　　目	本期金额
销售费用	2 000
管理费用	900
财务费用	600
资产减值损失	200
加：公允价值变动收益（损失以"－"号填列）	60
投资收益（损失以"－"号填列）	2 000
其中：对联营企业和合营企业的投资收益	500
二、营业利润（亏损以"－"号填列）	17 360
加：营业外收入	640
减：营业外支出	500
其中：非流动资产处置损失	100
三、利润总额（亏损以"－"号填列）	17 500
减：所得税费用	5 000
四、净利润（净亏以"－"号填列）	12 500

　　远洋公司20×7年度发生的有关交易及其会计处理，以及在20×8年度发生的其他相关事项如下（假定远洋公司下列各项交易均不属于关联交易）：

　　（1）20×7年11月20日，远洋公司与乙医院签订购销合同。合同规定：远洋公司向乙医院提供A种药品20箱试用，试用期为6个月。试用期满后，如果总有效率达到70%，乙医院按每箱500万元的价格向远洋公司支付全部价款；如果总有效率未达到70%，则退回剩余的全部A种药品。20箱A种药品已于当月发出，每箱销售成本为200万元（未计提跌价准备）。远洋公司将此项交易额10 000万元确认为20×7年度的主营业务收入，并记入利润表有关项目。远洋公司为乙医院提供的A种药品系远洋公司研制的新产品，首次用于临床试验，目前无未能估计用于临床时的总有效率。假定此项业务税法规定与企业会计准则规定相同。

　　（2）为筹措研发新药品所需资金，20×7年12月1日，远洋公司与丙公司签订购销合同。合同规定：丙公司购入远洋公司积存的100箱B种药品，每箱销售价格为30万元。远洋公司已于当日收到丙公司开具的银行转账支票，并交付银行办理收款。B种药品已于当日发生，每箱销售成本为10万元（未计提跌价准备）。同时，双方还签订了补充协议，补充协议规定远洋公司于20×8年9月30日按每箱35万元的价格购回全部B种药品。远洋公司将此项交易额3 000万元确认为20×7年度的主营业务收入，并记入利润表有关项目。假定此项业务按税法规定发出商品时应确认收入。

　　（3）20×7年，远洋公司下属的非独立核算的研究所研制中成药新品种，为此实际发生研究费用100万元，远洋公司将其计入长期待摊费用。假定按税法规定，企业实际发生的研究和开发费用可计入当期应纳税所得额。

（4）20×8年1月9日，远洋公司发现20×7年6月30日已达到预定可使用状态的管理用办公楼仍挂在"在建工程"账户，未转入固定资产，也未计提折旧。至20×7年6月30日，该办公楼的实际成本为1 200万元，预计使用年限为10年，预计净残值为零，采用年限平均法计提折旧，未发生减值。20×7年7月1日至12月31日发生的为购建该办公楼借入的专门借款利息20万元计入了在建工程成本。假定此项业务税法规定与企业会计准则规定相同。假定除上述事项外，不存在其他纳税调整事项。

要求：

（1）指出远洋公司上述（1）～（3）项交易或事项的会计处理是否正确，并对不正确的会计处理简要说明理由。

（2）根据上述资料，重新编制远洋公司对外报出的20×7年度的利润表（如表8-3所示）。

表8-3　　　　　　　　　　　　　**利润表（简表）**

编制单位：远洋公司　　　　　　　　　　　　20×7年　　　　　　　　　　　　　　单位：万元

项　　目	本期金额	调整后本期金额
一、营业收入	35 000	
减：营业成本	15 000	
税金及附加	1 000	
销售费用	2 000	
管理费用	900	
财务费用	600	
资产减值损失	200	
加：公允价值变动收益（损失以"－"号填列）	60	
投资收益（损失以"－"号填列）	2 000	
其中：对联营企业和合营企业的投资收益	500	
二、营业利润（亏损以"－"号填列）	17 360	
加：营业外收入	640	
减：营业外支出	500	
其中：非流动资产处置损失	100	
三、利润总额（亏损以"－"号填列）	17 500	
减：所得税费用	5 000	
四、净利润（净亏以"－"号填列）	12 500	

2. 长白山股份有限公司（下称长白山公司）适用的所得税税率为25%，所得税采用资产负债表债务法核算，按年确认暂时性差异的所得税影响金额，且发生的暂时性差异预计在未来期间内能够转回。长白山公司按实现净利润的10%提取法定盈余公积。长白山公司20×8年度所得税汇算清缴于20×9年3月20日完成；20×8年度财务报告于2009年3月31日经董事会批准对外报出。20×9年2月1日，注册会计师在年度审计中发现下列事项：

（1）20×8年3月，长白山公司将无法支付的应付账款150万元转入了资本公积（其他资本公积）。假设此笔业务没有调整应纳税所得额。

（2）20×8年1月1日，长白山公司将一台大型设备采取分期收款方式销售给某公司，收款期2年，在发出商品1年后支付800万元，2年到期时再支付800万元。长白山公司按1600万元确认了收入（假定不考虑增值税和所得税）。假设银行同期贷款利率为8%。

（3）20×8年10月1日，长白山公司应收某公司的款项200万元，因债务人财务困难无法收回。经协商进行债务重组：债务人以一座房屋抵偿债务，该房屋的原值为280万元，已提折旧150万元，账面价值为130万元，其公允价值为160万元。长白山公司按照该房屋的账面价值作为入账价值，将其与应收账款之间的差额计入了营业外支出70万元。长白山公司将房屋作为办公用房使用，预计使用年限为10年，预计净残值为0，假定调整损益后可以相应调整应纳税所得额。

（4）20×7年1月支付900万元购入的商标权，没有规定使用年限。长白山公司购入后按照10年进行摊销。假定税法规定，没有规定使用期限的无形资产，摊销期不超过10年。但新企业会计准则规定，无法确定使用寿命的无形资产不摊销。

（5）长白山公司对甲公司拥有80%的权益性资本，为长白山公司的子公司。20×8年，甲公司实现净利润200万元，长白山公司按比例确认了投资收益，并确认了递延所得税负债。

要求（以万元作单元，保留小数点后两位）：

（1）指出上述业务的会计处理是否正确，如不正确，请进行更正（涉及利润分配的，在要求（2）中合作一笔分录）。

（2）将以前年度损益调整结转到利润分配，并调整盈余公积。

第九章　企业合并

学习目标与要求

　　了解企业合并的概念。

　　熟悉企业合并方式和企业合并类型的划分。

　　掌握同一控制下企业合并和非同一控制下企业合并的会计处理方法。

重点

　　同一控制下企业合并和非同一控制下企业合并的会计处理方法。

难点

　　同一控制下企业合并和非同一控制下企业合并的会计处理方法。

导读

　　企业合并是企业进行外部扩张的主要方式。企业合并是指将两个或两个以上单独的企业合并形成一个报告主体的交易或事项。以合并方式为基础，企业合并可以分为三种方式：吸收合并、新设合并和控股合并。以是否在同一控制下进行企业合并为基础，企业合并可以分为同一控制下的企业合并和非同一控制下的企业合并。企业合并的会计处理主要包括以下内容：确定合并方（购买方）和合并日（购买日）、确定合并方支付的合并对价的价值（合并成本）、确定合并中取得的资产和负债的入账价值以及合并差额的处理。

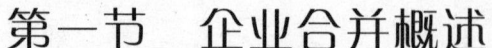

第一节　企业合并概述

　　在现代市场经济条件下，为了获得良好的发展机会，取得最大的经济效益，许多企业都致力于扩张规模，拓展经营业务与市场。实现这一目的，一般可采取两种基本的途径：一是内部扩张方式，即通过自身的积累来扩大规模；二是外部扩张方式，即通过企业合并来扩大规模。由于内部扩张方式不仅受到所有者和企业自身能力的限制，而且受到市场上活动范围的限制，所以，现代企业扩张较多采用外部扩张的方式。

　　自 20 世纪以来，西方发达国家出现了多次企业合并浪潮。美国著名经济学家、诺贝尔经济学奖获得者施蒂格勒（George Joseph Stigler）曾经说过："没有一个美国的大公司不是通过某种程度、某种方式的合并而成长起来的，几乎没有一家大公司是靠内部扩张成长起来的。"①

在我国,随着社会主义市场经济体制的建立和完善,立足规模经济做大做强,跻身世界知名企业行列,已成为我国企业,尤其是上市公司追求的重要目标。近年来,我国企业合并案例也越来越多。可以这样说,企业合并已经成为影响现代社会经济发展的一个重要因素。

企业合并现象的出现,对会计工作提出了新的要求。《企业会计准则第 20 号——企业合并》规范了企业合并的会计处理。

一、企业合并的定义和范围

(一)企业合并的定义

企业合并是指将两个或两个以上单独的企业合并形成一个报告主体的交易或事项。

一般情况下,法律主体即为报告主体;但除法律主体以外,报告主体的涵盖范围更广泛一些,还包括从合并财务报告角度,由母公司及其能够实施控制的子公司形成的基于合并财务报告意义的报告主体。

(二)企业合并的界定

判断是否形成企业合并,关键要看有关交易或事项的发生是否引起报告主体的变化。报告主体的变化产生于控制权的转移。以下情况可以说明,由于控制权的转移导致报告主体发生了变化。

(1)在交易事项发生以后,一方能够对另一方的生产经营决策实施控制,形成母子公司关系,涉及控制权的转移,从合并财务报告角度形成报告主体的变化。

(2)交易事项发生以后,一方能够控制另一方的全部净资产,被合并的企业在合并后失去其法人资格,也涉及控制权及报告主体的变化,形成企业合并。

实务中,对于交易或事项发生前后是否形成控制权的转移,应当遵循实质重于形式原则,综合可获得的各方面情况进行判断。

假定在企业合并前 A、B 两个企业为各自独立的法律主体,《企业会计准则第 20 号——企业合并》中所界定的企业合并,包括但不限于以下情形:

(1)企业 A 通过增发自身的普通股自企业 B 原股东处取得企业 B 的全部股权,该交易事项发生后,企业 B 仍持续经营。

(2)企业 A 支付对价取得企业 B 的净资产,该交易事项发生后,撤销企业 B 的法人资格。

(3)企业 A 以其资产作为出资投入企业 B,取得对企业 B 的控制权,该交易事项发生后,企业 B 仍维持其独立法人资格继续经营。

除了一个企业对另一个或多个企业的合并以外,一个企业对其他企业某项业务的合并也视为企业合并。业务是指企业内部某些生产经营活动或资产、负债的组合,该组合具有投入、加工处理过程和产出能力,能够独立计算其成本费用或所产生的收入,但不构成一个企业、不具有独立的法人资格,如企业的分公司、独立的生产车间、不具有独立法人资格的分

---

① 郭元晞:《资本扩张》,西南财经大学出版社 1998 年版。

部等。

（三）不包括在《企业会计准则第 20 号——企业合并》规范范围内的交易或事项

实务中,某些交易或事项因不符合企业合并的界定,不属于《企业会计准则第 20 号——企业合并》的规范范围,或者虽然从定义上属于企业合并,但因交易条件等各方面的限制,不包括在《企业合并准则》的规范范围之内。

1. 购买子公司的少数股权

购买子公司的少数股权是指在一个企业已经能够对另一个企业实施控制,双方存在母、子公司关系的基础上,为增加持股比例,母公司自子公司的少数股东处购买少数股东持有的对该子公司全部或部分股权。根据企业合并的定义,考虑到该交易或事项发生前后,不涉及控制权的转移,不形成报告主体的变化,不属于企业合并。

2. 其他不属于企业合并的情况

（1）两方或多方形成合营企业的,主要是指作为合营方将其拥有的资产、负债等投入所成立的合营企业,按照合营企业章程或是合营合同、协议的规定,在合营企业成立以后,由合营各方对其生产经营活动实施共同控制的情况。因合营企业的各合营方中,并不存在占主导作用的控制方,不属于企业合并。

（2）仅通过合同而不是所有权份额将两个或者两个以上的企业合并形成一个报告主体的交易或事项。某些情况下,一个企业能够对另一个企业实施控制,但该控制并非产生于持有另一个企业的股权,而是通过一些非股权因素产生的。例如,通过签订委托受托经营合同,作为受托方虽不拥有受托经营企业的所有权,但按照合同协议的约定能够对受托经营企业的生产经营活动实施控制。这种情况下,因无法明确计量企业合并成本,某些情况下甚至不发生任何成本,虽然涉及控制权的转移,但不包括在《企业会计准则第 20 号——企业合并》的规范范围之内。

二、企业合并的分类

（一）以合并方式为基础对企业合并进行分类

以合并方式为基础,企业合并可以分为三种方式:吸收合并、新设合并和控股合并。

（1）吸收合并是指合并方(或购买方,下同)在企业合并中取得被合并方(或被购买方,下同)的全部净资产,并将有关资产、负债并入合并方自身的账簿和报表进行核算。企业合并以后,被合并方的法人资格被注销,合并方持有合并中取得的被合并方的资产、负债,在新的基础上继续经营。

（2）新设合并是指在企业合并中注册成立一家新的企业,由其持有参与合并各方的资产、负债并在新的基础上经营的合并方式。在新设合并方式下,原参与合并各方的法人资格均被注销。

（3）控股合并是指合并方通过企业合并交易或事项取得被合并方的控制权,企业合并以后能够通过所取得的被合并方的股权等因素主导被合并方的生产经营决策,从而将被合并方纳入其合并财务报表范围形成一个报告主体的情况。

在控股合并方式下,参与合并的各方在企业合并以后仍然保持独立的法人资格并继续经营。合并完成以后,合并方与被合并方之间形成母、子公司关系。合并方取得的被合并方的股权,在其账簿及个别财务报表中应确认为对被合并方的长期股权投资。

（二）以是否在同一控制下进行企业合并为基础对企业合并进行分类

以是否在同一控制下进行企业合并为基础,企业合并可以分为同一控制下的企业合并和非同一控制下的企业合并。

1. 同一控制下的企业合并

同一控制下的企业合并是指参与合并的企业在合并前后均受同一方或相同的多方最终控制且该控制并非暂时性的。

判断某一企业合并是否属于同一控制下的企业合并,应注意以下几个方面:

（1）能够对参与合并各方在合并前后均实施最终控制的一方通常指企业集团的母公司。同一控制下的企业合并一般发生于企业集团内部,如集团内母、子公司之间,子公司与子公司之间等。因为该类合并从本质上是集团内部企业之间的资产或权益的转移,一般不涉及自集团外购入子公司或是向集团外其他企业出售子公司的情况,能够对参与合并企业在合并前后均实施最终控制的一方为集团的母公司。

（2）能够对参与合并的企业在合并前后均实施最终控制的相同多方,主要是指根据投资者之间的协议约定,为了扩大其中某一投资者对被投资单位的表决权比例,或者巩固某一投资者对被投资单位的控制地位,在对被投资单位的生产经营决策行使表决权时采用相同意思表示的两个或两个以上的法人或其他组织等。

（3）实施控制的时间性要求是指参与合并各方在合并前后较长时间内为最终控制方所控制。具体是指在企业合并之前(即合并日之前),参与合并各方在最终控制方的控制时间一般在1年以上(含1年),企业合并后所形成的报告主体在最终控制方的控制时间也应达到1年以上(含1年)。

按照该时间性要求,对于在合并日已经按照同一控制下企业合并进行处理的,在合并日后相对较短的时间内(短于1年),合并方即将企业合并中取得的具有重要性的资产、负债等出售获得即期损益的,不符合《企业会计准则第20号——企业合并》中规定的继后时间性要求,合并方对于原已进行的企业合并处理应当按照非同一控制下企业合并的原则进行调整。

企业之间的合并是否属于同一控制下的企业合并,应综合构成企业合并交易的各方面情况,按照实质重于形式的原则进行判断。通常情况下,同一控制下的企业合并是指发生在同一企业集团内部企业之间的合并。除此之外,一般不作为同一控制下的企业合并。同受国家控制的企业之间发生的合并,不应仅仅因为参与合并各方在合并前后均受国家控制而将其作为同一控制下的企业合并。

实务中出现的如母公司将其持有的对某子公司的控股权用于交换另一子公司增加发行的股份、集团内某子公司自另一子公司处取得对某一孙公司的控制权等,原则上应作为同一控制下的企业合并。

2. 非同一控制下的企业合并

非同一控制下的企业合并是指参与合并各方在合并前后不受同一方或相同的多方最终控制的合并交易,即除判断属于同一控制下企业合并的情况以外其他的企业合并。

第二节 同一控制下企业合并的会计处理

企业合并的会计处理主要包括以下内容:确定合并方(购买方)和合并日(购买日)、确定合并方支付的合并对价的价值(合并成本)、确定合并中取得的资产和负债的入账价值以及合并差额的处理。

同一控制下企业合并的会计处理是指从合并方出发,确定合并方在合并日对于企业合并事项应进行的会计处理。在合并日取得对其他参与合并企业控制权的一方为合并方;参与合并的其他企业为被合并方;合并日是指合并方实际取得对被合并方控制权的日期。

同一控制下企业合并的合并方及合并日的确定,与本章中关于非同一控制下企业合并中购买方及购买日的确定原则相同,具体参见本章关于非同一控制下企业合并部分的介绍。

一、同一控制下企业合并的会计处理原则

对于同一控制下的企业合并,《企业会计准则第 20 号——企业合并》中规定的会计处理方法类似于权益结合法。该方法将企业合并看作是两个或多个参与合并企业权益的重新整合,由于最终控制方的存在,从最终控制方的角度,该类企业合并不会造成企业集团整体的经济利益流入和流出,最终控制方在合并前后实际控制的经济资源并没有发生变化,有关交易事项不作为出售或购买。

同一控制下的企业合并,在合并中不涉及自少数股东手中购买股权的情况下,合并方应遵循以下原则进行相关的处理:

第一,合并方在合并中确认取得的被合并方的资产、负债仅限于被合并方账面上原已确认的资产和负债,合并中不产生新的资产和负债。

同一控制下的企业合并,从最终控制方的角度来看,其在企业合并发生前后能够控制的净资产价值总量并没有发生变化。因此同一控制下的企业合并不产生商誉,不确认新的资产和负债。但被合并方在企业合并前账面上原已确认的商誉应当继续作为资产确认。

第二,合并方在合并中取得的被合并方各项资产、负债应维持其在被合并方的原账面价值不变。

合并方在同一控制下企业合并中取得的有关资产和负债不应因该项合并而改记其账面价值。从最终控制方的角度,该项交易或事项仅是其原本已经控制的资产、负债空间位置的转移,不应影响所涉及资产、负债的计价基础发生变化。

在确定合并中取得各项资产、负债的入账价值时,如果被合并方在企业合并前采用的会计政策与合并方不一致的,应基于重要性原则,首先统一会计政策,即合并方应当按照本企业会计政策对被合并方资产、负债的账面价值进行调整,并以调整后的账面价值作为有关资产、负债的入账价值。

进行上述调整的一个基本原因是应将企业合并中涉及的合并方与被合并方作为一个整体对待。一个完整的会计主体下,相关交易、事项应当采用相对统一的会计政策,并在此基础上反映其财务状况和经营成果。

第三,合并方在合并中取得的净资产的入账价值相对于为企业合并所支付的对价的账

面价值之间的差额,不作为资产的处置损益,不影响企业合并当期的利润表,有关差额应调整所有者权益相关项目。

同一控制下的企业合并,本质上不作为购买,而是两个或多个会计主体权益的整合。合并方在企业合并中取得的价值量相对于所放弃价值量之间存在差额的,应当调整所有者权益。在根据合并差额调整合并方的所有者权益时,应首先调整资本公积(资本溢价或股本溢价),资本公积(资本溢价或股本溢价)的余额不足冲减的,应冲减留存收益。

第四,对于同一控制下的控股合并,应视同合并后形成的报告主体自最终控制方开始实施控制时一直是一体化存续下来的;体现在其合并财务报表上,即由合并后形成的母、子公司构成的报告主体,无论是其资产规模还是其经营成果都应持续计算。

对于同一控制下的控股合并,编制合并财务报表时,无论该项合并发生在报告期的哪一时点,合并利润表、合并现金流量表均反映的是由母、子公司构成的报告主体自合并当期期初至合并日实现的损益及现金流量情况。

相应地,合并资产负债表的留存收益项目,应当反映母、子公司一直作为一个整体运行至合并日应实现的盈余公积和未分配利润的情况。在合并当期编制合并财务报表时,应当对合并资产负债表的期初数进行调整,同时应当对比较报表的相关项目进行调整,视同合并后的报告主体在以前期间一直存在。

二、同一控制下企业合并的会计处理

同一控制下的企业合并,视合并方式不同,分别按照以下规定进行会计处理。

(一) 同一控制下的控股合并

同一控制下的控股合并中,合并方在合并日涉及两个方面的问题:一是对于因该项企业合并形成的对被合并方的长期股权投资的确认和计量;二是合并日合并财务报表的编制。

1. 长期股权投资的确认和计量

按照《企业会计准则第2号——长期股权投资》的规定,同一控制下企业合并形成的长期股权投资,合并方应以合并日应享有被合并方账面所有者权益的份额(账面净资产的份额)作为长期股权投资的初始投资成本;合并中取得的净资产的账面价值与支付的合并对价的账面价值(或者发行股份的面值总额)之间的差额,应当调整资本公积(仅指资本溢价或者股本溢价),资本公积(资本溢价或者股本溢价)余额不足冲减的调整留存收益。

合并方以上述方法确定的初始投资成本,借记"长期股权投资"账户;按支付的合并对价的账面价值,贷记相关账户。合并方以支付现金、非现金资产方式作为合并对价的,长期股权投资的初始投资成本与支付的现金、非现金资产账面价值之间的差额,调整资本公积(资本溢价或者股本溢价),资本公积(资本溢价或者股本溢价)余额不足冲减的,相应调整盈余公积和未分配利润;合并方以发行权益性证券方式作为合并对价的,长期股权投资的初始投资成本与发行股份的面值总额之间的差额,应调整资本公积(资本溢价或者股本溢价),资本公积(资本溢价或者股本溢价)余额不足冲减的,相应调整盈余公积和未分配利润。

上述处理中,如在合并日存在合并方应享有被合并方已宣告但尚未发放的现金股利的,还应借记"应收股利"账户。

【例9-1】 甲公司和乙公司同为A公司的子公司,20×7年6月1日,甲公司以银行存款 720 万元取得乙公司 80% 的表决权股份，同日，乙公司所有者权益的账面价值为 1 000 万元。甲公司在合并日的会计处理如下：

借：长期股权投资　　　　　　　　　　　　　　　　　　　　　　　　　8 000 000
　　贷：银行存款　　　　　　　　　　　　　　　　　　　　　　　　　　7 200 000
　　　　资本公积——股本溢价　　　　　　　　　　　　　　　　　　　　　800 000

【例 9-2】 甲公司和乙公司同为 A 集团的子公司，20×7 年 8 月 1 日，甲公司发行 600 万股普通股（每股面值 1 元）作为对价取得乙公司 60% 的股权，同日，乙企业账面净资产总额为 1 300 万元。甲公司的会计处理如下：

借：长期股权投资　　　　　　　　　　　　　　　　　　　　　　　　　7 800 000
　　贷：股本　　　　　　　　　　　　　　　　　　　　　　　　　　　6 000 000
　　　　资本公积——股本溢价　　　　　　　　　　　　　　　　　　　1 800 000

2. 合并财务报表的编制

同一控制下的企业合并形成了母、子公司关系，合并方一般应在合并日编制合并财务报表，反映于合并日形成的报告主体的财务状况、视同该主体一直存在产生的经营成果等。

编制合并日的合并财务报表时，一般包括合并资产负债表、合并利润表及合并现金流量表。

1) 合并资产负债表

被合并方的有关资产、负债应以其账面价值并入合并财务报表（合并方与被合并方采用的会计政策不同的，指按照合并方的会计政策，对被合并方有关资产、负债进行调整后的账面价值）。合并方与被合并方在合并日及以前期间发生的交易，应作为内部交易，按照本书第十章介绍的原则和方法进行抵销。

按照合并财务报表的编制方法，在合并资产负债表中被合并方的所有者权益已经被全部抵销。而同一控制下企业合并的基本处理原则是视同企业合并后形成的报告主体在合并日及以前期间一直存在，所以对于被合并方在企业合并前实现的留存收益（盈余公积和未分配利润之和）中归属于合并方的部分，应按以下规定，自合并方的资本公积转入留存收益。

(1) 确认企业合并形成的长期股权投资后，合并方账面资本公积（资本溢价或股本溢价）贷方余额大于被合并方在合并前实现的留存收益中归属于合并方的部分，在合并资产负债表中，应将被合并方在合并前实现的留存收益中归属于合并方的部分自资本公积转入盈余公积和未分配利润。在合并工作底稿中，借记"资本公积"项目，贷记"盈余公积"和"未分配利润"项目。

(2) 确认企业合并形成的长期股权投资后，合并方账面资本公积（资本溢价或股本溢价）贷方余额小于被合并方在合并前实现的留存收益中归属于合并方的部分的，在合并资产负债表中，应以合并方资本公积（资本溢价或股本溢价）的贷方余额为限，将被合并方在企业合并前实现的留存收益中归属于合并方的部分自资本公积转入盈余公积和未分配利润。在合并工作底稿中，借记"资本公积"项目，贷记"盈余公积"和"未分配利润"项目。

因合并方的资本公积（资本溢价或股本溢价）余额不足，被合并方在合并前实现的留存收益中归属于合并方的部分在合并资产负债表中未予全额恢复的，合并方应当在合并财务报表的附注中对这一情况进行说明，包括被合并方在合并前实现的留存收益金额、归属于本企业的金额及因资本公积余额不足在合并资产负债表中未转入留存收益的金额等。

【例9-3】 A、B公司分别为P公司控制下的两家子公司;A公司于20×7年3月10日自母公司P处取得B公司100%的股权,合并后B公司仍维持其独立法人资格继续经营。为进行该项企业合并,A公司发行了600万股本公司普通股(每股面值1元)作为对价。假定A、B公司采用的会计政策相同。合并日,A公司和B公司的所有者权益构成如表9-1所示。

表9-1   A公司和B公司的所有者权益构成   单位:元

A公司		B公司	
项目	金额	项目	金额
股本	40 000 000	股本	5 000 000
资本公积	15 000 000	资本公积	3 000 000
盈余公积	6 000 000	盈余公积	4 500 000
未分配利润	20 000 000	未分配利润	10 000 000
合计	81 000 000	合计	22 500 000

A公司在合并日应进行的账务处理如下:

借:长期股权投资   22 500 000
   贷:股本   6 000 000
      资本公积——股本溢价   16 500 000

进行上述处理后,A公司在合并日编制合并资产负债表时,对于企业合并前B公司实现的留存收益中归属于合并方的部分(1 450万元)应自资本公积(资本溢价或股本溢价)转入留存收益。本例中A公司在确认对B公司的长期股权投资以后,其资本公积的账面余额为3 150万元(1 500+1 650),假定其中资本溢价或股本溢价的金额为2 800万元。在合并工作底稿中,应编制以下调整分录:

借:资本公积   14 500 000
   贷:盈余公积   4 500 000
      未分配利润   10 000 000

【例9-4】 A公司以一项账面价值为280万元的固定资产(原价为400万元,累计折旧为120万元)和一项账面价值为320万元的无形资产(账面余额为400万元,累计摊销为80万元)为对价取得同一集团内另一家全资企业B公司80%的股权。合并日,A公司和B公司所有者权益构成如表9-2所示。

表9-2   A公司和B公司的所有者权益构成   单位:元

A公司		B公司	
项目	金额	项目	金额
股本	36 000 000	股本	2 000 000
资本公积	1 000 000	资本公积	2 000 000

项目	金额	项目	金额
盈余公积	8 000 000	盈余公积	3 000 000
未分配利润	20 000 000	未分配利润	3 000 000
合计	65 000 000	合计	10 000 000

A 公司在合并日应确认对 B 公司的长期股权投资，进行以下账务处理：

借：固定资产清理		2 800 000
累计折旧		1 200 000
贷：固定资产		4 000 000
借：长期股权投资		8 000 000
累计摊销		800 000
贷：固定资产清理		2 800 000
无形资产		4 000 000
资本公积——股本溢价		2 000 000

进行上述处理后，A 公司资本公积账面余额为 300 万元（100＋200），假定全部属于资本溢价或股本溢价，小于 B 公司在合并前实现的留存收益中归属于 A 公司的部分（480 万元）。A 公司编制合并财务报表时，应以账面资本公积（资本溢价或股本溢价）的余额为限，将 B 公司在合并前实现的留存收益中归属于 A 公司的部分相应转入留存收益。合并工作底稿中的调整分录如下：

借：资本公积		3 000 000
贷：盈余公积（3 000 000÷6 000 000×3 000 000）		1 500 000
未分配利润（5 000 000÷6 000 000×3 000 000）		1 500 000

2）合并利润表

合并方在编制合并日的合并利润表时，应包含合并方及被合并方自合并当期期初至合并日实现的净利润。例如，同一控制下的企业合并发生于 20×7 年 3 月 31 日，合并方当日编制合并利润表时，应包括合并方及被合并方自 20×7 年 1 月 1 日至 20×7 年 3 月 31 日实现的净利润。双方在当期发生的交易，应当按照合并财务报表的有关原则进行抵销。

为了帮助企业的会计信息使用者了解合并利润表中净利润的构成，发生同一控制下企业合并的当期，合并方在合并利润表中的"净利润"项目下应单列"其中：被合并方在合并前实现的净利润"项目，反映因同一控制下企业合并规定的编表原则，导致由于该项企业合并在合并当期自被合并方带入的损益。

3）合并现金流量表

合并方在编制合并日的合并现金流量表时，应包含合并方及被合并方自合并当期期初至合并日产生的现金流量。涉及双方当期发生内部交易产生的现金流量，应按照合并财务报表规定的有关原则进行抵销。

（二）同一控制下的吸收合并

同一控制下的吸收合并中，合并方取得了被合并方所有的资产和负债，并且被合并方在企业合并以后终止经营，成为合并方企业的一个组成部分。因此企业合并中合并方的会计处理主要涉及合并日取得被合并方资产、负债入账价值的确定，以及合并中取得有关净资产的入账价值与支付的合并对价账面价值之间差额的处理。

1. 合并中取得资产、负债入账价值的确定

合并方对同一控制下的吸收合并中取得的资产、负债应当按照相关资产、负债在被合并方的原账面价值入账。

应予注意的是，合并方与被合并方在企业合并前所采用的会计政策不同的，首先应基于重要性原则，统一被合并方的会计政策，即应当按照合并方的会计政策对被合并方的有关资产、负债的账面价值进行调整，以调整后的账面价值确认。

2. 合并差额的处理

合并差额是指合并方按照上述原则确认了合并中取得的被合并方的资产和负债（即净资产）后，确认的净资产数额与支付的合并对价账面价值的差额。

以支付现金、非现金资产方式进行的该类合并，所确认的净资产入账价值与支付的现金、非现金资产账面价值的差额，相应调整资本公积（资本溢价或股本溢价），资本公积（资本溢价或股本溢价）的余额不足冲减的，应冲减盈余公积和未分配利润。

以发行权益性证券方式进行的该类合并，所确认的净资产入账价值与发行股份面值总额的差额，应记入资本公积（资本溢价或股本溢价），资本公积（资本溢价或股本溢价）的余额不足冲减的，相应冲减盈余公积和未分配利润。

【例9-5】 20×7年6月30日，P公司向S公司的股东定向增发1 000万股普通股（每股面值为1元，市价为11元）对S公司进行吸收合并，并于当日取得S公司的净资产。当日，P公司和S公司有关资产、负债情况如表9-3所示。

表9-3   **资产负债表（简表）**

20×7年6月30日   单位：万元

项目	P公司		S公司	
	账面价值		账面价值	公允价值
资产：				
货币资金	4 312		450	450
存货	6 200		255	450
应收账款	3 000		2 000	2 000
长期股权投资	5 000		2 150	3 800
固定资产	7 000		3 000	5 500
无形资产	4 500		500	1 500
商誉	0		0	0
资产总计	30 012		8 355	13 700

项目	P公司		S公司	
	账面价值		账面价值	公允价值
负债和所有者权益：				
短期借款	2 500		2 250	2 250
应付账款	3 750		300	300
其他负债	375		300	300
负债合计	6 625		2 850	2 850
实收资本（股本）	7 500		2 500	
资本公积	5 000		1 500	
盈余公积	5 000		500	
未分配利润	5 887		1 005	
所有者权益合计	23 387		5 505	10 850
负债和所有者权益合计	30 012		8 355	

本例中假定 P 公司和 S 公司为同一集团内两家全资子公司,合并前其共同的母公司为 A 公司。该项合并中参与合并的企业在合并前及合并后均为 A 公司最终控制。为同一控制下的企业合并。自 6 月 30 日开始,P 公司能够对 S 公司净资产实施控制,该日即为合并日。

因合并后 S 公司失去其法人资格,P 公司应确认合并中取得的 S 公司的各项资产和负债,假定 P 公司与 S 公司在合并前采用的会计政策相同。P 公司对该项合并应进行的会计处理如下:

```
借：货币资金                                            4 500 000
    库存商品（存货）                                    2 550 000
    应收账款                                           20 000 000
    长期股权投资                                        21 500 000
    固定资产                                            30 000 000
    无形资产                                             5 000 000
  贷：短期借款                                          22 500 000
      应付账款                                           3 000 000
      其他应付款（其他负债）                              3 000 000
      股本                                              10 000 000
      资本公积                                           45 050 000
```

（三）合并方为进行企业合并发生的有关费用的处理

合并方为进行企业合并发生的有关费用是指合并方为进行企业合并发生的各项直接相关费用,如为进行企业合并支付的审计费用、资产评估费用,以及有关的法律咨询费用等增量费用。企业专设的购并部门发生的日常管理费用,如果该部门的设置并不是与某项企业合并直接相关,而是企业的一个常设部门,其设置目的是为了寻找相关的购并机会等,维持该部门日常运转的有关费用,不属于与企业合并直接相关的费用,应当于发生时费用化计入当期损益。

同一控制下企业合并进行过程中发生的各项直接相关费用,应于发生时费用化计入当期损益,借记"管理费用"等账户,贷记"银行存款"等账户。但以下两种情况除外:

(1)以发行债券方式进行的企业合并,与发行债券相关的佣金、手续费等应按照《企业会计准则第22号——金融工具确认和计量》的规定进行核算。该部分费用,虽然与筹集用于企业合并的对价直接相关,但其核算应遵照《企业会计准则第22号——金融工具确认和计量》的原则,有关的费用应计入负债的初始计量金额中。

(2)发行权益性证券作为合并对价的,与所发行权益性证券相关的佣金、手续费等应按照《企业会计准则第37号——金融工具列报》的规定处理。即与发行权益性证券相关的费用,不管其是否与企业合并直接相关,均应自所发行权益性证券的发行收入中扣减,在权益性工具发行有溢价的情况下,自溢价收入中扣除,在权益性证券发行无溢价或溢价金额不足以扣减的情况下,应当冲减盈余公积和未分配利润。

第三节 非同一控制下企业合并的会计处理

非同一控制下的企业合并,主要涉及购买方及购买日的确定、企业合并成本的确定、合并中取得各项可辨认资产与负债的确认和计量,以及合并差额的处理等。

一、非同一控制下企业合并的会计处理原则

非同一控制下的企业合并属于相互独立企业之间的合并,是参与合并的一方购买另一方或多方的交易,基本处理原则是购买法。

(一)确定购买方

采用购买法核算企业合并的首要前提是确定购买方。购买方是指在企业合并中取得对另一方或多方控制权的一方。

非同一控制下的企业合并中,一般应考虑企业合并合同、协议,以及其他相关因素来确定购买方。合并中一方取得了另一方半数以上有表决权股份的,除非有明确的证据表明不能形成控制,一般认为取得另一方半数以上表决权股份的一方为购买方。某些情况下,即使一方没有取得另一方半数以上有表决权股份,但存在以下情况时,一般也可认为其获得了对另一方的控制权,比如:

(1)通过与其他投资者签订协议,实质上拥有被购买企业半数以上表决权。例如,A公司拥有B公司40%的表决权资本,C公司拥有B公司25%的表决权资本,D公司拥有B公司35%的表决权资本。A公司与C公司达成协议,C公司在B公司的权益由A公司代表。在这种情况下,A公司实质上拥有B公司65%表决权资本的控制权,B公司的章程等没有特别规定的情况下,表明A公司实质上控制B公司。

(2)按照法律或协议等的规定,具有主导被购买企业财务和经营决策的权力。例如,A

公司拥有 B 公司 45％的表决权资本，同时，根据法律或协议规定，A 公司可以决定 B 公司的生产经营等政策，可以对 B 公司的财务和经营政策实施控制。

（3）有权任免被购买企业董事会或类似权力机构绝大多数成员。这种情况是指，虽然投资企业拥有被投资单位 50％或以下表决权资本，但根据章程、协议等有权任免被投资单位董事会或类似机构的绝大多数成员，以达到实质上控制的目的。

（4）在被购买企业董事会或类似权力机构中具有绝大多数投票权。这种情况是指，虽然投资企业拥有被投资单位 50％或以下表决权资本，但能够控制被投资单位董事会等类似权力机构的会议，从而能够控制其财务和经营政策，达到对被投资单位的控制。

某些情况下可能难以确定企业合并中的购买方，如参与合并的两家或多家企业规模相当，这种情况下，往往可以结合一些迹象表明购买方的存在。在具体判断时，可以考虑下列相关因素：

（1）以支付现金、转让非现金资产或承担负债的方式进行的企业合并，一般支付现金、转让非现金资产或是承担负债的一方为购买方。

（2）考虑参与合并各方的股东在合并后主体的相对投票权，其中股东在合并后主体具有相对较高投票比例的一方一般为购买方。

（3）参与合并各方的管理层对合并后主体生产经营决策的主导能力，如果合并导致参与合并一方的管理层能够主导合并后主体生产经营政策的制定，其管理层能够实施主导作用的一方一般为购买方。

（4）参与合并一方的公允价值远远大于另一方的，公允价值较大的一方很可能为购买方。

（5）企业合并是通过以有表决权的股份换取另一方的现金及其他资产的，则付出现金或其他资产的一方很可能为购买方。

（6）通过权益互换实现的企业合并，发行权益性证券的一方通常为购买方。但如果有证据表明发行权益性证券的一方，其生产经营决策在合并后被参与合并的另一方控制，则其应为被购买方，参与合并的另一方为购买方。

在判断企业合并中的购买方时，应考虑所有相关的事实和情况，特别是企业合并后参与合并各方的相对投票权、合并后主体管理机构及高层管理人员的构成、权益互换的条款等。

（二）确定购买日

购买日是购买方获得对被购买方控制权的日期，即企业合并交易进行过程中，发生控制权转移的日期。

根据企业合并方式的不同，在控股合并的情况下，购买方应在购买日确认因企业合并形成的对被购买方的长期股权投资，在吸收合并的情况下，购买方应在购买日确认合并中取得的被购买方各项可辨认资产、负债等。

1．购买日的确定原则

确定购买日的基本原则是控制权转移的时点。企业在实务操作中，应当结合合并合同或协议的约定及其他有关的影响因素，按照实质重于形式的原则进行判断。同时满足了以下条件时，一般可认为实现了控制权的转移，形成购买日。有关的条件包括：

（1）企业合并合同或协议已获股东大会等内部权力机构通过。企业合并一般涉及的交易规模较大，无论是合并当期还是合并以后期间，均会对企业的生产经营产生重大影响，在能够对企业合并进行确认,形成实质性的交易前,该交易或事项应经过企业的内部权力机构批准,如对于股份有限公司,其内部权力机构一般指股东大会。

(2)按照规定,合并事项需要经过国家有关主管部门审批的,已获得相关部门的批准。按照国家有关规定,企业购并需要经过国家有关部门批准的,取得相关批准文件是对企业合并交易或事项进行会计处理的前提之一。

(3)参与合并各方已办理了必要的财产权交接手续。作为购买方,其通过企业合并无论是取得对被购买方的股权还是取得被购买方的全部净资产,能够形成与取得股权或净资产相关的风险和报酬的转移,一般需办理相关的财产权交接手续,从而从法律上保障有关风险和报酬的转移。

(4)购买方已支付了购买价款的大部分(一般应超过50%),并且有能力支付剩余款项。购买方要取得与被购买方净资产相关的风险和报酬,其前提是必须支付一定的对价,一般在形成购买日之前,购买方应当已经支付了购买价款的大部分,并且从其目前财务状况判断,有能力支付剩余款项。

(5)购买方实际上已经控制了被购买方的财务和经营政策,并享有相应的收益和风险。

2. 分次实现的企业合并购买日的确定

企业合并涉及一次以上交换交易的,例如通过分阶段取得股份最终实现合并,企业应于每一交易日确认对被投资企业的各单项投资。"交易日"是指合并方或购买方在自身的账簿和报表中确认对被投资单位投资的日期。分步实现的企业合并中,购买日是指按照有关标准判断购买方最终取得对被购买企业控制权的日期。其具体判断原则和参考依据与通过单项交易实现的企业合并相同。

例如,A企业于20×7年10月20日取得B公司30%的股权(假定能够对被投资单位施加重大影响),在与取得股权相关的风险和报酬发生转移的情况下,A企业应确认对B公司的长期股权投资,与所取得股权相关的风险和报酬转移的日期即为交易日。在已经拥有B公司30%股权的基础上,A企业又于20×8年12月8日取得B公司30%的股权,在其持股比例达到60%的情况下,假定于当日开始能够对B公司实施控制,则20×8年12月8日为第二次购买股权的交易日,同时因在当日能够对B公司实施控制,形成企业合并的购买日。

(三)确定企业合并成本

企业合并成本包括购买方为进行企业合并支付的现金或非现金资产、发行或承担的债务、发行的权益性证券等在购买日的公允价值,以及企业合并中发生的各项直接相关费用之和。合并成本实质上就是购买方在企业合并中所支付的代价,只不过在非同一控制下的企业合并中,合并成本的构成内容与同一控制下企业合并中确定的合并方所支付对价有显著不同。具体来讲,企业合并成本包括购买方在购买日支付的下列项目的合计金额。

第一,作为合并对价的现金及非现金资产的公允价值。

以非货币性资产作为合并对价的,其合并成本为所支付对价的公允价值,该公允价值与作为合并对价的非货币性资产账面价值的差额,作为资产的处置损益,计入合并当期的利润表。

第二,作为合并对价发行的权益性证券的公允价值。

所发行权益性证券存在公开市场,有明确市价可供遵循的,应以该证券的市价作为确定其公允价值的依据,同时应考虑该证券的交易量、是否存在限制性条款等因素的影响;发行的权益性证券不存在公开市场,没有明确市价可供遵循的,则应考虑以购买方或被购买方的公允价值为基础确定权益性证券的价值。在确定所发行权益性证券的公允价值时,应当考虑达成企业合并协议并且公开宣布前后一段合理时间内该权益性证券的市场价格。

第三,因企业合并发生或承担的债务的公允价值。因企业合并而承担的各项负债,应采用按照适用利率计算的未来现金流量的现值作为其公允价值。

第四,当企业合并合同或协议中存在视未来或有事项的发生而对合并成本进行调整的条款,且符合《企业会计准则第13号——或有事项》规定的确认条件的,应确认的或有应付金额也应作为企业合并成本的一部分。

某些情况下,合并各方可能在合并合同或协议中约定对合并成本进行一定的调整,例如,企业合并合同中规定,如果被购买方连续两年净利润超过一定水平,购买方需支付额外的对价。如果在购买日预计被购买方的盈利水平很可能会达到合同规定的标准,应将按照合同或协议约定需支付的金额计入企业合并成本。

企业在购买日对于可能需要支付的企业合并成本调整金额进行预计并且计入企业合并成本后,未来期间有关涉及调整成本的事项未实际发生或发生后需要对原估计计入企业合并成本的金额进行调整的,或者在购买日因未来事项发生的可能性较小、金额无法可靠计量等原因导致有关调整金额未包括在企业合并成本中,未来期间因合并合同或协议中约定的事项很可能发生、金额能够可靠计量、符合有关确认条件的,应对企业合并成本进行相应调整。

第五,合并中发生的各项直接相关费用。非同一控制下企业合并中发生的与企业合并直接相关的费用,包括为进行合并而发生的会计审计费用、法律服务费用、咨询费用等,应当计入企业合并成本。与同一控制下企业合并进行过程中发生的有关费用相一致,这里所称合并中发生的各项直接相关费用,不包括与为进行企业合并发行的权益性证券或发行的债务相关的手续费、佣金等,该部分费用应比照本章关于同一控制下企业合并中类似费用的处理原则处理。

应予说明的是,对于通过多次交换交易分步实现的企业合并,其企业合并成本为每一单项交换交易的成本之和。

(四)企业合并成本在取得的可辨认资产和负债之间的分配

非同一控制下的企业合并中,通过企业合并交易,购买方无论是取得对被购买方生产经营决策的控制权还是取得被购买方的全部净资产,从本质上看,取得的均是对被购买方净资产的控制权。

控股合并的情况下,购买方在其个别财务报表中应确认所形成的对被购买方的长期股权投资,该长期股权投资所代表的是购买方在合并中取得的对被购买方各项资产、负债中享有的份额,具体体现在合并财务报表中应列示的有关资产、负债的价值。

吸收合并的情况下,合并中取得的被购买方各项可辨认资产、负债等直接体现为购买方账簿及个别财务报表中的资产、负债项目。

1. 可辨认资产、负债的确认原则

(1)购买方在企业合并中取得的被购买方各项可辨认资产和负债,要作为本企业的资

产、负债(或合并财务报表中的资产、负债)进行确认,在购买日,应当满足资产、负债的确认条件。有关的确认条件包括:

一是合并中取得的被购买方的各项资产(无形资产除外),其所带来的未来经济利益预期能够流入企业且公允价值能够可靠计量的,应单独作为资产确认。

二是合并中取得的被购买方的各项负债(或有负债除外),履行有关的义务预期会导致经济利益流出企业且公允价值能够可靠计量的,应单独作为负债确认。

(2)企业合并中取得无形资产的确认条件。企业合并中取得的无形资产在其公允价值能够可靠计量的情况下应单独予以确认。企业合并中取得的需要区别于商誉单独确认的无形资产一般是按照合同或法律产生的权利,某些并非产生于合同或法律规定的无形资产,需要区别于商誉单独确认的条件是能够对其进行区分,即能够区别于被购买企业的其他资产并且能够单独出售、转让、出租等。

公允价值能够可靠计量的情况下,应区别于商誉单独确认的无形资产一般包括:商标、版权及与其相关的许可协议、特许权、分销权等类似权利、专利技术、专有技术等。

(3)企业合并中产生或有负债的确认条件。为了尽可能反映购买方因为进行企业合并可能承担的潜在义务,对于购买方在企业合并时可能需要代被购买方承担的或有负债,在其公允价值能够可靠计量的情况下,应作为合并中取得的负债单独确认。

企业合并中对于或有负债的确认条件,与企业在正常经营过程中因或有事项需要确认负债的条件不同。在购买日,可能相关的或有事项导致经济利益流出企业的可能性还比较小,但其公允价值能够合理确定的情况下,即需要作为合并中取得的负债确认。

企业合并中取得的或有负债在初始确认以后,企业持续持有该项负债的期间之内,应当按照以下两项金额孰高进行后续计量:一是按照《企业会计准则第13号——或有事项》应予确认的金额;二是其初始确认金额减去按照《企业会计准则第14号——收入》的原则确认的累计摊销额后的余额。

2. 可辨认资产、负债的计量

企业合并中取得的资产、负债在满足确认条件后,应以其公允价值计量。

对于被购买方在企业合并之前已经确认的商誉和递延所得税项目,购买方在对企业合并成本进行分配、确认合并中取得可辨认资产和负债时不应予以考虑。

在按照规定确定了合并中应予确认的各项可辨认资产、负债的公允价值后,其计税基础与账面价值不同形成暂时性差异的,应当按照企业会计准则的规定确认相应的递延所得税资产或递延所得税负债。

(五)企业合并成本与合并中取得的被购买方可辨认净资产公允价值份额之间差额的处理

购买方对于企业合并成本与确认的被购买方可辨认净资产公允价值份额的差额,应视情况分别处理:

一是企业合并成本大于合并中取得的被购买方可辨认净资产公允价值份额的差额,应确认为商誉。视企业合并方式不同,控股合并情况下,该差额是指合并财务报表中应列示的商誉;吸收合并情况下,该差额是购买方在其账簿及个别财务报表中应确认的商誉。

按照购买法核算的企业合并,存在合并差额的情况下,《企业会计准则第20号——企业合并》中要求首先要对企业合并成本及合并中取得的各项可辨认资产、负债的公允价值进行复核,在取得的各项可辨认资产和负债均以公允价值计量并且确认了符合条件的无形资产以后,剩余部分构成商誉。

商誉在确认以后,持有期间不要求摊销。每一会计年度年末,企业应当按照《企业会计准则第8号——资产减值》的规定对其进行减值测试,对于可收回金额低于账面价值的部分,计提商誉减值准备。商誉减值准备在提取以后一般不能够转回。

二是企业合并成本小于合并中取得的被购买方可辨认净资产公允价值份额的部分,应计入合并当期损益。

该种情况下,《企业会计准则第20号——企业合并》首先要求对合并中取得的资产、负债的公允价值,作为合并对价的非现金资产或发行的权益性证券等的公允价值进行复核,复核结果表明所确定的各项可辨认资产和负债的公允价值确定是恰当的,应将企业合并成本低于取得的被购买方可辨认净资产公允价值份额之间的差额,计入合并当期的营业外收入,并在会计报表附注中予以说明。

与商誉的确认相同,在吸收合并的情况下,上述企业合并成本小于合并中取得的被购买方可辨认净资产公允价值的差额,应计入合并当期购买方的个别利润表;在控股合并的情况下,上述差额应体现在合并当期的合并利润表中。

(六)企业合并成本或合并中取得的可辨认资产、负债公允价值暂时确定的情况

按照购买法核算的企业合并,基本原则是确定公允价值。无论是作为合并对价付出的各项资产的公允价值,还是合并中取得被购买方各项可辨认资产、负债的公允价值,如果在购买日或合并当期期末,因各种因素影响无法合理确定的,合并当期期末,购买方应以暂时确定的价值为基础进行核算。

1. 购买日后12个月内对有关价值量的调整

合并当期期末以暂时确定的价值对企业合并进行处理的情况下,自购买日算起12个月内取得进一步的信息表明需对原暂时确定的企业合并成本或所取得的可辨认资产、负债的暂时性价值进行调整的,应视同在购买日发生,即应进行追溯调整,同时对以暂时性价值为基础提供的比较报表信息,也应进行相关的调整。

例如,A企业于20×7年9月20日对B公司进行吸收合并,合并中取得的一项固定资产不存在活跃市场,为确定其公允价值,A企业聘请了有关的资产评估机构对其进行评估。至A企业20×7年财务报告对外报出时,尚未取得评估报告。A企业在其20×7年财务报告中对该项固定资产暂估的价值为300 000元,预计使用年限为5年,净残值为0,按照直线法计提折旧。该项企业合并中A企业确认商誉为1 200 000元。本例中假定A企业不编制中期财务报告。

20×8年4月,A企业取得了资产评估报告,确认该项固定资产的价值为450 000元。则A企业应视同购买日确定的该项固定资产的公允价值为450 000元,相应调整20×6年财务报告中确认的商誉价值(调减150 000元)及利润表中的折旧费用(调增7 500元)。

进行有关调整后,A企业在其20×8年会计报表附注中应对有关情况作出说明,即有关固定资产的价值在20×7年财务报告中为暂时确定,其后的调整金额以及对比较报表已进行调整的事实。

2. 超过规定期限后的价值量调整

自购买日算起12个月以后对企业合并成本或合并中取得的可辨认资产、负债价值的调

整,应当按照《企业会计准则第 28 号——会计政策、会计估计变更和差错更正》的原则进行处理,即对于企业合并成本、合并中取得可辨认资产、负债公允价值等进行的调整,应视为会计差错更正,在调整相关资产、负债账面价值的同时,应调整所确认的商誉或是计入合并当期利润表中的金额,以及相关资产的折旧、摊销等。

3. 购买日后递延所得税资产的确认与调整

购买日取得的被购买方在以前期间发生的经营亏损等可抵扣暂时性差异,按照税法规定可以用于抵减以后年度应纳税所得额的,如在购买日因不符合递延所得税资产的确认条件未确认所产生的递延所得税资产,以后期间有关的可抵扣暂时性差异所带来的经济利益预计能够实现时,企业应确认相关的递延所得税资产,减少利润表中的所得税费用,同时将商誉降低至假定在购买日即确认了该递延所得税资产的情况下应有的金额,减记的商誉金额作为利润表中的资产减值损失。按照上述过程确认递延所得税资产,原则上不应增加因企业合并成本小于合并中取得的被购买方可辨认净资产公允价值的份额而记入合并当期利润表的金额。

【例 9-6】 某非同一控制下的企业吸收合并,因按照企业会计准则规定与按照适用税法规定处理方法不同在购买日产生可抵扣暂时性差异 300 万元。假定购买日适用的所得税税率为 33%。

购买日因预计未来期间无法取得足够的应纳税所得额,未确认与可抵扣暂时性差异相关的递延所得税资产为 75 万元。购买日确认的商誉金额为 2 000 万元。

该项合并 1 年以后,因情况发生变化,企业预计能够产生足够的应纳税所得额用来抵扣原合并时产生的 300 万元可抵扣暂时性差异的影响,企业应进行以下账务处理:

借:递延所得税资产		990 000
贷:所得税费用		990 000
借:资产减值损失		990 000
贷:商誉		990 000

本例中如果在合并发生 1 年以后,企业预计能够产生足够的应纳税所得额以利用可抵扣暂时性差异的影响时,因适用税收法规的变化导致适用税率变为 25%,则企业应进行的账务处理如下:

借:递延所得税资产		750 000
贷:所得税费用		750 000
借:资产减值损失		990 000
贷:商誉		990 000

（七）购买日合并财务报表的编制

非同一控制下的控股合并中,购买方一般应于购买日编制合并资产负债表,反映其于购买日开始能够控制的经济资源情况。与同一控制下的企业合并不同,购买日的合并财务报表中不包括合并利润表和合并现金流量表。

在合并资产负债表中,合并中取得的被购买方各项可辨认资产、负债应以其在购买日的公允价值计量,长期股权投资的成本大于合并中取得的被购买方可辨认净资产公允价值份额的差额,体现为合并财务报表中的商誉。

长期股权投资的成本小于合并中取得的被购买方可辨认净资产公允价值份额的差额，本应记入合并利润表作为合并当期损益。但是由于购买日不需要编制合并利润表，该差额体现在合并资产负债表上，应调整合并资产负债表的盈余公积和未分配利润。

另外，应予说明的是，非同一控制下的企业合并中，作为购买方的母公司在进行有关会计处理后，应单独设置备查簿，记录其在购买日取得的被购买方各项可辨认资产、负债的公允价值以及因企业合并成本大于合并中取得的被购买方可辨认净资产公允价值的份额应确认的商誉金额，或因企业合并成本小于合并中取得的被购买方可辨认净资产公允价值的份额计入当期损益的金额，作为企业合并当期以及以后期间编制合并财务报表的基础。企业合并当期期末以及合并以后期间，应当纳入合并财务报表中的被购买方资产、负债等，是以购买日确定的公允价值为基础持续计算的结果。

二、非同一控制下企业合并的会计处理

同一控制下的企业合并，视合并方式不同，分别按照以下规定进行会计处理。

（一）非同一控制下的控股合并

该合并方式下，购买方涉及的会计处理问题主要是两个方面：一是购买日因进行企业合并形成的对被购买方的长期股权投资初始投资成本的确定，该成本与作为合并对价支付的有关资产账面价值的差额处理；二是购买日合并财务报表的编制。

1. 长期股权投资初始投资成本的确定

非同一控制下的企业合并中，购买方取得对被购买方控制权的，在购买日应当按照确定的企业合并成本（不包括应自被投资单位收取的现金股利或利润），作为形成的对被购买方长期股权投资的初始投资成本，借记"长期股权投资"账户；按享有投资单位已宣告但尚未发放的现金股利或利润，借记"应收股利"账户；按支付合并对价的账面价值，贷记相关账户；按发生的直接相关费用，贷记"银行存款"等账户；此时借方或者贷方的差额，应视为购买方所支付的合并对价的公允价值与其账面价值（或者是发行的权益性证券面值）之间的差额（或者是该差额减去"应收股利"账户的金额），应相应借记或者贷记有关账户。

购买方为取得对被购买方的控制权，以支付非货币性资产为对价的，有关非货币性资产在购买日的公允价值与其账面价值的差额，应作为资产的处置损益，记入合并当期的利润表。其中，以库存商品等作为合并对价的，应按库存商品的公允价值贷记"主营业务收入"等账户，并同时结转相关的销售成本。

购买方为取得对被购买方的控制权，以发行权益性证券作为合并对价的，发行的权益性证券在购买日的公允价值与其面值的差额，应计入资本公积（股本溢价或者资本溢价）。

2. 购买日合并财务报表的编制

【例 9-7】 20×7 年 6 月 30 日，P 公司向 S 公司的股东定向增发 1 000 万股普通股（每股面值为 1 元，市价为 8.50 元）取得了 S 公司 60% 的股权，并于当日取得对 S 公司的净资产的控制权。当日，P 公司和 S 公司有关资产、负债情况如表 9-4 所示。

表 9-4

资产负债表(简表)

20×7 年 6 月 30 日   单位:万元

项目	P公司		S公司	
	账面价值		账面价值	公允价值
资产:				
货币资金	4 312		450	450
存货	6 200		255	450
应收账款	3 000		2 000	2 000
长期股权投资	13 750		2 150	3 800
固定资产	7 000		3 000	5 500
无形资产	4 500		500	1 500
商誉	0		0	0
资产总计	38 762		8 355	13 700
负债和所有者权益:				
短期借款	2 500		2 250	2 250
应付账款	3 750		300	300
其他负债	375		300	300
负债合计	6 625		2 850	2 850
实收资本(股本)	10 000		2 500	
资本公积	11 250		1 500	
盈余公积	5 000		500	
未分配利润	5 887		1 005	
所有者权益合计	32 137		5 505	10 850
负债和所有者权益合计	38 762		8 355	

本例中假定 P 公司和 S 公司为两家相互独立的企业,该项企业合并被认定为非同一控制下企业合并。自 6 月 30 日开始,P 公司能够对 S 公司实施控制,该日即为购买日。

(1) P 公司在购买日确认长期股权投资的会计处理如下:

借:长期股权投资   85 000 000

　贷:股本   10 000 000

　　资本公积——股本溢价   75 000 000

(2) 计算确定商誉:

假定 S 公司除已确认资产外,不存在其他需要确认的资产及负债,P 公司计算合并中应确认的合并商誉:

合并商誉＝企业合并成本－合并中取得被购买方可辨认净资产公允价值份额

$$= 8\,500 - 10\,850 \times 60\%$$

$$= 1\,990(万元)$$

（3）在购买日的合并报表工作底稿中编制抵销分录：

借：存货（4 500 000－2 550 000）	1 950 000
长期股权投资（38 000 000－21 500 000）	16 500 000
固定资产（55 000 000－30 000 000）	25 000 000
无形资产（15 000 000－5 000 000）	10 000 000
实收资本	25 000 000
资本公积	15 000 000
盈余公积	5 000 000
未分配利润	10 050 000
商誉	19 900 000
贷：长期股权投资	85 000 000
少数股东权益	43 400 000

（4）编制合并资产负债表如表9-5所示。

表 9-5　　　　　　　　　　　资产负债表(简表)

20×7年6月30日　　　　　　　　　　　　　　单位:万元

项目	P公司	S公司	抵销分录		合并金额
			借方	贷方	
资产：					
货币资金	4 312	450			4 762
存货	6 200	255	195		6 650
应收账款	3 000	2 000			5 000
长期股权投资	13 750	2 150	1 650	8 500	9 050
固定资产	7 000	3 000	2 500		12 500
无形资产	4 500	500	1 000		6 000
商誉	0	0	1 990		1 990
资产总计	38 762	8 355			45 952
负债和所有者权益：					
短期借款	2 500	2 250			4 750
应付账款	3 750	300			4 050
其他负债	375	300			675
负债合计	6 625	2 850			9 475
实收资本(股本)	10 000	2 500	2 500		10 000
资本公积	11 250	1 500	1 500		11 250

项目	P公司	S公司	抵销分录		合并金额
			借方	贷方	
盈余公积	5 000	500	500		5 000
未分配利润	5 887	1 005	1 005		5 887
少数股东权益				4 340	4 340
所有者权益合计	32 137	5 505			36 477
负债和所有者权益合计	38 762	8 355			45 952

（二）非同一控制下的吸收合并

非同一控制下的吸收合并,购买方在购买日应当将合并中取得的符合确认条件的各项资产、负债,按其公允价值确认为本企业的资产和负债;作为合并对价的有关非货币性资产在购买日的公允价值与其账面价值的差额,应作为资产的处置损益记入合并当期的利润表;作为合并对价的发行权益性证券在购买日的公允价值与其面值的差额计入资本公积(股本溢价或者资本溢价)。

确定的企业合并成本与所取得的被购买方可辨认净资产公允价值的差额,视情况分别确认为商誉或是作为企业合并当期的损益。其具体处理原则与非同一控制下的控股合并类似,不同点在于在非同一控制下的吸收合并中,合并中取得的可辨认资产和负债是作为个别报表中的项目列示,合并中产生的商誉也是作为购买方账簿及个别财务报表中的资产列示。

三、通过多次交易分布实现的非同一控制下的企业合并

通过多次交换交易分步实现的非同一控制下企业合并,企业在每一单项交换交易发生时,应确认对被购买方的投资。投资企业在持有被投资单位的部分股权后,通过增加持股比例等达到对被投资单位形成控制的,应分别每一单项交易的成本与该交易发生时应享有被投资单位可辨认净资产公允价值的份额进行比较,确定每一单项交易中产生的商誉。达到企业合并时应确认的商誉(或合并财务报表中应确认的商誉)为每一单项交易中应确认的商誉之和。

通过多次交易分步实现的非同一控制下企业合并,在实务操作中,应按以下顺序处理:

(1)对长期股权投资的账面余额进行调整。达到企业合并前长期股权投资采用成本法核算的,其账面余额一般无需调整;达到企业合并前长期股权投资采用权益法核算的,应进行调整,将其账面价值调整至取得投资时的初始投资成本,相应调整留存收益等。

(2)比较每一单项交易的成本与交易时应享有被投资单位可辨认净资产公允价值的份额,确定每一单项交易应予确认的商誉或是应计入当期损益的金额。

(3)对于被购买方在购买日与交易日之间可辨认净资产公允价值的变动,相对于原持股比例的部分,在合并财务报表(吸收合并是指购买方个别财务报表)中应调整所有者权益相关项目,其中属于原取得投资后被投资单位实现净损益增加的资产价值量,应调整留存收益,差额调整资本公积。

【例 9-8】 A 公司于 20×7 年以 3 000 万元取得 B 公司 10% 的股份,取得投资时 B 公司净资产的公允价值为 28 000 万元。因未以任何方式参与 B 公司的生产经营决策,A 公司对持有的该投资采用成本法核算。20×8 年,A 公司另支付 18 000 万元取得 B 公司 50% 的股份,从而能够对 B 公司实施控制。购买日 B 公司可辨认净资产公允价值为 32 500 万元。B 公司自 20×7 年 A 公司取得投资后至 20×8 年购买进一步股份前实现的净利润为 3 600 万元(假定不存在需要对净利润进行调整的因素),未进行利润分配。

(1) 购买日 A 公司首先应确认取得的对 B 公司的投资:

借:长期股权投资	180 000 000
贷:银行存款等	180 000 000

(2) 计算达到企业合并时应确认的商誉:

原持有 10% 股份应确认的商誉 = 3 000 − 28 000 × 10% = 200(万元)

进一步取得 50% 股份应确认的商誉 = 18 000 − 32 500 × 50% = 1 750(万元)

合并财务报表中应确认的商誉 = 200 + 1 750 = 1 950(万元)

(3) 资产增值的处理:

原持有 10% 股份在购买日对应的可辨认净资产公允价值 = 32 500 × 10% = 3 250(万元)

原取得投资时应享有被投资单位净资产公允价值的份额 = 28 000 × 10% = 2 800(万元)

两者之间差额 450 万元(3 250 − 2 800),其中属于被投资企业在投资以后实现净利润的部分 360 万元(3 600 × 10%),调整合并财务报表中的盈余公积和未分配利润,剩余部分 90 万元(450 − 360)调整资本公积。

四、被购买方的会计处理

非同一控制下的企业合并中,购买方通过企业合并取得被购买方 100% 股权的,被购买方可以按照合并中确定的可辨认资产、负债的公允价值调整其账面价值。除此之外,其他情况下被购买方不应因企业合并改记有关资产、负债的账面价值。

本 章 小 结

本章主要介绍了同一控制下企业合并和非同一控制下企业合并的会计处理方法。同一控制下的企业合并,是指参与合并的企业在合并前后均受同一方或相同的多方最终控制且该控制并非暂时性的;非同一控制下的企业合并,是指参与合并各方在合并前后不受同一方或相同的多方最终控制的合并交易,即除判断属于同一控制下企业合并的情况以外其他的企业合并。

本章的主要内容包括:

(1) 企业合并的概念,企业合并方式以及类型的划分。

(2) 合并方在同一控制下企业合并中的会计处理。

(3) 购买方在非同一控制下企业合并中的会计处理。

【关键术语】

同一控制下的企业合并　商誉　购买日(合并日)　合并成本　控股合并

【思考题】

1. 同一控制下企业合并与非同一控制下企业合并具体应如何区分?

2. 同一控制下企业合并的会计处理与非同一控制下企业合并的会计处理存在哪些差异?

3. 购买子公司的少数股权是否属于企业合并,购买联营企业或者合营企业的股权是否形成企业合并?

4. 非同一控制下企业合并中,购买方确认合并中取得的被购买方资产、负债(或者净资产控制权)时,会产生哪些新的资产和负债,确认新的资产和负债的原因是什么?

【练习题】

一、单项选择题

1. 同一控制下企业合并进行过程中发生的各项直接相关费用,应于发生时费用化计入当期损益。借记"(　　　)"等账户,贷记"银行存款"等账户。

　　A. 计入合并成本　　　　　　　　　B. 管理费用

　　C. 财务费用　　　　　　　　　　　D. 资本公积

2. 非同一控制下控股企业合并,应在购买日按企业合并成本,借记"长期股权投资"账户,按支付合并对价的交易性金融资产账面价值,贷记"交易性金融资产"账户,按发生的直接相关费用,贷记"银行存款"等账户,其差额处理方法是(　　　)。

　　A. 贷记"营业外收入"账户或借记"营业外支出"账户

　　B. 贷记或借记"投资收益"账户

　　C. 借记或贷记"商誉"账户

　　D. 贷记或借记"资本公积——资本溢价或股本溢价"账户

3. 下列关于企业合并方式的表述中,正确的是(　　　)。

　　A. 控股合并下,合并方取得的是被合并方的控股权,被合并方在合并后仍具有法人地位

　　B. 控股合并下,合并方取得的是被合并方的部分净资产,被合并方在合并后不具有法人地位

　　C. 吸收合并下,合并方取得的是被合并方的部分净资产,被合并方在合并后不具有法人地位

　　D. 吸收合并下,合并方取得的是被合并方的仅是控制权,没有达到全部净资产,被合并方在合并后具有法人地位

4. A、B公司分别为P公司控制下的两家子公司。A公司于20×7年3月自母公司P处取得B公司100%的股份,合并后B公司仍维持其法人地位。为进行企业合并,A公司发

行了 600 万股普通股作为对价,每股面值 1 元。假定双方的会计政策一致。相关数据如下:A 公司资本公积的资本溢价为 1 000 万元,B 公司股本为 600 万元,资本公积为 200 万元,盈余公积为 400 万元,未分配利润为 800 万元,所有者权益为 2 000 万元。则编制合并资产负债表时,应作调整会计分录转入留存收益(   )万元。

    A. 1 200   B. 1 400   C. 2 000   D. 1 000

5. 同一控制下的企业合并必须满足实施控制的时间性要求,是指参与合并各方在合并前后较长时间内为最终控制方所控制。具体是指在企业合并之前(即合并日之前),参与合并各方在最终控制方的控制时间一般在(   )。

    A. 6 个月以上(含 6 个月)   B. 1 年以上(含 1 年)

    C. 2 年以上(含 2 年)   D. 3 年以上(含 3 年)

6. 下列关于同一控制下的企业合并和非同一控制下的企业合并中产生差额的处理说法中,正确的是(   )。

    A. 同一控制下,合并方在合并中将差额调整所有者权益相关项目,不影响企业合并当期的利润表;非同一控制下,合并方在合并中将差额计入商誉和当期损益,影响企业合并当期的利润表

    B. 同一控制下和非同一控制下,合并方在合并中都将差额调整所有者权益相关项目,不影响企业合并当期的利润表

    C. 同一控制下和非同一控制下,合并方在合并中都将差额计入商誉和当期损益,影响企业合并当期的利润表

    D. 同一控制下,合并方在合并中将差额计入商誉和当期损益,影响企业合并当期的利润表;非同一控制下,合并方在合并中将差额调整所有者权益相关项目,不影响企业合并当期的利润表

7. 甲公司和乙公司不属于同一控制下的公司,20×7 年 1 月 1 日,甲公司以一台固定资产投资取得乙公司所有者权益的 60%,该固定资产的公允价值为 2 000 万元,账面价值为 1 800 万元,同日,乙公司所有者权益的账面价值为 3 100 万元,可辨认净资产公允价值为 3 500 万元。20×7 年 1 月 1 日,甲公司应确认的合并成本为(   )万元。

    A. 1 860   B. 1 800   C. 2 000   D. 2 100

8. 甲公司于 20×7 年 4 月 1 日与乙公司原投资者 A 公司签订协议(已知甲公司和乙公司不属于同一控制下的公司),协议约定甲公司以库存商品和承担 A 公司的短期还贷义务换取 A 公司所持有的乙公司股权,假设 20×7 年 7 月 1 日合并日乙公司可辨认净资产公允价值为 1 100 万元,甲公司取得 70% 的份额。甲公司投出存货的公允价值为 500 万元,增值税额为 85 万元,账面成本为 400 万元,承担归还贷款义务为 200 万元。20×7 年 7 月 1 日,甲公司应确认的合并成本为(   )万元。

    A. 700   B. 785   C. 770   D. 585

9. 下列关于非同一控制下的企业合并的说法中,不正确的是(   )。

    A. 购买方在购买日对作为企业合并对价付出的资产,发生或承担的负债应当按照公允价值计量,公允价值与其账面价值的差额,计入当期损益

    B. 购买方在购买日对作为企业合并对价付出的资产,发生或承担的负债应当按照账面价值计量,不确认损益

    C. 通过多次交换交易分步实现的企业合并,合并成本为每一单项交易成本之和

D. 购买方为进行企业合并发生的各项直接相关费用也应当计入企业合并成本

10. 下列业务中,不属于企业合并的是( )。

A. 甲企业通过增发自身的普通股自乙企业原股东处取得乙企业的全部股权,该交易事项发生后,乙企业仍持续经营

B. 企业M支付对价取得企业N的净资产,该交易事项发生后,撤销企业N的法人资格

C. 企业M以自身持有的资产作为出资投入企业N,取得对企业N的控制权,该交易事项发生后,企业N仍维持其独立法人资格继续经营

D. M公司购买N公司20%的股权

11. 下列业务中,不属于《企业会计准则第20号——企业合并》中所界定的企业合并的是( )。

A. 甲企业通过增发自身的普通股自乙企业原股东处取得乙企业的全部股权,该交易事项发生后,乙企业仍持续经营

B. 企业M支付对价取得企业N的净资产,该交易事项发生后,撤销企业N的法人资格

C. 企业M以自身持有的资产作为出资投入企业N,取得对企业N的控制权,该交易事项发生后,企业N仍维持其独立法人资格继续经营

D. M公司购买N公司20%的股权

12. A公司于20×6年7月1日以账面价值7 000万元、公允价值9 000万元的资产交换甲公司对B公司100%的股权,使B成为A的全资子公司,另发生直接相关税费40万元,为控股合并,购买日B公司可辨认净资产公允价值为8 000万元。假如合并各方没有关联关系,A公司合并成本和"长期股权投资"的初始确认分别为( )万元。

A. 7 000,8 000   B. 9 000,8 000
C. 9 040,9 040   D. 7 000,8 040

13. 20×8年2月1日P公司向D公司的股东定向增发1 000万股普通股(每股面值为1元),对D公司进行合并。并于当日取得对D公司70%的股权,该普通股每股市场价格为4元,D公司合并日可辨认净资产的公允价值为4 500万元,假定此合并为非同一控制下的企业合并,则P公司应认定的合并商誉为( )万元。

A. 1 000   B. 750   C. 850   D. 960

14. M公司于20×8年11月25日取得N公司26%的股份,对N公司的影响程度达到了重大影响,又于20×8年12月16日取得了N公司40%的股份,并基于其拥有的股份达到了对N公司的控制权,则企业合并购买日为( )。

A. 20×8年11月25日   B. 20×8年年末
C. 20×8年12月16日   D. 20×8年11月30日

15. T公司以一项原价1 000万元、累计折旧400万元的设备和一项原价600万元、累计摊销150万元的专利权作为对价取得同一集团内另一家全资企业H公司100%的股权,合并日H公司所有者权益总量为1 300万元,T公司在确认对H公司的长期股权投资时,对资本公积的处理是( )。

A. 贷记250万元   B. 借记250万元
C. 不作调整   D. 贷记300万元

16. T公司以一项原价1 000万元、累计折旧400万元的设备和一项原价600万元、累计摊销150万元的专利权作为对价取得同一集团内另一家全资企业H公司100%的股权。合并日,H公司所有者权益总量为1 300万元,则T公司的长期股权投资的入账成本为（　　）万元。

    A. 1 300   B. 1 500   C. 1 350   D. 1 050

17. M、N公司分别为P公司控制下的两家子公司。M公司于20×3年4月10日自母公司P公司处取得N公司80%的股权,合并后N公司仍维持独立法人资格继续经营。为进行此项企业合并,M公司发行了700万股本公司普通股(每股面值为1元)作为对价。N公司合并当日的所有者权益总量为3 000万元,M公司的"资本公积——股本溢价"账户应贷记（　　）万元。

    A. 700   B. 2 300   C. 2 100   D. 1 700

18. 企业合并后仍维持其独立法人资格继续经营的,为（　　）。

    A. 控股合并   B. 吸收合并

    C. 新设合并   D. 换股合并

19. M、N公司分别为P公司控制下的两家子公司。M公司于20×3年4月10日自母公司P公司处取得N公司80%的股权,合并后N公司仍维持独立法人资格继续经营。为进行此项企业合并,M公司发行了700万股本公司普通股(每股面值为1元)作为对价。N公司合并当日的所有者权益总量为3 000万元,则M公司的长期股权投资的入账成本为（　　）万元。

    A. 2 400   B. 3 000   C. 700   D. 280

二、多项选择题

1. 下列以发行债券方式进行的企业合并,与发行债券相关的佣金、手续费的处理中,正确的有（　　）。

    A. 债券如为溢价发行的,该部分费用应减少合并成本

    B. 债券如为折价发行的,该部分费用应增加合并成本

    C. 债券如为溢价发行的,该部分费用应减少溢价的金额

    D. 债券如为折价发行的,该部分费用应增加折价金额

2. 下列以发行权益性证券作为合并对价的,与所发行权益性证券相关的佣金、手续费等的处理中,正确的有（　　）。

    A. 在权益性证券发行无溢价或溢价金额不足以扣减的情况下,应当冲减盈余公积和未分配利润

    B. 在权益性工具发行有溢价的情况下,自溢价收入中扣除,在权益性证券发行无溢价或溢价金额不足以扣减的情况下增加合并成本

    C. 在权益性工具发行有溢价的情况下,自溢价收入中扣除,在权益性证券发行无溢价或溢价金额不足以扣减的情况下计入管理费用

    D. 在权益性证券发行无溢价或溢价金额不足以扣减的情况下,应当冲减资本公积

3. 确定购买日的基本原则是控制权转移的时点。企业在实务操作中,应当同时满足了以下条件时,一般可认为实现了控制权的转移,形成购买日。包括（　　）。

    A. 企业合并合同或协议已获股东大会等内部权力机构通过

    B. 按照规定,合并事项需要经过国家有关主管部门审批的,已获得相关部门的批准

C. 参与合并各方已办理了必要的财产产权交换手续

D. 购买方已支付了购买价款的大部分(一般应超过50%),并且有能力支付剩余款项

4. 购买方对于企业合并成本大于合并中取得的被购买方可辨认净资产公允价值份额的差额,下列会计处理方法表述中,正确的有(　　　)。

A. 首先要对企业合并成本及合并中取得的各项可辨认资产、负债的公允价值进行复核,在取得的各项可辨认资产和负债均以公允价值计量并且确认了符合条件的无形资产以后,剩余部分构成商誉

B. 应确认为商誉,控股合并情况下,该差额是指合并财务报表中应列示的商誉

C. 应确认为商誉,吸收合并情况下,该差额是购买方在其账簿及个别财务报表中应确认的商誉

D. 商誉在确认以后,持有期间不要求摊销,每一会计年度末,企业应当按照《企业会计准则第8号——资产减值》的规定对其进行减值测试,按照账面价值与可收回金额孰低的原则计量,对于可收回金额低于账面价值的部分,计提减值准备,有关减值准备在提取以后,不能够转回

5. 下列关于同一控制下的企业合并的说法中,正确的有(　　　)。

A. 参与合并的企业在合并前后均受同一方或相同的多方最终控制且该控制并非暂时性的

B. 能够对参与合并各方在合并前后均实施最终控制的一方通常指企业集团的母公司

C. 能够对参与合并的企业在合并前后均实施最终控制的相同多方,主要是指根据投资者之间的协议约定,为了扩大其中某一投资者对被投资单位的表决权比例

D. 实施控制的时间性要求,是指参与合并各方在合并前后较长时间内为最终控制方所控制

6. 下列同一控制下的控股合并形成的长期股权投资的确认和计量的说法中,正确的有(　　　)。

A. 合并方应以被合并方应享有的被合并方账面所有者权益的份额作为形成股权投资的初始投资成本

B. 会计处理时,应借记"长期股权投资"账户,按享有的被投资单位已宣告但尚未发放的现金股利或利润,借记"应收股利"账户

C. 以支付现金、非现金资产方式进行的,该初始投资成本与支付的现金、非现金资产的差额相应调整资本公积(资本或股本溢价),不足冲减的,则调整盈余公积和未分配利润

D. 以发行权益性证券方式进行的,长期股权投资的初始成本与所发行的股份面值总额之间的差额应调整资本公积(资本或股本溢价),不足冲减的,则调整盈余公积和未分配利润

7. 在非同一控制下的企业合并中,能够确定一方对另一方拥有控制权的有(　　　)。

A. 一方以其资产作为出资投入另一方,取得对方半数以上的股份

B. 按照法律或协议等的规定,具有主导被购买企业财务和经营决策的权力

C. 有权任免被购买企业董事会或类似权力机构绝大多数成员

D. 在被购买企业董事会或类似权力机构中具有绝大多数投票权

8. 下列选项中,应当作为企业合并成本的有( )。

A. 购买方为进行企业合并支付的现金或非现金资产

B. 购买方为进行企业合并发行或承担的债务、发行的权益性证券等在购买日的公允价值

C. 为进行企业合并支付的审计费用、资产评估费用与进行企业合并有关的法律咨询费用等增量费用

D. 当企业合并合同或协议中提供了视未来或有事项的发生而对合并成本进行调整时,符合《企业会计准则第 13 号——或有事项》规定的确认条件的支出

9. 下列为进行企业合并发生的各项直接相关费用的说法中,正确的有( )。

A. 非同一控制下的企业合并,购买方为进行企业合并发生的各项直接相关费用应当计入当期损益

B. 非同一控制下的企业合并,购买方为进行企业合并发生的各项直接相关费用应当计入所有者权益

C. 同一控制下的企业合并,合并方为进行企业合并发生的各项直接相关费用,应当于发生时计入当期损益

D. 同一控制下的企业合并,合并方为进行企业合并发生的各项直接相关费用,应当于发生时计入所有者权益

10. 购买方对合并成本与合并中取得的被购买方可辨认净资产公允价值份额的差额,下列说法中正确的有( )。

A. 购买方对合并成本大于合并中取得的被购买方可辨认净资产公允价值份额的差额,应当确认为商誉

B. 购买方对合并成本大于合并中取得的被购买方可辨认净资产公允价值份额的差额,应当计入当期损益

C. 购买方对合并成本小于合并中取得的被购买方可辨认净资产公允价值份额的差额,应当确认为商誉

D. 购买方对合并成本小于合并中取得的被购买方可辨认净资产公允价值份额的差额,首先对取得的被购买方各项可辨认资产、负债及或有负债的公允价值,以及合并成本的计量进行复核,经复核后合并成本仍小于合并中取得的被购买方可辨认净资产公允价值份额的,其差额应当计入当期损益

11. 即使一方没有取得另一方半数以上有表决权股份,但存在以下( )情况时,一般也可认为其获得对另一方的控制权。

A. 通过与其他投资者签订协议,实质上拥有被购买企业半数以上表决权

B. 按照协议规定,具有主导被购买企业财务和经营决策的权力

C. 有权任免被购买企业董事会或类似权力机构绝大多数成员

D. 在被购买企业董事会或类似权力机构具有绝大多数投票权

12. 同一控制下吸收合并在合并日的会计处理正确的有( )。

A. 合并方取得的资产和负债应当按照合并日被合并方的账面价值计量

B. 合并方取得的资产和负债应当按照合并日被合并方的公允价值计量

C. 合并方取得净资产账面价值与支付的合并对价账面价值的差额调整资本公积

D. 合并方取得净资产账面价值与支付的合并对价账面价值的差额调整未分配利润

13. 确定非同一控制下企业合并的购买日,以下必须同时满足的条件有( )。
    A. 合并合同或协议已获股东大会等内部权力机构通过
    B. 已获得国家有关主管部门审批
    C. 购买方已支付了购买价款的大部分并且有能力支付剩余款项
    D. 购买方实际上已经控制了被购买方的财务和经营政策,并享有相应的收益和风险

14. 下列有关非同一控制下企业合并成本的论断中,正确的有( )。
    A. 企业合并成本包括购买方为进行企业合并支付的现金或非现金资产,发行或承担的债务,发行的权益性证券等在购买日的公允价值,以及企业合并中发生的各项直接相关费用
    B. 当企业合并合同或协议中提供了视未来或有事项的发生而对合并成本进行调整时,符合《企业会计准则第13号——或有事项》规定的确认条件的,应确认的支出也应作为企业合并成本的一部分
    C. 非同一控制下企业合并中发生的与企业合并直接相关的费用,包括为进行合并而发生的会计审计费用、法律服务费用、咨询费用等,这些费用应当计入企业合并成本
    D. 对于通过多次交换交易分步实现的企业合并,其企业合并成本为每一单项交换交易的成本之和

15. 下列有关同一控制下企业合并的处理原则的论断中,正确的有( )。
    A. 合并方在合并中确认取得的被合并方的资产、负债仅限于被合并方账面上原已确认的资产和负债,合并中不产生新的资产和负债
    B. 合并方在合并中取得的被合并方各项资产、负债应维持其在被合并方的原账面价值不变
    C. 合并方在合并中取得的净资产的入账价值相对于为进行企业合并支付的对价账面价值之间的差额,不作为资产的处置损益,不影响合并当期利润表,有关差额应调整所有者权益相关项目
    D. 对于同一控制下的控股合并,合并方在编制合并财务报表时,应视同合并后形成的报告主体自最终控制方开始实施控制时一直是一体化存续下来的,参与合并各方在合并以前期间实现的留存收益应体现为合并财务报表中的留存收益

三、计算题

1. A公司于20×7年1月1日以16 000万元取得对B公司70%的股权,能够对B公司实施控制,形成非同一控制下的企业合并。20×8年1月1日,A公司又出资6 000万元自B公司的少数股东处取得B公司20%的股权。假定A公司和B公司的少数股东在交易前不存在任何关联方关系。

(1) 20×7年1月1日,A公司在取得B公司70%的股权时,B公司可辨认净资产公允价值总额为20 000万元。

(2) 20×8年1月1日,B公司有关资产、负债的账面价值、自购买日开始持续计算的金额(对母公司的价值),以及在该日的公允价值情况如表9-6所示。

表 9-6 相关资料表 单位:万元

项目	B公司的账面价值	B公司资产、负债自购买日开始持续计算的金额(对母公司的价值)	B公司资产、负债在交易日公允价值(20×8年1月1日)
存货	1 000	1 000	1 200
应收账款	5 000	5 000	5 000
固定资产	8 000	9 200	10 000
无形资产	1 600	2 400	2 600
其他资产	4 400	6 400	6 800
应付款项	1 200	1 200	1 200
其他负债	800	800	800
净资产	18 000	22 000	23 600

要求:

(1) 计算 20×8 年 1 月 1 日长期股权投资的账面余额。

(2) 计算合并日合并财务报表中的商誉。

(3) 计算因购买少数股权在合并财务报表中应调整的所有者权益项目的金额。

2. A 公司于 20×5 年以 2 000 万元取得 B 公司 10% 的股份,取得投资时 B 公司净资产的公允价值为 18 000 万元、A 公司对持有的该投资采用成本法核算。20×6 年,A 公司另支付 10 000 万元取得 B 公司 50% 的股份,从而能够对 B 公司实施控制。购买日 B 公司可辨认净资产公允价值为 19 000 万元。B 公司自 20×5 年 A 公司取得投资后至 20×6 年购买进一步股份前实现的净利润为 600 万元,未进行利润分配。A、B 公司无关联关系。

要求:作出 20×6 年 A 公司购买日会计处理,计算商誉及资产增值。

3. 20×8 年 7 月 31 日,乙公司以银行存款 960 万元取得丙公司可辨认净资产份额的 80%。合并各方无关联关系。20×8 年 7 月 31 日,乙、丙公司合并前资产负债表资料如表 9-7 所示。

表 9-7 乙、丙公司合并前资产负债表资料 单位:万元

项目	乙公司	丙公司	
		账面价值	公允价值
货币资金	1 280	40	40
应收账款	200	360	360
存货	320	400	400
固定资产	1 800	600	700
资产合计	3 600	1 400	1 500
短期借款	380	100	100

项目	乙公司	丙公司	
		账面价值	公允价值
应付账款	20	10	10
长期借款	600	290	290
负债合计	1 000	400	400
股本	1 600	500	
资本公积	500	150	
盈余公积	200	100	
未分配利润	300	250	
净资产合计	2 600	1 000	1 100

要求：

(1) 作出乙公司合并日会计处理分录。

(2) 作出乙公司合并日合并报表抵销分录。

(3) 填列乙公司合并日合并报表工作底稿的有关项目（如表9-8所示）。

表9-8　　　　　　　　　　　合并工作底稿
20×8年7月31日　　　　　　　　　　　单位:万元

项目	乙公司	丙公司	合计	抵销分录		合并数
				借方	贷方	
货币资金						
应收账款						
存货						
长期股权投资						
固定资产						
合并商誉						
资产总计						
短期借款						
应付账款						
长期借款						
负债合计						

项目	乙公司	丙公司	合计	抵销分录		合并数
				借方	贷方	
股本						
资本公积						
盈余公积						
未分配利润						
少数股东权益						
所有者权益合计						
负债及所有者权益总计						

第十章 合并财务报表

学习目标与要求

    了解合并财务报表的概念。

    熟悉合并财务报表的合并范围。

    掌握合并财务报表的编制程序。

    掌握合并工作底稿的编制方法以及调整分录、抵销分录的编制方法。

重点

    合并财务报表的编制程序,合并工作底稿的编制方法以及调整分录、抵销分录的编制方法。

难点

    合并财务报表的编制程序,合并工作底稿的编制方法以及调整分录、抵销分录的编制方法。

导读

    合并财务报表是指反映母公司和其全部子公司形成的企业集团(以下简称企业集团)整体财务状况、经营成果和现金流量的财务报表。合并财务报表的编制者或编制主体是母公司。合并财务报表以纳入合并范围的企业个别财务报表为基础,根据其他有关资料,按照权益法调整对子公司的长期股权投资后,抵销母公司与子公司、子公司相互之间发生的内部交易对合并财务报表的影响编制的,并不需要在现行的会计核算方法体系之外单独设置一套账簿体系,合并财务报表有其独特的编制方法。编制合并财务报表以合并工作底稿作为主要工具,首先在合并工作底稿中对纳入合并范围的母公司和其全部的子公司的个别财务报表进行汇总合计(或者进行调整之后再汇总合计);然后通过编制抵销分录的方式在合并工作底稿中抵销内部交易的影响从而得出各报表项目的合并数;最后按照工作底稿上的合并数编制合并财务报表。

第一节 合并财务报表概述

    合并财务报表是指反映母公司和其全部子公司形成的企业集团整体财务状况、经营成果和现金流量的财务报表。

    与个别财务报表(指企业单独编制的财务报表,为了与合并财务报表相区别,将其称之为个别财务报表)相比,合并财务报表反映的是企业集团整体的财务状况、经营成果和现金流量,反映的对象是通常由若干个法人(包括母公司和其全部子公司)组成的会计主体,是经济意义上的主体,而不是法律意义上的主体。合并财务报表的编制者或编制主体是母公司。

合并财务报表以纳入合并范围的企业个别财务报表为基础,根据其他有关资料,按照权益法调整对子公司的长期股权投资后,抵销母公司与子公司、子公司相互之间发生的内部交易(以下简称内部交易)对合并财务报表的影响编制的,并不需要在现行的会计核算方法体系之外单独设置一套账簿体系,合并财务报表有其独特的编制方法。编制合并财务报表以合并工作底稿作为主要工具,首先在合并工作底稿中对纳入合并范围的母公司和其全部的子公司的个别财务报表进行汇总合计(或者进行调整之后再汇总合计);然后通过编制抵销分录的方式在合并工作底稿中抵销内部交易的影响从而得出各报表项目的合并数;最后按照工作底稿上的合并数编制合并财务报表。

合并财务报表能够向财务报告的使用者提供反映企业集团整体财务状况、经营成果和现金流量的会计信息,有助于财务报告的使用者作出经济决策。合并财务报表有利于避免一些母公司利用控制关系,人为地粉饰财务报表的情况的发生。

一、合并报表合并范围的确定

合并财务报表的合并范围应当以控制为基础加以确定。

控制是指一个企业能够决定另一个企业的财务和经营政策,并能据以从另一个企业的经营活动中获取利益的权力。控制通常具有如下特征:

(1) 控制的主体是唯一的,不是两方或多方。即对被投资单位的财务和经营政策的提议不必要征得其他方同意,就可以形成决议,付诸被投资单位执行。

(2) 控制的内容是另一个企业的日常生产经营活动的财务和经营政策,这些财务和经营政策一般是通过表决权来决定的。在某些情况下,也可以通过法定程序严格限制董事会、受托人或管理层对特殊目的主体经营活动的决策权,如规定除设立者或发起人外,其他人无权决定特殊目的主体经营活动的政策。

(3) 控制的目的是为了获取经济利益,包括为了增加经济利益、维持经济利益、保护经济利益,或者降低所分担的损失等。

(4) 控制的性质是一种权力,是一种法定权力,也可以是通过公司章程或协议、投资者之间的协议授予的权力。这种权力可以实际行使,也可以不实际行使。有权力实施控制并不一定意味着有能力实施控制。

二、母公司和子公司的定义

企业集团是由母公司和其全部子公司构成的。(如图 10-1 所示),假定 P 公司能够控制 S 公司,P 公司和 S 公司构成了企业集团。(如图 10-2 所示)。假定 P 公司能够同时控制 S1 公司、S2 公司、S3 公司和 S4 公司,P 公司和 S1 公司、S2 公司、S3 公司、S4 公司构成了企业集团。母公司和子公司是相互依存的。

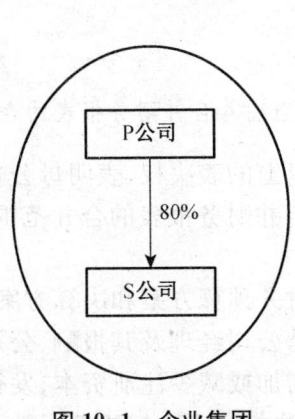

图 10-1　企业集团

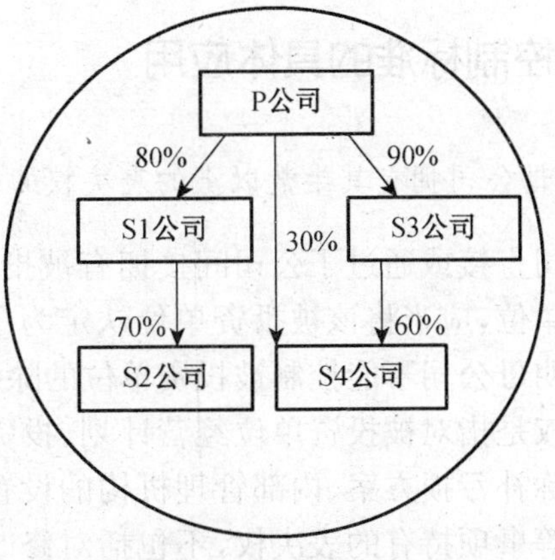

图 10-2　企业集团

有母公司必然存在子公司,同样,有子公司必然存在母公司。《企业会计准则第33号——合并财务报表》(以下简称《合并报表准则》)对母公司和子公司作了定义。

（一）母公司的定义

母公司是指有一个或一个以上子公司的企业(或主体,下同)。从母公司的定义可以看出,母公司要求同时具备两个条件：

(1) 必须有一个或一个以上的子公司,即必须满足控制的要求,能够决定另一个企业的财务和经营政策,并有据以从另一个企业的经营活动中获取利益的权力。母公司可以只控制一个子公司,也可以同时控制多个子公司。

如图10-1所示,假定P公司能够控制S公司,P公司是S公司的母公司。

如图10-2所示,假定P公司能够同时控制S1公司、S2公司、S3公司和S4公司,P公司为S1公司、S2公司、S3公司和S4公司的母公司。

(2) 母公司可以是企业,如《公司法》所规范的股份有限公司、有限责任公司,也可以是主体,如非企业形式但形成会计主体的其他组织,如基金等。

（二）子公司的定义

子公司是指被母公司控制的企业。从子公司的定义可以看出,子公司也要求同时具备两个条件：

(1) 作为子公司必须被母公司控制,并且只能由一个母公司控制,不可能也不允许被两个或多个母公司同时控制。被两个或多个公司共同控制的被投资单位是合营企业,而不是子公司。

如图10-1所示,假定P公司能够控制S公司,S公司是P公司的子公司。

如图10-2所示,假定P公司能够同时控制S1公司、S2公司、S3公司和S4公司,S1公司、S2公司、S3公司和S4公司均为P公司的子公司。

(2) 子公司可以是企业,如《公司法》所规范的股份有限公司、有限责任公司,也可以是主体,如非企业形式但形成会计主体的其他组织,如基金以及信托项目等特殊目的的主体等。

三、控制标准的具体应用

（一）母公司拥有其半数以上的表决权的被投资单位应当纳入合并财务报表的合并范围

母公司直接或通过子公司间接拥有被投资单位半数以上的表决权,表明母公司能够控制被投资单位,应当将该被投资单位认定为子公司,纳入合并财务报表的合并范围。但是,有证据表明母公司不能控制被投资单位的除外。

表决权是指对被投资单位经营计划、投资方案、年度财务预算方案和决算方案、利润分配方案和弥补亏损方案、内部管理机构的设置、聘任或解聘公司经理及其报酬、公司的基本管理制度等事项持有的表决权,不包括对修改公司章程、增加或减少注册资本、发行公司债券、公司合并、分立、解散或变更公司形式等事项持有的表决权。表决权比例通常与其出资比例或持股比例是一致的,但是对于有限责任公司,公司章程另有规定的除外。

当母公司拥有被投资单位半数以上表决权时,母公司就拥有对该被投资单位的控制权,能够主导该被投资单位的股东大会(或股东会,下同),特别是董事会,并对其生产经营活动和财务政策实施控制。在这种情况下,子公司处在母公司的直接控制和管理下进行日常生产经营活动,子公司的生产经营活动成为事实上的母公司生产经营活动的一个组成部分,母公司与子公司生产经营活动已一体化。拥有被投资单位半数以上表决权,是母公司对其拥有控制权的最明显的标志,应将其纳入合并财务报表的合并范围。

母公司拥有被投资单位半数以上表决权,通常包括如下三种情况:

第一,母公司直接拥有被投资单位半数以上表决权。

比如,图10-1所示,P公司直接拥有S公司表决权的80%,这种情况下,S公司就成为P公司的子公司,P公司编制合并财务报表时,必须将S公司纳入其合并范围。

第二,母公司间接拥有被投资单位半数以上表决权。

间接拥有半数以上表决权,是指母公司通过子公司而对子公司的子公司拥有半数以上表决权。如图10-2所示,P公司拥有S1公司80%的表决权,而S1公司又拥有S3公司70%的表决权。在这种情况下,P公司作为母公司通过其子公司S1公司,间接拥有S3公司70%的表决权,从而S3公司也是P公司的子公司,P公司编制合并财务报表时,也应当将S3公司纳入其合并范围。这里必须注意的是,P公司间接拥有S3公司的表决权是以S1公司为P公司的子公司为前提的。

第三,母公司直接和间接方式合计拥有被投资单位半数以上表决权。

直接和间接方式合计拥有半数以上表决权,是指母公司以直接方式拥有某一被投资单位半数以下的表决权,同时又通过其他方式如通过子公司拥有该被投资单位一部分的表决权,两者合计拥有该被投资单位半数以上的表决权。例如,如图10-2所示,P公司拥有S2公司90%的表决权,拥有S4公司30%的表决权;S2公司拥有S4公司60%的表决权。在这种情况下,S2公司为P公司的子公司,P公司通过子公司S2公司间接拥有S4公司60%的表决权,与直接拥有30%的表决权合计,P公司共拥有S4公司90%的表决权,从而S4公司属于P公司的子公司,P公司编制合并财务报表时,也应当将S4公司纳入其合并范围。

拥有被投资单位半数以上表决权是母公司对其拥有控制权的最明显的标志,但是如果有证据表明母公司不能控制被投资单位的除外。比如,如图10-1所示,尽管P公司拥有S

公司 80%的表决权,但是如果 S 公司被政府或有关部门接管,在这种情况下,对 S 公司的控制权已经转移至政府或有关部门,P 公司已经对 S 公司没有了控制权,S 公司不是 P 公司的子公司,P 公司也不是 S 公司的母公司,P 公司不应当将 S 公司纳入其合并财务报表的合并范围。

（二）母公司拥有其半数以下的表决权的被投资单位纳入合并财务报表的合并范围的情况

在母公司通过直接和间接方式没有拥有被投资单位半数以上表决权的情况下,如果母公司通过其他方式对被投资单位的财务和经营政策能够实施控制时,这些被投资单位也应作为子公司纳入其合并范围。

第一,通过与被投资单位其他投资者之间的协议,拥有被投资单位半数以上表决权。

这种情况是指母公司与其他投资者共同投资某企业,母公司与其中的某些投资者签订书面协议,受托管理和控制该被投资单位,从而在被投资单位的股东大会和董事会上拥有该被投资单位半数以上表决权。在这种情况下,母公司对这一被投资单位的财务和经营政策拥有控制权,使该被投资单位成为事实上的子公司,为此必须将其纳入合并财务报表的合并范围。

第二,根据公司章程或协议,有权决定被投资单位的财务和经营政策。

这种情况是指在被投资单位的公司章程等文件中明确母公司对其财务和经营政策能够实施控制。企业的财务和经营政策直接决定着企业的日常生产经营活动,决定着企业的未来发展。能够控制企业财务和经营政策也就是等于能控制整个企业日常生产经营活动。这样,也就使得该被投资单位成为事实上的子公司,从而应当纳入母公司的合并财务报表的合并范围。

第三,有权任免被投资单位的董事会或类似机构的多数成员。

这种情况是指母公司能够通过任免被投资单位董事会的多数成员控制该被投资单位的日常生产经营活动,被投资单位成为事实上的子公司,从而应当纳入母公司的合并财务报表的合并范围。这里的"多数"是指超过半数以上（不包括半数）。同时,需要注意的是,在这种情况下,董事会或类似机构必须能够控制被投资单位;否则,该条件不适用。

第四,在被投资单位董事会或类似机构占多数表决权。

这种情况是指母公司能够控制董事会或类似机构的会议,从而主导公司董事会的经营决策,使该公司的生产经营活动在母公司的控制下进行,使被投资单位成为事实上的子公司。因此,也应当将其纳入母公司的合并财务报表的合并范围。这里的"多数"是指超过半数以上（不包括半数）。同样,需要注意的是,在这种情况下,董事会或类似机构必须能够控制被投资单位;否则,该条件不适用。

在母公司拥有被投资单位半数或以下的表决权,满足上述四个条件之一,视为母公司能够控制被投资单位,应当将该被投资单位认定为子公司,纳入合并财务报表的合并范围。但是,如果有证据表明母公司不能控制被投资单位的除外。比如,尽管 P 公司有权任免 S5 公司由 11 人董事组成的董事会的 6 名董事,但是,如果公司章程规定,S5 公司所有日常生产经营活动的董事会表决,必须经全体董事的过半数通过,与此同时,还必须经第二大股东派出的至少 1 名董事同意,在这种情况下,S5 公司董事会决议的形成要得到第二大股东派出的至少 1 名董事的同意,实质上 P 公司无法单方面主导 S5 公司的董事会,也就无法单方面控制 S5 公司的财务和经营政策，P 公司不符合控制标准，P 公司不能控制 S5 公司，S5 公司不是 P 公司的子公司，P 公司也不是 S5 公司的母公司，P 公司不应当将 S5 公司纳入其合并财务报表的合并范围。

（三）在确定能否控制被投资单位时对潜在表决权的考虑

在确定能否控制被投资单位时，应当考虑企业和其他企业持有的被投资单位的当期可转换的可转换公司债券、当期可执行的认股权证等潜在表决权因素。

（1）潜在表决权是指当期可转换的可转换公司债券、当期可执行的认股权证等，不包括在将来某一日期或将来发生某一事项才能转换的可转换公司债券或才能执行的认股权证等，也不包括诸如行权价格的设定使得在任何情况下都不可能转换为实际表决权的其他债务工具或权益工具。

（2）应当考虑影响潜在表决权的所有事项和情况，包括潜在表决权的执行条款、需要单独考虑或综合考虑的其他合约安排等。但是，本企业和其他企业或个人执行潜在表决权的意图和财务能力对潜在表决权的影响除外。

（3）不仅要考虑本企业在被投资单位的潜在表决权，还要同时考虑其他企业或个人在被投资单位的潜在表决权。

（4）不仅仅要考虑可能会提高本企业在被投资单位持股比例的潜在表决权，还要考虑可能会降低本企业在被投资单位持股比例的潜在表决权。

（5）潜在表决权仅作为判断是否存在控制的考虑因素，不影响当期母公司股东和少数股东之间的分配比例。

（四）判断母公司能否控制特殊目的主体应当考虑的主要因素

（1）母公司为融资、销售商品或提供劳务等特定经营业务的需要直接或间接设立特殊目的主体。

（2）母公司具有控制或获得控制特殊目的主体或其资产的决策权。比如，母公司拥有单方面终止特殊目的主体的权力、变更特殊目的主体章程的权力、对变更特殊目的主体章程的否决权等。

（3）母公司通过章程、合同、协议等具有获取特殊目的主体大部分利益的权力。

（4）母公司通过章程、合同、协议等承担了特殊目的主体的大部分风险。

四、所有子公司都应纳入母公司的合并财务报表的合并范围

母公司应当将其全部子公司纳入合并财务报表的合并范围。即只要是由母公司控制的子公司，不论子公司的规模大小、子公司向母公司转移资金能力是否受到严格限制，也不论子公司的业务性质与母公司或企业集团内其他子公司是否有显著差别，都应当纳入合并财务报表的合并范围。

需要说明的是，受所在国外汇管制及其他管制，资金调度受到限制的境外子公司，在这种情况下，如果该被投资单位的财务和经营政策仍然由本公司决定，资金调度受到限制并不妨碍本公司对其实施控制，应将其纳入合并财务报表的合并范围。

下列被投资单位不是母公司的子公司，不应当纳入母公司的合并财务报表的合并范围：

（1）已宣告被清理整顿的原子公司。已宣告被清理整顿的原子公司是指在当期宣告被清理整顿的被投资单位，该被投资单位在上期是本公司的子公司。在这种情况下，根据2005年修订的《公司法》第一百八十四条的规定，被投资单位实际上在当期已经由股东、董事或股东大会指定的人员组成的清算组或人民法院指定的有关人员组成的清算组对该被投资单位进行日常管理，在清算期间，被投资单位不得开展与清算无关的经营活动，因此，本公司不能再控制该被投资单位，不能将该被投资单位继续认定为本公司的子公司。

（2）已宣告破产的原子公司。已宣告破产的原子公司，是指在当期宣告破产的被投资单位，该被投资单位在上期是本公司的子公司。在这种情况下，根据《企业破产法》的规定，被投资单位的日常管理已转交到由人民法院指定的管理人，本公司不能控制该被投资单位，不能将该被投资单位认定为本公司的子公司。

（3）母公司不能控制的其他被投资单位。母公司不能控制的其他被投资单位是指母公司不能控制的除上述情形以外的其他被投资单位，如联营企业等。

第二节 合并财务报表的编制程序

合并财务报表编制有其特殊的程序，主要包括如下几个方面。

一、编制合并工作底稿

合并工作底稿的作用是为合并财务报表的编制提供基础。在合并工作底稿中，对母公司和子公司的个别财务报表各项目的金额进行汇总和抵销处理，最终计算得出合并财务报表各项目的合并金额。

二、将母、子公司的个别报表数据过入合并工作底稿并加总

将母公司和子公司个别资产负债表、利润表、现金流量表、所有者权益变动表各项目的数据过入合并工作底稿，并在合并工作底稿中对母公司和子公司个别财务报表各项目的数据进行加总，计算得出个别资产负债表、利润表、现金流量表、所有者权益变动表各项目合计金额。

三、在合并工作底稿中编制调整分录和抵销分录，将内部交易对合并财务报表有关项目的影响进行抵销处理

编制抵销分录，进行抵销处理是合并财务报表编制的关键和主要内容，其目的在于将个别财务报表各项目的加总金额中重复的因素予以抵销。但是，对属于非同一控制下企业合并中取得的子公司的个别财务报表进行合并时，还应当首先根据母公司为该子公司设置的备查簿的记录，以记录的该子公司各项可辨认资产、负债及或有负债等在购买日的公允价值为基础，通过编制调整分录，对该子公司提供的个别财务报表进行调整，以使子公司的个别财务报表反映为在购买日公允价值基础上确定的可辨认资产、负债及或有负债在本期资产

负债表日的金额。对于子公司所采用的会计政策与母公司不一致的和子公司的会计期间与母公司不一致的,如果母公司自行对子公司的个别财务报表进行调整,也应当在合并工作底稿中通过编制调整分录予以调整。在编制合并财务报表时,对子公司的长期股权投资调整为权益法,也需要在合并工作底稿中通过编制调整分录予以调整,而不改变母公司"长期股权投资"账簿记录。

在合并工作底稿中编制的调整分录和抵销分录,借记或贷记的均为财务报表项目(即资产负债表项目、利润表项目、现金流量表项目和所有者权益变动表项目),而不是具体的账户。比如,在涉及调整或抵销固定资产折旧、固定资产减值准备等均通过资产负债表中的"固定资产"项目,而不是"累计折旧""固定资产减值准备"等账户来进行调整和抵销。

四、计算合并财务报表各项目的合并金额

在母公司和子公司个别财务报表各项目加总金额的基础上,分别计算出合并财务报表中各资产项目、负债项目、所有者权益项目、收入项目和费用项目等的合并金额。其计算方法如下:

(1) 资产类各项目,其合并金额根据该项目加总金额,加上该项目抵销分录有关的借方发生额,减去该项目抵销分录有关的贷方发生额计算确定。

(2) 负债类各项目和所有者权益类各项目。其合并金额根据该项目加总金额。减去该项目抵销分录有关的借方发生额,加上该项目抵销分录有关的贷方发生额计算确定。

(3) 有关收入类各项目和有关所有者权益变动各项目,其合并金额根据该项目加总金额,减去该项目抵销分录的借方发生额,加上该项目抵销分录的贷方发生额计算确定。

(4) 有关费用类项目。其合并金额根据该项目加总金额。加上该项目抵销分录的借方发生额,减去该项目抵销分录的贷方发生额计算确定。

五、填列合并财务报表

根据合并工作底稿中计算出的资产、负债、所有者权益、收入、费用类,以及现金流量表中各项目的合并金额,填列生成正式的合并财务报表。

第三节 合并资产负债表

合并资产负债表是反映企业集团在某一特定日期财务状况的财务报表,由合并资产、负债和所有者权益各项目组成。

一、对子公司的个别财务报表进行调整

在编制合并财务报表时,首先应对各子公司进行分类,分为同一控制下企业合并中取得的子公司和非同一控制下企业合并中取得的子公司两类。

（一）属于同一控制下企业合并取得的子公司

对于同一控制下企业合并中取得的子公司，其采用的会计政策、会计期间与母公司一致的情况下，编制合并财务报表时，应以有关子公司的个别财务报表为基础，不需要进行调整；子公司采用的会计政策、会计期间与母公司不一致的情况下，则需要考虑重要性原则，按照母公司的会计政策和会计期间，对子公司的个别财务报表进行调整。

（二）属于非同一控制下企业合并取得的子公司

对于属于非同一控制下企业合并中取得的子公司，除了存在与母公司会计政策和会计期间不一致的情况，需要对该子公司的个别财务报表进行调整外，还应当根据母公司为该子公司设置的备查簿的记录，以记录的该子公司的各项可辨认资产、负债及或有负债等在购买日的公允价值为基础，通过编制调整分录，对该子公司的个别财务报表进行调整，以使子公司的个别财务报表反映为在购买日公允价值基础上确定的可辨认资产、负债及或有负债在本期资产负债表日的金额。

有关对属于非同一控制下企业合并中取得的子公司的可辨认资产、负债及或有负债的金额的调整，请参见本书第九章的相关内容。

二、按权益法调整对子公司的长期股权投资

《企业会计准则第 33 号——合并财务报表》中规定，合并财务报表应当以母公司和其子公司的财务报表为基础，根据其他有关资料，按照权益法调整对子公司的长期股权投资后，由母公司编制。

在合并工作底稿中，母公司按权益法调整对子公司的长期股权投资时，应从最早取得子公司股权的期间开始，按照《企业会计准则第 2 号——长期股权投资》所规定的权益法进行追溯调整。具体调整内容如下：

（1）从最早取得子公司股权的期间开始至本期末为止，调整母公司累计应享有子公司的留存收益。

（2）从最早取得子公司股权的期间开始至本期末为止，调整子公司累计向母公司分配的现金股利或利润。调整时须考虑母公司原来在成本法下的账务处理是否与权益法的要求相同。

（3）从最早取得子公司股权的期间开始至本期末为止，调整母公司累计应享有子公司净损益以外的所有者权益变动。

《企业会计准则第 33 号——合并财务报表》也允许企业直接在对子公司的长期股权投资采用成本法核算的基础上编制合并财务报表，但是所生成的合并财务报表应当符合《企业会计准则第 33 号——合并财务报表》的相关规定。

【例 10-1】 如图 10-1 所示，假设 P 公司能够控制 S 公司，S 公司为股份有限公司。20×7 年 12 月 31 日，P 公司个别资产负债表中对 S 公司的长期股权投资的金额为 3 000 万元[①]，

---

① 为方便理解合并财务报表的编制，在本章中例题统一以"万元"为单位。在实务中，合并财务报表应当以"元"为单位列报。

拥有 S 公司 80％的股份。P 公司在个别资产负债表中采用成本法核算该项长期股权投资。

20×7 年 1 月 1 日，P 公司用银行存款 3 000 万元购得 S 公司 80％的股份（假定 P 公司与 S 公司的企业合并属于非同一控制下的企业合并）。P 公司备查簿中记录的 S 公司在 20×7 年 1 月 1 日可辨认资产、负债及或有负债的公允价值的资料见表 10-1。

表 10-1

20×7 年 1 月 1 日   单位：万元

项目	账面价值	公允价值	公允价值与账面价值的差额	合并报表调整	余额	备注
S公司：						
流动资产	3 800	3 800				
非流动资产	1 900	1 900				
其中：固定资产——A办公楼	600	700	100	(1)5	695	该办公楼的剩余折旧年限为 20 年，采用年限平均法计提折旧
资产总计	5 700	5 800				
流动负债	1 300	1 300				
非流动负债	900	900				
负债合计	2 200	2 200				
股本	2 000	2 000				
资本公积	1 500	1 600	100			
盈余公积	0	0				
未分配利润	0	0				
股东权益合计	3 500	3 600				
负债和股东权益总计	5 700	5 800				

20×7 年 1 月 1 日，S 公司股东权益总额为 3 500 万元，其中股本为 2 000 万元，资本公积为 1 500 万元，盈余公积为 0，未分配利润为 0。

20×7 年，S 公司实现净利润 1 000 万元，提取法定盈余公积 100 万元，向 P 公司分派现金股利 480 万元[①]（假定 P 公司在成本法下将其全部作为投资收益），向其他股东分派现金股利 120 万元，未分配利润为 300 万元。S 公司因持有的可供出售的金融资产的公允价值变动计入当期资本公积的金额为 100 万元。

---

① 为了便于说明合并所有者权益变动表的编制，本章特假定 S 公司 20×7 年即进行了现金股利分配。

20×7年12月31日,S公司股东权益总额为4 000万元,其中股本为2 000万元,资本公积为1 600万元,盈余公积为100万元,未分配利润为300万元。

P公司与S公司个别资产负债表分别见表10-2和表10-3。

假定S公司的会计政策和会计期间与P公司一致,不考虑P公司和S公司及合并资产、负债的所得税影响。

表10-2　　　　　　　　　　　资产负债表(简表)　　　　　　　　会企01表
编制单位:P公司　　　　　　　　20×7年12月31日　　　　　　　　单位:万元

资产	期末余额	年初余额	负债和所有者权益(或股东权益)	期末余额	年初余额
流动资产:			流动负债:		
货币资金	1 000	3 000	应付票据	1 000	1 000
应收票据	1 400	1 000	应付账款	3 000	2 000
其中:应收S公司票据	400		预收款项	200	300
应收账款	1 800	1 300	其中:预收S公司账款	100	
其中:应收S公司账款	475		应付职工薪酬	1 000	2 100
预付款项	770		应交税费	800	1 000
存货	1 000	3 800	流动负债合计	6 000	6 400
其中:向S公司购入存货	1 000		非流动负债:		
流动资产合计	5 970	9 100	长期借款	2 000	2 000
非流动资产:			应付债券	600	600
可供出售金融资产			非流动负债合计	2 600	2 600
持有至到期投资	200	200	负债合计	8 600	9 000
其中:持有S公司债券	200	200			
长期股权投资	4 700	1 700	所有者权益(或股东权益):		
其中:对S公司投资	3 000		实收资本(或股本)	4 000	4 000
固定资产	4 100	3 300	资本公积	800	800
其中:向S公司购入固定资产	200		盈余公积	1 000	732
无形资产	630	700	未分配利润	1 200	468
非流动资产合计	9 630	5 900	所有者权益合计	7 000	6 000
资产总计	15 600	15 000	负债和所有者权益总计	15 600	15 000

表 10-3　　　　　　　　　　资产负债表(简表)　　　　　　　　　　会企 01 表
编制单位:S公司　　　　　　　　20×7 年 12 月 31 日　　　　　　　　　单位:万元

资产	期末余额	年初余额	负债和股东权益	期末余额	年初余额
流动资产:			流动负债:		
货币资金	500	300	应付票据	400	300
应收票据	300	100	其中:应付票据——P公司	400	
应收账款	760	600	应付账款	500	400
预付款项	400		其中:应付P公司账款	500	
其中:预付P公司账款	100		预收款项		50
存货	1 100	2 800	应付职工薪酬	100	350
流动资产合计	3 060	3 800	应交税费	60	200
非流动资产:			流动负债合计	1 060	1 300
可供出售金融资产	800	700	非流动负债:		
持有至到期投资			长期借款	700	700
长期股权投资			应付债券	200	200
固定资产	2 100	1 200	其中:应付债券——P公司	200	
其中:向P公司购入固定资产	108		非流动负债合计	900	900
无形资产			负债合计	1 960	2 200
非流动资产合计	2 900	1 900	股东权益:		
			股本	2 000	2 000
			资本公积	1 600	1 500
			其中:可供出售金融资产公允价值变动	100	
			盈余公积	100	0
			未分配利润	300	0
			股东权益合计	4 000	3 500
资产总计	5 960	5 700	负债和股东权益总计	5 960	5 700

《企业会计准则第 2 号——长期股权投资》规定,投资企业在确认应享有被投资单位净损益的份额时,应当以取得投资时被投资单位各项可辨认资产等的公允价值为基础,对被投资单位的净利润进行调整后确认。在本例中,P公司在编制合并财务报表时,应当首先根据P公司的备查簿中记录的S公司可辨认资产、负债在购买日(20×7 年 1 月 1 日)的公允价值的资料(见表 10-1),调整S公司的净利润。按照P公司备查簿中的记录,在购买日,S公司可辨认资产、负债及或有负债的公允价值与账面价值存在差异仅有一项,即A办公楼,公允

价值高于账面价值的差额为 100 万元(700−600),按年限平均法每年应补计提的折旧额为 5 万元(100÷20)。假定 A 办公楼用于 S 公司的总部管理。在合并工作底稿(见表 10-4)中应作的调整分录如下:

(1) 借:管理费用　　　　　　　　　　　　　　　　　　　　　　　　　　50 000
　　　贷:固定资产——累计折旧　　　　　　　　　　　　　　　　　　　　　　　　50 000

据此,以 S 公司 20×7 年 1 月 1 日各项可辨认资产等的公允价值为基础,重新确定的 S 公司 20×7 年的净利润为 995 万元(1 000−5)。

在本例中,20×7 年 12 月 31 日,P 公司对 S 公司的长期股权投资的账面余额为 3 000 万元(假定未发生减值)。根据《企业会计准则第 33 号——合并财务报表》的规定,在合并工作底稿中将对 S 公司的长期股权投资由成本法调整为权益法。有关调整分录如下:

(2) 确认 P 公司在 20×7 年 S 公司实现净利润 995 万元中所享有的份额 796 万元(995×80%):

　　借:长期股权投资——S公司　　　　　　　　　　　　　　　　　　　　7 960 000
　　　贷:投资收益——S公司　　　　　　　　　　　　　　　　　　　　　　　　7 960 000

(3) 确认 P 公司收到 S 公司 20×7 年分派的现金股利,同时抵销原按成本法确认的投资收益 480 万元:

　　借:投资收益——S公司　　　　　　　　　　　　　　　　　　　　　　4 800 000
　　　贷:长期股权投资——S公司　　　　　　　　　　　　　　　　　　　　　　4 800 000

(4) 确认 P 公司在 20×7 年 S 公司除净损益以外所有者权益的其他变动中所享有的份额 80 万元(100×80%):

　　借:长期股权投资——S公司　　　　　　　　　　　　　　　　　　　　　800 000
　　　贷:资本公积——其他资本公积(S公司)　　　　　　　　　　　　　　　　　800 000

在连续编制合并财务报表的情况下,应编制如下调整分录:

　　借:长期股权投资——S公司(7 960 000−4 800 000+800 000)　　　　　3 960 000
　　　贷:未分配利润——年初(7 960 000−4 800 000)　　　　　　　　　　　　3 160 000
　　　　资本公积——其他资本公积(S公司)　　　　　　　　　　　　　　　　　800 000

三、编制合并资产负债表时应进行抵销处理的项目

合并资产负债表是以母公司和子公司的个别资产负债表为基础编制的。个别资产负债表则是以单个企业为会计主体进行会计核算的结果,它从母公司本身或从子公司本身的角度对自身的财务状况进行反映。对于内部交易,从发生内部交易的企业来看,发生交易的各方都在其个别资产负债表中进行了反映。例如,企业集团母公司与子公司之间发生的赊购赊销业务,对于赊销企业来说,一方面确认营业收入、结转营业成本、计算营业利润,并在其个别资产负债表中反映为应收账款;而对于赊购企业来说,在内部购入的存货未实现对外销售的情况下,则在其个别资产负债表中反映为存货和应付账款。在这种情况下,资产、负债和所有者权益类各项目的加总金额中,必然包含有重复计算的因素。作为反映企业集团整体财务状况的合并资产负债表,必须将这些重复计算的因素予以扣除,对这些重复的因素进

行抵销处理。这些需要扣除的重复因素,就是合并财务报表编制时需要进行抵销处理的项目。

编制合并资产负债表时需要进行抵销处理的,主要有如下项目。

（一）长期股权投资与子公司所有者权益的抵销处理

母公司对子公司进行的长期股权投资,一方面反映为长期股权投资以外的其他资产的减少,另一方面反映为长期股权投资的增加,在母公司个别资产负债表中作为资产类项目中的长期股权投资列示。子公司接受这一投资时,一方面增加资产,另一方面作为实收资本(或股本,下同)处理,在其个别资产负债表中一方面反映为实收资本的增加,另一方面反映为相对应的资产的增加。从企业集团整体来看,母公司对子公司进行的长期股权投资实际上相当于母公司将资本拨付下属核算单位,并不引起整个企业集团的资产、负债和所有者权益的增减变动。因此,编制合并财务报表时,应当在母公司与子公司财务报表数据简单相加的基础上,将母公司对于公司长期股权投资项目与子公司所有者权益项目予以抵销。

子公司所有者权益中不属于母公司的份额,即子公司所有者权益中抵销母公司所享有的份额后的余额,在合并财务报表中作为"少数股东权益"处理。在合并资产负债表中,"少数股东权益"项目应当在"所有者权益"项目下单独列示。

当母公司对子公司长期股权投资的金额与在子公司所有者权益中所享有的份额不一致时,借方差额记入"商誉"项目,贷方差额记入"营业外收入"或者"留存收益"项目。

【例 10-2】 沿用[例 10-1],20×7 年 12 月 31 日,P 公司对 S 公司长期股权投资经调整后的金额为 3 396 万元(投资成本 3 000 万元＋权益法调整增加的长期股权投资 396 万元)与其在 S 公司经调整的股东权益总额中所享有的金额 3 276 万元[(股东权益账面余额 4 000 万元＋A 办公楼购买日公允价值高于账面价值的差额 100 万元－A 办公楼购买日公允价值高于账面价值的差额按 20 年计提的折旧额 5 万元)×80%]之间的差额,为商誉。至于 S 公司股东权益中 20%的部分,即 819 万元[(股东权益账面余额 4 000 万元＋A 办公楼购买日公允价值高于账面价值的差额 100 万元－A 办公楼购买日公允价值高于账面价值的差额按 20 年计提的折旧额 5 万元)×20%]则属于少数股东权益,在抵销处理时应作为少数股东权益处理。其抵销分录如下:

（5）借：股本   20 000 000

资本公积——年初   16 000 000

     ——本年   1 000 000

盈余公积——年初   0

     ——本年   1 000 000

未分配利润——年末（3 000 000－50 000）   2 950 000

商誉   1 200 000

   贷：长期股权投资   33 960 000

      少数股东权益   8 190 000

注:商誉 120 万元＝3 000 万元－(S 公司 20×7 年 1 月 1 日的所有者权益总额 3 500 万元＋S 公司固定资产公允价值增加额 100 万元)×80%。

其合并工作底稿如表 10-4 所示。

《企业会计准则第 33 号——合并财务报表》规定,子公司持有母公司的长期股权投资、子公司相互之间持有的长期股权投资,也应当比照上述母公司对子公司的股权投资的抵销方法进行抵销处理。

（二）内部债权与债务的抵销处理

母公司与子公司、子公司相互之间的债权和债务项目,是指母公司与子公司、子公司相互之间因销售商品、提供劳务以及发生结算业务等原因产生的应收账款与应付账款、应收票据与应付票据、预付账款与预收账款、其他应收款与其他应付款、持有至到期投资与应付债券等项目。发生在母公司与子公司、子公司相互之间的这些项目,企业集团内部企业的一方在其个别资产负债表中反映为资产,而另一方则在其个别资产负债表中反映为负债。但从企业集团整体角度来看,它只是内部资金运动,既不能增加企业集团的资产,也不能增加负债。为此,为了消除个别资产负债表直接加总中的重复计算因素,在编制合并财务报表时应当将内部债权债务项目予以抵销。

1. 应收账款与应付账款的抵销处理

1）初次编制合并财务报表时应收账款与应付账款的抵销处理

在应收账款已计提坏账准备的情况下,某一会计期间坏账准备的金额是以当期应收账款为基础计提的。在编制合并财务报表时,随着内部应收账款的抵销,与此相联系也须将内部应收账款计提的坏账准备予以抵销。内部应收账款抵销时,其抵销分录为:借记"应付账款"项目,贷记"应收账款"项目;内部应收账款计提的坏账准备抵销时,其抵销分录为:借记"坏账准备"项目,贷记"资产减值损失"项目。

【例10-3】 P公司20×7年个别资产负债表（表10-2）中应收账款475万元为20×7年向S公司销售商品发生的应收销货款的账面价值,P公司对该笔应收账款计提的坏账准备为25万元。S公司20×7年个别资产负债表（表10-3）中应付账款500万元系20×7年向P购进商品存货发生的应付购货款。

在编制合并财务报表时,应将内部应收账款与应付账款相互抵销;同时还应将内部应收账款计提的坏账准备予以抵销,其抵销分录如下:

（6）借:应付账款　　　　　　　　　　　　　　　5 000 000
　　　贷:应收账款　　　　　　　　　　　　　　　　　5 000 000

（7）借:应收账款——坏账准备　　　　　　　　　　250 000
　　　贷:资产减值损失　　　　　　　　　　　　　　　250 000

其合并工作底稿参见表10-4所示。

2）连续编制合并财务报表时内部应收账款坏账准备的抵销处理

从合并财务报表来讲,内部应收账款计提的坏账准备的抵销是与抵销当期资产减值损失相对应的,上期抵销的坏账准备的金额,即上期资产减值损失抵减的金额,最终将影响到本期合并所有者权益变动表中的期初未分配利润金额的增加。由于利润表和所有者权益变动表是反映企业一定会计期间经济成果及其分配情况的财务报表,其上期期末未分配利润就是本期所有者权益变动表期初未分配利润（假定不存在会计政策变更和前期差错更正的情况）。本期编制合并财务报表是以本期母公司和子公司当期的个别财务报表为基础编制的,随着上期编制合并财务报表时内部应收账款计提的坏账准备的抵销,以此个别财务报表为基础加总得出的期初未分配利润与上一会计期间合并所有者权益变动表中的未分配利润金额之间则将产生差额。为此,编制合并财务报表时,必须将上期因内部应收账款计提的坏账准备抵销而抵销的资产减值损失对本期期初未分配利润的影响予以抵销,调整本期期初未分配利润的金额。

在连续编制合并财务报表进行抵销处理时,首先,将内部应收账款与应付账款予以抵销,即按内部应收账款的金额,借记"应付账款"项目,贷记"应收账款"项目。其次,应将上期资产减值损失中抵销的内部应收账款计提的坏账准备对本期期初未分配利润的影响予以抵销,即按上期资产减值损失项目中抵销的内部应收账款计提的坏账准备的金额,借记"应收账款——坏账准备"项目,贷记"未分配利润——年初"项目。再次,对于本期个别财务报表中内部应收账款相对应的坏账准备增减变动的金额也应予以抵销,即按照本期个别资产负债表中期末内部应收账款相对应的坏账准备的增加额,借记"应收账款——坏账准备"项目,贷记"资产减值损失"项目,或按照本期个别资产负债表中期末内部应收账款相对应的坏账准备的减少额,借记"资产减值损失"项目,贷记"应收账款——坏账准备"项目。

在第三期编制合并财务报表的情况下,必须将第二期内部应收账款期末余额相应的坏账准备予以抵销,以调整期初未分配利润的金额。然后,计算确定本期内部应收账款相对应的坏账准备增减变动的金额,并将其增减变动的金额予以抵销。其抵销分录与第二期编制的抵销分录相同。

2. 其他债权与债务项目的抵销处理

【例10-4】 P公司20×7年个别资产负债表(表10-2)中预收账款100万元为S公司预付账款;应收票据400万元为S公司20×7年向P公司购买商品3 500万元开具的票面金额为400万元的商业承兑汇票;S公司应付债券200万元为P公司所持有,P公司作为持有至到期投资。对此,在编制合并资产负债表时,应编制如下抵销分录:

(8) 将内部预收账款与内部预付账款抵销时:

借:预收款项　　　　　　　　　　　　　　　　　　　1 000 000
　贷:预付款项　　　　　　　　　　　　　　　　　　　　　1 000 000

(9) 将内部应收票据与内部应付票据抵销时:

借:应付票据　　　　　　　　　　　　　　　　　　　4 000 000
　贷:应收票据　　　　　　　　　　　　　　　　　　　　　4 000 000

(10) 将持有至到期投资中债券投资与应付债券抵销时:

借:应付债券　　　　　　　　　　　　　　　　　　　2 000 000
　贷:持有至到期投资　　　　　　　　　　　　　　　　　　2 000 000

其合并工作底稿如表10-4所示。

在某些情况下,债券投资企业持有的企业集团内部成员企业的债券并不是从发行债券的企业直接购进的,而是在证券市场上从第三方手中购进的。在这种情况下,持有至到期投资中的债券投资与发行债券企业的应付债券抵销时,可能会出现差额,应当记入合并利润表的"投资收益"或"财务费用"项目。

(三) 存货价值中包含的未实现内部销售损益的抵销处理

存货价值中包含的未实现内部销售损益是由于企业集团内部商品购销、劳务提供活动所引起的。在内部购销活动中,销售企业将集团内部销售作为收入确认并计算销售利润。而购买企业则是以支付购货的价款作为其成本入账;在本期内未实现对外销售而形成期末存货时,其存货价值中也相应地包括两部分内容:一部分为真正的存货成本(即销售企业销售该商品的成本);另一部分为销售企业的销售毛利(即其销售收入减去销售成本的差额)。对于期末存货价值中包括的这部分销售毛利,从企业集团整体来看,并不是真正实现的利润。因为从整个企业集团来看,集团内部企业之间的商品购销活动实际上相当于企业内部物资调拨活动,既不会实现利润,也不会增加商品的价值。正是从这一意义上来说,将期末存货价值中包括的这部分销售企业作为利润确认的部分,称之为未实现内部销售损益。因此,在编制合并资产负债表时,应当将存货价值中包含的未实现内部销售损益予以抵销。编制抵销分录时,按照集团内部销售企业销售该商品的销售收入,借记"营业收入"项目,按照销售企业销售该商品的销售成本,贷记"营业成本"项目,按照当期期末存货价值中包含的未实现内部销售损益的金额,贷记"存货"项目。

1. 当期内部购进商品并形成存货情况下的抵销处理

在企业集团内部购进并且在会计期末形成存货的情况下,如前所述,一方面将销售企业实现的内部销售收入及其相对应的销售成本予以抵销,另一方面将内部购进形成的存货价值中包含的未实现内部销售损益予以抵销。

【例10-5】 S公司20×7年向P公司销售商品1 000万元,其销售成本为800万元,该商品的销售毛利率为20%。P公司购进的该商品20×7年全部未实现对外销售而形成期末存货。

在编制20×7年合并财务报表时,应进行如下抵销处理:

(11)借:营业收入   10 000 000
　　　贷:营业成本   10 000 000

(12)借:营业成本   2 000 000
　　　贷:存货   2 000 000

其合并工作底稿如表10-4所示。

2. 连续编制合并财务报表时内部购进商品的抵销处理

对于上期内部购进商品全部实现对外销售的情况下,由于不涉及内部存货价值中包含的未实现内部销售损益的抵销处理,在本期连续编制合并财务报表时不涉及对其进行处理的问题。但在上期内部购进并形成期末存货的情况下,在编制合并财务报表进行抵销处理时,存货价值中包含的未实现内部销售损益的抵销,直接影响上期合并财务报表中合并净利润金额的减少,最终影响合并所有者权益变动表中期末未分配利润的金额的减少。由于本期编制合并财务报表时是以母公司和子公司本期个别财务报表为基础,而母公司和子公司个别财务报表中未实现内部销售损益是作为其实现利润的部分包括在其期初未分配利润之中,以母、子公司个别财务报表中期初未分配利润为基础计算得出的合并期初未分配利润的金额就可能与上期合并财务报表中的期末未分配利润的金额不一致。因此,上期编制合并财务报表时抵销的内部购进存货中包含的未实现内部销售损益,也对本期的期初未分配利润产生影响,本期编制合并财务报表时必须在合并母、子公司期初未分配利润的基础上,将上期抵销的未实现内部销售损益对本期期初未分配利润的影响予以抵销,调整本期期初未分配利润的金额。

在连续编制合并财务报表的情况下,首先必须将上期抵销的存货价值中包含的未实现内部销售损益对本期期初未分配利润的影响予以抵销,调整本期期初未分配利润的金额;然后再对本期内部购进存货进行抵销处理,其具体抵销处理程序和方法如下:

(1) 将上期抵销的存货价值中包含的未实现内部销售损益对本期期初未分配利润的影响进行抵销。即按照上期内部购进存货价值中包含的未实现内部销售损益的金额,借记“未分配利润——年初”项目,贷记“营业成本”项目。

(2) 对于本期发生内部购销活动的,将内部销售收入、内部销售成本及内部购进存货中未实现内部销售损益予以抵销。即按照销售企业内部销售收入的金额,借记“营业收入”项目,贷记“营业成本”项目。

(3) 将期末内部购进存货价值中包含的未实现内部销售损益予以抵销。对于期末内部购买形成的存货(包括上期结转形成的本期存货),应按照购买企业期末内部购入存货价值中包含的未实现内部销售损益的金额,借记“营业成本”项目,贷记“存货”项目。

(四) 内部固定资产交易的抵销处理

内部固定资产交易是指企业集团内部发生交易的一方与固定资产有关的购销业务。对于企业集团内部固定资产交易,根据销售企业销售的是产品还是固定资产,可以将其划分为两种类型:第一种类型是企业集团内部企业将自身生产的产品销售给企业集团内的其他企业作为固定资产使用;第二种类型是企业集团内部企业将自身的固定资产出售给企业集团内的其他企业作为固定资产使用;此外,还有另一类型的内部固定资产交易,即企业集团内部企业将自身使用的固定资产出售给企业集团内的其他企业作为普通商品销售。这种类型的固定资产交易,在企业集团内部发生得极少,一般情况下发生的金额也不大。

在第一种类型的内部固定资产交易的情况下,即企业集团内部的母公司或子公司将自身生产的产品销售给企业集团内部的其他企业作为固定资产使用,这种类型的内部固定资产交易发生得比较多,也比较普遍。以下重点介绍这种类型的内部固定资产交易的抵销处理。

与存货的情况不同,固定资产的使用寿命较长,往往要跨越几个会计年度。对于内部交易形成的固定资产,不仅在该内部固定资产交易发生的当期需要进行抵销处理,而且在以后使用该固定资产的期间也需要进行抵销处理。固定资产在使用过程中是通过折旧的方式将其价值转移到产品价值之中,由于固定资产按原价计提折旧,在固定资产原价中包含未实现内部销售损益的情况下,每期计提的折旧费中也必然包含着未实现内部销售损益的金额,由此也需要对该内部交易形成的固定资产每期计提的折旧费进行相应的抵销处理。同样,如果购买企业对该项固定资产计提了固定资产减值准备,由于固定资产减值准备是按原价为基础进行计算确定的,在固定资产原价中包含未实现内部销售损益的情况下,对该项固定资产计提的减值准备中也必然包含着未实现内部销售损益的金额,由此也需要对该内部交易形成的固定资产计提的减值准备进行相应的抵销处理。

1. 内部交易形成的固定资产在购入当期的抵销处理

在这种情况下,购买企业购进的固定资产,在其个别资产负债表中以支付的价款作为该固定资产的原价列示,因此首先就必须将该固定资产原价中包含的未实现内部销售损益予以抵销。其次,购买企业对该固定资产计提了折旧,折旧费计入相关资产的成本或当期损益。由于购买企业是以该固定资产的取得成本作为原价计提折旧,取得成本中包含未实现内部销售损益,在相同的使用寿命下,各期计提的折旧费要大于不包含未实现内部销售损益时计提的折旧费,因此还必须将当期多计提的折旧额从该固定资产当期计提的折旧费中予以抵销。其抵销处理程序如下:

(1) 将与内部交易形成的固定资产相关的销售收入、销售成本,以及原价中包含的未实现内部销售损益予以抵销。

(2) 将内部交易形成的固定资产当期多计提的折旧费和累计折旧(或少计提的折旧费和累计折旧)予以抵销。从单个企业来说,对计提折旧进行会计处理时,一方面增加当期的费用或计入相关资产的成本,另一方面形成累计折旧。因此,对内部交易形成的固定资产当期多计提的折旧费抵销时,应按当期多计提的折旧额,借记"固定资产——累计折旧"项目,贷记"管理费用"等项目(为便于理解,本节有关内部交易形成的固定资产多计提的折旧费的抵销,均假定该固定资产为购买企业的管理用固定资产,通过"管理费用"项目进行抵销)。

【例 10-6】 S公司以 300 万元的价格将其生产的产品销售给 P 公司,其销售成本为 270 万元,因此该内部固定资产交易实现的销售利润为 30 万元。P 公司购买该产品作为管理用固定资产使用,按 300 万元入账。假设 P 公司对该固定资产按 3 年的使用寿命采用年限平均法计提折旧,预计净残值为 0。该固定资产交易时间为 20×7 年 1 月 1 日,本章为简化抵销处理,假定 P 公司该内部交易形成的固定资产按 12 个月计提折旧。

本例有关抵销处理如下:

(13) 与该固定资产相关的销售收入、销售成本,以及原价中包含的未实现内部销售损益的抵销:

借:营业收入	3 000 000
贷:营业成本	2 700 000
固定资产——原价	300 000

(14) 该固定资产当期多计提折旧额的抵销。该固定资产折旧年限为 3 年,原价为 300 万元,预计净残值为 0,当年计提的折旧额为 100 万元,而按抵销其原价中包含的未实现内部销售损益后的原价计提的折旧额为 90 万元,当期多计提的折旧额为 10 万元。本例中应当按 10 万元分别抵销管理费用和累计折旧:

| 借:固定资产——累计折旧 | 100 000 |
| 贷:管理费用 | 100 000 |

通过上述抵销分录,在合并工作底稿中固定资产累计折旧额减少 10 万元,管理费用减少 10 万元,在合并财务报表中该固定资产的累计折旧为 90 万元,该固定资产当期计提的折旧费为 90 万元。

其合并工作底稿如表 10-4 所示。

2. 内部交易形成的固定资产在以后会计期间的抵销处理

在以后会计期间,该内部交易形成的固定资产仍然以原价在购买企业的个别资产负债表中列示,因此必须将原价中包含的未实现内部销售损益的金额予以抵销;相应地销售企业以前会计期间由于该内部交易所实现的销售利润,形成销售当期的净利润的一部分并结转到以后会计期间,在其个别所有者权益变动表中列示,因此必须将期初未分配利润中包含的该未实现内部销售损益予以抵销,以调整期初未分配利润的金额。将内部交易形成的固定资产原价中包含的未实现内部销售损益抵销,并调整期初未分配利润。即按照原价中包含的未实现内部销售损益的金额,借记"未分配利润——年初"项目,贷记"固定资产——原价"项目。

其次,对于该固定资产在以前会计期间计提折旧而形成的期初累计折旧,由于将以前会计期间按包含未实现内部销售损益的原价为依据而多计提折旧的抵销,一方面必须按照以前会计期间累计多计提的折旧额抵销期初累计折旧;另一方面由于以前会计期间累计折旧抵销而影响到期初未分配利润,因此还必须调整期初未分配利润的金额。将以前会计期间内部交易形成的固定资产多计提的累计折旧抵销,并调整期初未分配利润。即按以前会计期间抵销该内部交易形成的固定资产多计提的累计折旧额,借记"固定资产——累计折旧"项目,贷记"未分配利润——年初"项目。

最后,该内部交易形成的固定资产在本期仍然计提了折旧,由于多计提折旧导致本期有关资产或费用项目增加并形成累计折旧,为此,一方面必须将本期多计提折旧而计入相关资产的成本或当期损益的金额予以抵销;另一方面将本期多计提折旧而形成的累计折旧额予以抵销。即按本期该内部交易形成的固定资产多计提的折旧额,借记"固定资产——累计折旧"项目,贷记"管理费用"等项目。

3. 内部交易形成的固定资产在以后会计期间的抵销处理

对于销售企业来说,因该内部交易实现的利润,作为期初未分配利润的一部分结转到以后的会计期间,直到购买企业对该内部交易形成的固定资产进行清理的会计期间为止。从购买企业来说,对内部交易形成的固定资产进行清理的期间,在其个别财务报表中表现为固定资产价值的减少;该固定资产清理收入减去该固定资产账面价值以及有关清理费用后的余额,则在其个别利润表中以营业外收入(或营业外支出)项目列示。

在这种情况下,购买企业内部交易形成的固定资产实体已不复存在,包含未实现内部销售损益在内的该内部交易形成的固定资产的价值已全部转移到用其加工的产品价值或各期损益中去了,因此不存在未实现内部销售损益的抵销问题。从整个企业集团来说,随着该内部交易形成的固定资产的使用寿命届满,其包含的未实现内部销售损益也转化为已实现利润。但是,由于销售企业因该内部交易所实现的利润,作为期初未分配利润的一部分结转到购买企业对该内部交易形成的固定资产进行清理的会计期间为止。为此,必须调整期初未分配利润。其次,在固定资产进行清理的会计期间,如果仍计提了折旧,本期计提的折旧费中仍然包含多计提的折旧额,因此需要将多计提的折旧额予以抵销。

在第二种类型的内部固定资产交易的情况下,即企业集团内部企业将其自用的固定资产出售给集团内部的其他企业。对于销售企业来说,在其个别资产负债表中表现为固定资产的减少,同时在其个别利润表中表现为固定资产处置损益,当处置收入大于该固定资产账面价值时,表现为本期营业外收入;当处置收入小于固定资产账面价值时,则表现为本期营业外支出。对于购买企业来说,在其个别资产负债表中则表现为固定资产的增加,其固定资产原价中既包含该固定资产在原销售企业中的账面价值,也包含销售企业因该固定资产出售所实现的损益。但从整个企业集团来看,这一交易属于集团内部固定资产调拨性质,它既不能产生收益,也不会发生损失,固定资产既不能增值也不会减值。因此,必须将销售企业因该内部交易所实现的固定资产处置损益予以抵销,同时将购买企业固定资产原价中包含的未实现内部销售损益的金额予以抵销。通过抵销后,使其在合并财务报表中该固定资产原价仍然以销售企业的原账面价值反映。

【例 10-7】 假设 P 公司将其账面价值为 130 万元某项固定资产以 120 万元的价格出售

给 S 公司仍作为管理用固定资产使用。P 公司因该内部固定资产交易发生处置损失 10 万元。假设 S 公司以 120 万元作为该项固定资产的成本入账,S 公司对该固定资产按 5 年的使用寿命采用年限平均法计提折旧,预计净残值为 0。该固定资产交易时间为 20×7 年 6 月 29 日,S 公司该内部交易固定资产在 20×7 年按 6 个月计提折旧。

本例有关抵销处理如下:

(15) 该固定资产的处置损失与固定资产原价中包含的未实现内部销售损益的抵销:

借:固定资产——原价 100 000
　　贷:营业外支出 100 000

(16) 该固定资产当期少计提折旧额的抵销。该固定资产折旧年限为 5 年,原价为 120 万元,预计净残值为 0,20×7 年计提的折旧额为 12 万元,而按抵销其原价中包含的未实现内部销售损益后的原价计提的折旧额为 13 万元,当期少计提的折旧额为 1 万元。本例中应当按 1 万元分别抵销管理费用和累计折旧:

借:管理费用 10 000
　　贷:固定资产——累计折旧 10 000

通过上述抵销分录,在合并工作底稿中固定资产累计折旧额增加 1 万元,管理费用增加 1 万元,在合并财务报表中该固定资产的累计折旧为 13 万元,该固定资产当期计提的折旧费为 13 万元。

其合并工作底稿如表 10-4 所示。

在连续编制合并财务报表时,其抵销分录为:

借:未分配利润——年初 10 000
　　贷:固定资产——累计折旧 10 000

四、母公司在报告期内增减子公司在合并资产负债表中的反映

（一）母公司在报告期内增加子公司在合并资产负债表的反映

母公司因追加投资等原因控制了另一个企业即实现了企业合并。根据《企业会计准则第 20 号——企业合并》的规定,企业合并形成母、子公司关系的,母公司应当编制合并日或购买日的合并资产负债表。有关合并日或购买日合并资产负债表的编制,请参见第九章的相关内容。但是,在企业合并发生当期的期末和以后会计期间,母公司应当根据《企业会计准则第 33 号——合并财务报表》的规定编制合并资产负债表。《企业会计准则第 33 号——合并财务报表》规定,在编制合并资产负债表时,应当区分同一控制下的企业合并增加的子公司和非同一控制下的企业合并增加的子公司两种情况。

(1) 因同一控制下企业合并增加的子公司,编制合并资产负债表时,应当调整合并资产负债表的期初数。

(2) 因非同一控制下企业合并增加的子公司,不应当调整合并资产负债表的期初数。

（二）母公司在报告期内处置子公司在合并资产负债表的反映

在报告期内,如果母公司失去了决定被投资单位的财务和经营政策的能力,不再能够从

其经营活动中获取利益,则母公司不再控制被投资单位,被投资单位从本期开始不再是母公司的子公司,即母公司在报告期内处置子公司。母公司处置子公司可能因绝对或相对持股比例变化所产生的,如降低投资比例,也可能由于其他原因不再控制原先的子公司。比如,子公司被政府、人民法院等接管,母公司就失去了对该子公司的控制权。失去控制权也可能由于合同约定所导致,比如,通过法定程序修改原先的子公司的公司章程,限制了母公司对其财务和经营政策的主导权力,使母公司不能再单方面控制该子公司,原先的子公司从处置日开始不再是子公司,不应继续将其纳入合并财务报表的合并范围。

《企业会计准则第 33 号——合并财务报表》规定,母公司在报告期内处置子公司,编制合并资产负债表时,不应当调整合并资产负债表的期初数。

五、合并资产负债表的编制

为了便于理解和掌握合并资产负债表编制方法,了解合并资产负债表编制的过程,现就本节中合并资产负债表的编制举例综合说明如下:

【例 10-8】 沿用[例 10-1]至[例 10-7],P 公司和 S 公司 20×7 年 12 月 31 日的个别资产负债表分别参见表 10-2 和表 10-3。

根据上述资料,P 公司首先应当设计合并工作底稿(见表 10-4),将 P 公司、S 公司个别资产负债表的数据过入合并工作底稿,并计算资产负债表各项目的合计金额。其次,编制调整分录,按照 P 公司备查簿中所记录的 S 公司各项可辨认资产、负债及或有负债在购买日的公允价值的资料(见表 10-1)调整 S 公司的财务报表,将 S 公司的财务报表调整成以购买日可辨认资产、负债及或有负债的公允价值为基础编制的财务报表,再按照权益法调整 P 公司对 S 公司的长期股权投资。最后,编制抵销分录,将 P 公司与 S 公司之间的内部交易对合并资产负债表的影响予以抵销。

表 10-4 　　　　　　　　　合并工作底稿(简表)

20×7 年　　　　　　　　　　　　　　　　　单位:万元

项　目	P公司			S公司			合计金额	抵销分录		少数股东权益	合并金额
	报表金额	借方	贷方	报表金额	借方	贷方		借方	贷方		
(利润表项目)											
营业收入	8 700			6 300			15 000	(11) 1 000 (13) 300 (17) 3 500			10 200
营业成本	4 450			4 570			9 020	(12) 200	(11) 1 000 (13) 270 (17) 3 500		4 450
税金及附加	300			125			425				425
销售费用	15			10			25				25
管理费用	100			12	(1) 5		117	(16) 1	(14) 10		108

项目	P公司 报表金额	借方	贷方	S公司 报表金额	借方	贷方	合计金额	抵销分录 借方	贷方	少数股东权益	合并金额
财务费用	300			90			390		(18) 20		370
资产减值损失	25						25		(7) 25		0
投资收益	500	(3) 480	(2) 796				816		(18) 20 (19) 796		0
营业利润	4 010	480	796	1 493		5	5 814	5 817	4 825		4 822
营业外支出	10						10		(15) 10		0
利润总额	4 000	480	796	1 493		5	5 804	5 817	4 835		4 822
所得税费用	1 320			493			1 813				1 813
净利润	2 680	480	796	1 000		5	3 991	5 817	4 835		3 009
少数股东损益									(19) 199	199	199
归属于母公司所有者的净利润											2 810
（所有者权益变动表项目）											
未分配利润——年初	468			0			468		(19) 0		468
归属于母公司所有者的净利润											2 810
利润分配	1 948			700			2 648		(19) 100 (19) 600		1 948
未分配利润——年末	1 200	480	796	300		5	1 811	(5) 295 6 311	(19) 295 5 830		1 330
归属于少数股东的未分配利润——年初										0	0
少数股东损益										199	199
对少数股东的利润分配										120	120
归属于少数股东的未分配利润——年末										79	79
资本公积——年初	800			1 500		100	2 400	(5) 1 600			800

项目	P公司			S公司			合计金额	抵销分录		少数股东权益	合并金额
	报表金额	借方	贷方	报表金额	借方	贷方		借方	贷方		
可供出售金融资产公允价值变动净额				100			100	(5) 100			0
权益法下被投资单位其他所有者权益变动的影响			(4) 80				80				80
资本公积——年末	800		80	1 600		100	2 580	1 700			880
盈余公积——年初	732			0			732	(19) 0			732
提取盈余公积	268			100			368		(19) 100		268
盈余公积——年末	1 000			100			1 100	0	100		1 000
（资产负债表项目）											
流动资产：											
货币资金	1 000			500			1 500				1 500
应收票据	1 400			300			1 700		(9) 400		1 300
其中：应收S公司票据	400						400		(9) 400		0
应收账款	1 800			760			2 560	(7) 25	(6) 500		2 085
其中：应收S公司账款	475						475	(7) 25	(6) 500		0
预付款项	770			400			1 170		(8) 100		1 070
其中：预付P公司账款				100			100		(8) 100		0
存货	1 000			1 100			2 100		(12) 200		1 900
其中：向S公司购入存货	1 000						1 000		(12) 200		800
流动资产合计	5 970			3 060			9 030	25	1 200		7 855
非流动资产：											
可供出售金融资产				800			800				800

项 目	P公司			S公司			合计金额	抵销分录		少数股东权益	合并金额
	报表金额	借方	贷方	报表金额	借方	贷方		借方	贷方		
持有至到期投资	200						200		(10) 200		0
其中:持有 S 公司债券	200						200		(10) 200		0
长期股权投资	4 700	(2) 796 (4) 80	(3) 480				5 096		(5) 3 396		1 700
其中:对 S 公司投资	3 000	(2) 796 (4) 80	(3) 480				3 396		(5) 3 396		0
固定资产	4 100			2 100	100①	(1) 5	6 295	(14) 10 (15) 10	(13) 30 (16) 1		6 284
其中:S公司——A办公楼					100②	(1) 5	95				95
向 S 公司购入固定资产	200						200	(14) 10	(13) 30		180
向 P 公司购入固定资产					108		108	(15) 10	(16) 1		117
无形资产	630						630				630
商誉								(5) 120			120
非流动资产合计	9 630	876	480	2 900	100	5	13 021	140	3 627		9 534
资产总计	15 600	876	480	5 960	100	5	22 051	165	4 827		17 389
流动负债:											
应付票据	1 000			400			1 400	(9) 400			1 000
其中: 应付票据——P公司				400			400	(9) 400			0
应付账款	3 000			500			3 500	(6) 500			3 000
其中:应付 P 公司账款				500			500	(6) 500			0
预收款项	200						200	(8) 100			100
其中:预收 S 公司账款	100						100	(8) 100			0
应付职工薪酬	1 000			100			1 100				1 100
应交税费	800			60			860				860

① 此金额为合计金额。
② 此金额由表 10-1 P 公司备查簿中记录的"公允价值与账面价值的差额"中 100 万元直接转入。

项 目	P公司			S公司			合计金额	抵销分录		少数股东权益	合并金额
	报表金额	借方	贷方	报表金额	借方	贷方		借方	贷方		
流动负债合计	6 000			1 060			7 060	1 000			6 060
非流动负债:											
长期借款	2 000			700			2 700				2 700
应付债券	600			200			800	(10) 200			600
其中:应付债券——P公司	·			200			200	(10) 200			0
非流动负债合计	2 600			900			3 500	200			3 300
负债合计	8 600			1 960			10 560	1 200			9 360
所有者权益(或股东权益):											
实收资本(或股本)	4 000			2 000			6 000	(5) 2 000			4 000
资本公积	800		(4) 80	1 600		100①	2 580	(5) 1 700			880
其中:可供出售金融资产公允价值变动				100			100	100			0
盈余公积	1 000			100			1 100	(5) 100			1 000
未分配利润	1 200	(3) 480	(2) 796	300	(1) 5		1 811	(5) 295 (11) 1 000 (13) 300 (17) 3 500 (12) 200 (16) 1 (18) 20 (19) 796 (19) 199 (19) 0 6 311	(11) 1 000 (13) 270 (17) 3 500 (14) 10 (18) 20 (7) 25 (15) 10 (19) 100 (19) 600 (19) 295 5 830	(19) 199	1 330
少数股东权益										(5) 819	819
所有者权益合计	7 000	480	876	4 000	5	100	11 491	10 111	5 830	819	8 029
负债和所有者权益总计	15 600	480	876	5 960		100	22 051	11 311	5 830	819	17 389
(现金流量表项目)											

---

① 此金额由表 10-1P 公司备查簿中记录的"公允价值与账面价值的差额"中 100 万元直接转入。

项 目	P公司			S公司			合计金额	抵销分录		少数股东权益	合并金额
	报表金额	借方	贷方	报表金额	借方	贷方		借方	贷方		
一、经营活动产生的现金流量：											
销售商品、提供劳务收到的现金	7 675			5 990			13 665		(21) 3 600 (22) 300		9 765
收到的税费返还											
收到其他与经营活动有关的现金											
经营活动现金流入小计	7 675			5 990			13 665		3 900		9 765
购买商品、接受劳务支付的现金	1 420			3 170			4 590	(21) 3 600			990
支付给职工以及为职工支付的现金	1 100			250			1 350				1 350
支付的各项税费	1 820			758			2 578				2 578
支付其他与经营活动有关的现金	45			22			67				67
经营活动现金流出小计	4 385			4 200			8 585	3 600			4 985
经营活动产生的现金流量净额	3 290			1 790			5 080	3 600	3 900		4 780
二、投资活动生产的现金流量：											
收回投资收到的现金											
取得投资收益收到的现金	500						500		(20) 500		0
处置固定资产、无形资产和其他长期资产收回的现金	120						120		(23) 120		0
处置子公司及其他营业单位收到的现金净额											

项 目	P公司			S公司			合计金额	抵销分录		少数股东权益	合并金额
	报表金额	借方	贷方	报表金额	借方	贷方		借方	贷方		
收到其他与投资活动有关的现金											
投资活动现金流入小计	620						620		620		0
购建固定资产、无形资产和其他长期资产支付的现金	930			900			1 830	(22) 300 (23) 120			1 410
投资支付的现金											
取得子公司及其他营业单位支付的现金净额	3 000						3 000				3 000
支付其他与投资活动有关的现金											
投资活动现金流出小计	3 930			900			4 830	420			4 410
投资活动产生的现金流量金额	−3 310			−900			−4 210	200			−4 410
三、筹资活动产生的现金流量：											
吸收投资收到的现金											
取得借款收到的现金											
收到其他与筹资活动有关的现金											
筹资活动现金流入小计											
偿还债务支付的现金											
分配股利、利润和偿付利息支付的现金	1 980			690			2 670	(20) 500			2 170
支付其他与筹资活动有关的现金											

项　目	P公司			S公司			合计金额	抵销分录		少数股东权益	合并金额
	报表金额	借方	贷方	报表金额	借方	贷方		借方	贷方		
筹资活动现金流出小计	1 980			690			2 670	500			2 170
筹资活动产生的现金流量净额	−1 980			−690			−2 670	500			−2 170
现金及现金等价物净增加额	−2 000			200			−1 800				−1 800
年初现金及现金等价物余额	3 000			300			3 300				3 300
年末现金及现金等价物余额	1 000			500			1 500				1 500

六、合并资产负债表的格式

合并资产负债表格式综合考虑了企业集团中一般工商企业和金融企业（包括商业银行、保险公司和证券公司等）的财务状况列报的要求，与个别资产负债表的格式基本相同，主要增加了四个项目：一是增加了"商誉"项目，用于反映非同一控制下企业合并中取得的商誉，即在控股合并下母公司对子公司的长期股权投资（合并成本）大于其在购买日子公司可辨认净资产公允价值份额的差额；二是在所有者权益项目下增加了"归属于母公司所有者权益合计"项目，用于反映企业集团的所有者权益中归属于母公司所有者权益的部分，包括实收资本（或股本）、资本公积、库存股、盈余公积、未分配利润和外币报表折算差额等项目的金额；三是在所有者权益项目下，增加了"少数股东权益"项目，用于反映非全资子公司的所有者权益中不属于母公司的份额；四是在"未分配利润"项目之后，"少数股东权益"项目之前，增加了"外币报表折算差额"项目，用于反映境外经营的资产负债表折算为人民币表示的资产负债表时所发生的折算差额中归属于母公司所有者权益的部分。合并资产负债表的一般格式如表10-5所示。

表10-5　　　　　　　　　　合并资产负债表（简表）　　　　　　　　会企01表
编制单位：P公司　　　　　　20×7年12月31日单位：万元

资　产	期末余额	年初余额	负债和所有者权益（或股东权益）	期末余额	年初余额
流动资产：			流动负债：		
货币资金	1 500		短期借款		
交易性金融资产			交易性金融负债		
应收票据	1 300		应付票据	1 000	

资　产	期末余额	年初余额	负债和所有者权益（或股东权益）	期末余额	年初余额
应收账款	2 085		应付账款	3 000	
预付款项	1 070		预收款项	100	
应收利息			应付职工薪酬	1 100	
其他应收款			应交税费	860	
存货			应付利息		
			其他应付款		
一年内到期非流动资产	1 900		一年内到期的非流动负债		
其他流动资产			其他流动负债		
流动资产合计			流动负债合计	6 060	
非流动资产：	7 855		非流动负债：		
持有至到期投资	800		长期借款	2 700	
长期应收款	0		应付债券	600	
长期股权投资			长期应付款		
投资性房地产	1 700		专项应付款		
固定资产			预计负债		
在建工程	6 284		递延所得税负债		
工程物资			其他非流动负债		
固定资产清理			非流动负债合计	3 300	
无形资产			负债合计	9 360	
开发支出	630		所有者权益（或股东权益）：		
商誉			实收资本（或股本）	4 000	
长期待摊费用	120		资本公积	880	
递延所得税资产			减：库存股		
其他非流动资产			盈余公积	1 000	
非流动资产合计	9 534		未分配利润	1 330	
			归属于母公司所有者权益合计	7 210	
			少数股东权益	819	
			所有者权益合计	8 029	
资产总计	17 389		负债和所有者权益总计	17 389	

第四节 合 并 利 润 表

一、编制合并利润表时应进行抵销处理的项目

合并利润表应当以母公司和子公司的利润表为基础,在抵销母公司与子公司、子公司相互之间发生的内部交易对合并利润表的影响后,由母公司合并编制。

利润表作为以单个企业为会计主体进行会计核算的结果,分别从母公司本身和子公司本身反映其在一定会计期间的经营成果。在以其个别利润表为基础计算的收入和费用等项目的加总金额中,也必然包含有重复计算的因素,因此,编制合并利润表时,也需要将这些重复的因素予以剔除。

编制合并利润表时需要进行抵销处理的,主要有如下项目。

(一)内部营业收入和内部营业成本的抵销处理

内部营业收入是指企业集团内部母公司与子公司、子公司相互之间发生的商品销售(或劳务提供,下同)活动所产生的营业收入。内部营业成本是指企业集团内部母公司与子公司、子公司相互之间发生的销售商品的营业成本。

在企业集团内部母公司与子公司、子公司之间发生内部购销交易的情况下,母公司和子公司都从自身的角度,以自身独立的会计主体进行核算反映其损益情况。从销售企业来说,以其内部销售确认当期销售收入并结转相应的销售成本,计算当期内部销售商品损益。从购买企业来说,其购进的商品可能用于对外销售,也可能是作为固定资产、工程物资、在建工程、无形资产等资产使用。在购买企业将内部购进的商品用于对外销售时,可能出现以下三种情况:第一,内部购进商品全部实现对外销售;第二,内部购进的商品全部未实现销售,形成期末存货;第三,内部购进的商品部分实现对外销售、部分形成期末存货。在购买企业将内部购进的商品作为固定资产、工程物资、在建工程、无形资产等资产使用时,则形成其固定资产、工程物资、在建工程、无形资产等资产。因此,对内部销售收入和内部销售成本进行抵销时,应分别不同的情况进行处理。

1. 母公司与子公司、子公司相互之间销售商品,期末全部实现对外销售

在这种情况下,对于销售企业来说,销售给企业集团内其他企业的商品与销售给企业集团外部企业的情况下的会计处理相同,即在本期确认销售收入、结转销售成本、计算销售商品损益,并在其个别利润表中反映;对于购买企业来说,一方面要确认向企业集团外部企业的销售收入,另一方面要结转销售内部购进商品的成本,在其个别利润表中分别作为营业收入和营业成本反映,并确认销售损益。这也就是说,对于同一购销业务,在销售企业和购买企业的个别利润表中都作了反映。但从整个企业集团来看,这一购销业务只是实现了一次对外销售,其销售收入只是购买企业向企业集团外部企业销售该产品的销售收入,其销售成本只是销售企业向购买企业销售该商品的成本。销售企业向购买企业销售该商品实现的收入属于内部销售收入,相应地,购买企业向企业集团外部企业销售该商品的销售成本则属于内部销售成本。因此在编制合并利润表时,就必须将重复反映的内部营业收入与内部营业

成本予以抵销。

【例 10-9】 假设 P 公司 20×7 年利润表的营业收入中有 3 500 元，系向 S 公司销售产品取得的销售收入，该产品销售成本为 3 000 万元。S 公司在本期将该产品全部售出，其销售收入为 5 000 万元，销售成本为 3 500 万元，并分别在其利润表中列示。

对此，编制合并利润表将内部销售收入和内部销售成本予以抵销时，应编制如下抵销分录：

（17）借：营业收入 35 000 000
   贷：营业成本 35 000 000

其合并工作底稿如表 10-4。

2. 母公司与子公司、子公司之间销售商品，期末未实现对外销售而形成存货的抵销处理

在内部购进的商品未实现对外销售的情况下，其抵销处理参见本章第三节有关"存货价值中包含的未实现内部销售损益的抵销处理"的内容。

3. 母公司与子公司、子公司之间销售商品，期末部分实现对外销售、部分形成期末存货的抵销处理

即内部购进的商品部分实现对外销售、部分形成期末存货的情况，可以将内部购买的商品分解为两部分来理解：一部分为当期购进并全部实现对外销售；另一部分为当期购进但未实现对外销售而形成期末存货。［例 10-9］介绍的就是前一部分的抵销处理；［例 10-5］介绍的则是后一部分的抵销处理。

将［例 10-9］和［例 10-5］的抵销处理合在一起，就是第三种情况下的抵销处理。其抵销处理如下：

借：营业收入（35 000 000＋10 000 000） 45 000 000
 贷：营业成本 45 000 000

借：营业成本（0＋2 000 000） 2 000 000
 贷：存货 2 000 000

（二）购买企业内部购进商品作为固定资产、无形资产等资产使用时的抵销处理

企业集团内母公司与子公司、子公司相互之间将自身的产品销售给其他企业作为固定资产（作为无形资产等的处理原则类似）使用的抵销处理，参见本章第三节有关"内部交易形成的固定资产在购入当期的抵销处理"的内容。

（三）内部应收款项计提的坏账准备等减值准备的抵销处理

编制合并资产负债表时，需要将内部应收账款与应付账款相互抵销，与此相适应需要将内部应收账款计提的坏账准备予以抵销。相关抵销处理参见本章第三节有关"应收账款与应付账款的抵销处理"的内容。

（四）内部投资收益（利息收入）和利息费用的抵销处理

企业集团内部母公司与子公司、子公司相互之间可能相互提供信贷，以及相互持有对方债券的内部交易。在内部提供信贷的情况下，提供贷款的企业（金融企业）确认利息收入，并在其利润表反映为营业收入（利息收入）；而接受贷款的企业则支付利息费用，在其利润表反

映为财务费用（本章为了简化合并处理，假定所发生的利息费用全部计入当期损益，不存在资本化的情况）。在持有母公司或子公司发行的企业债券（或公司债券，下同）的情况下，发行债券的企业计付的利息费用作为财务费用处理，并在其个别利润表"财务费用"项目中列示；而持有债券的企业，将购买的债券在其个别资产负债表"持有至到期投资"（本章为简化合并处理，假定购买债券的企业将该债券投资归类为持有至到期投资）项目中列示，当期获得的利息收入则作为投资收益处理，并在其个别利润表"投资收益"项目中列示。在编制合并财务报表时，应当在抵销内部发行的应付债券和持有至到期投资等内部债权债务的同时，将内部应付债券和持有至到期投资相关的利息费用与投资收益（利息收入）相互抵销，即将内部债券投资收益与内部发行债券的利息费用相互抵销。

【例 10-10】 沿用[例 10-4]，假设 S 公司 20×7 年确认的应向 P 公司支付的债券利息费用总额为 20 万元（假定该债券的票面利率与实际利率相差较小）。

在编制合并利润表时，应将内部债券投资收益与应付债券利息费用相互抵销，其抵销分录如下：

（18）借：投资收益   200 000
         贷：财务费用   200 000

其合并工作底稿参见表 10-4。

（五）母公司与子公司、子公司相互之间持有对方长期股权投资的投资收益的抵销处理

内部投资收益是指母公司对子公司或子公司对母公司、子公司相互之间的长期股权投资的收益，即母公司对子公司的长期股权投资在合并工作底稿中按权益法调整的投资收益，实际上就是子公司当期营业收入减去营业成本和期间费用、所得税费用等后的余额与其持股比例相乘的结果。在子公司为全资子公司的情况下，母公司对某一子公司在合并工作底稿中按权益法调整的投资收益，实际上就是该子公司当期实现的净利润。编制合并利润表时，实际上是将子公司的营业收入、营业成本和期间费用视为母公司本身的营业收入、营业成本和期间费用同等看待，与母公司相应的项目进行合并，是将子公司的净利润还原为营业收入、营业成本和期间费用，也就是将投资收益还原为合并利润表中的营业收入、营业成本和期间费用处理。因此，编制合并利润表时，必须将对子公司长期股权投资收益予以抵销。

由于合并所有者权益变动表中的本年利润分配项目是站在整个企业集团角度，反映对母公司股东和子公司的少数股东的利润分配情况，因此，子公司的个别所有者权益变动表中本年利润分配各项目的金额，包括提取盈余公积、对所有者（或股东）的分配和期末未分配利润的金额都必须予以抵销。在子公司为全资子公司的情况下，子公司本期净利润就是母公司本期对子公司长期股权投资按权益法调整的投资收益。假定子公司期初未分配利润为 0，子公司本期净利润就是子公司本期可供分配的利润，是本期子公司利润分配的来源，而子公司本期利润分配[包括提取盈余公积、对所有者（或股东）的分配等]的金额与期末未分配利润的金额则是本期利润分配的结果。母公司对子公司的长期股权投资按权益法调整的投资收益正好与子公司的本年利润分配项目相抵销。在子公司为非全资子公司的情况下，母公司本期对子公司长期股权投资按权益法调整的投资收益与本期少数股东损益之和就是子公司本期净利润，同样假定子公司期初未分配利润为零，母公司本期对子公司长期股权投资按权益法调整的投资收益与本期少数股东损益之和，正好与子公司本年利润分配项目相抵销。

至于子公司个别所有者权益变动表中本年利润分配项目中的"未分配利润——年初"项目,作为子公司以前会计期间净利润的一部分,在全资子公司的情况下已全额包括在母公司以前会计期间按权益法调整的投资收益之中,从而包括在母公司按权益法调整的本期期初未分配利润之中。因此,也应将其予以抵销。从子公司个别所有者权益变动表来看,其期初未分配利润加上本期净利润就是其本期利润分配的来源;而本期利润分配和期末未分配利润则是利润分配的结果。母公司本期对子公司长期股权投资按权益法调整的投资收益和子公司期初未分配利润正好与子公司本年利润分配项目相抵销。在子公司为非全资子公司的情况下,母公司本期对子公司长期股权投资按权益法调整的投资收益、本期少数股东损益和期初未分配利润与子公司本年利润分配项目也正好相抵销。

【例 10-11】 沿用[例 10-1],假设 P 公司和 S 公司 20×7 年度所有者权益变动表如表10-6 所示。

表 10-6

所有者权益变动表(简表)
20×7 年度

会企 04 表
单位:万元

项　目	P公司本年金额					S公司本年金额				
	实收资本(或股本)	资本公积	盈余公积	未分配利润	所有者权益合计	实收资本(或股本)	资本公积	盈余公积	未分配利润	所有者权益合计
一、上年年末余额	4 000	800	732	468	6 000	2 000	1 500	0	0	3 500
加:会计政策变更										
前期差错更正										
二、本年年初余额	4 000	800	732	468	6 000	2 000	1 500	0	0	3 500
三、本年增减变动金额(减少以"一"号填列)										
（一）综合收益总额				2 680	2 680				1 000	1 000
（二）所有者投入和减少资本										
1. 所有者投入资本										
2. 股份支付计入所有者权益的金额										
3. 其他							100			100
（三）利润分配			268	−1 948	−1 680			100	−700	−600
1. 提取盈余公积			268	−268	0			100	−100	0
2. 对所有者(或股东)的分配				−1 680	−1 680				−600	−600
3. 其他										
（四）所有者权益内部结转										
1. 资本公积转增资本(或股本)										
2. 盈余公积转增资本(或股本)										

项　目	P公司本年金额					S公司本年金额				
	实收资本（或股本）	资本公积	盈余公积	未分配利润	所有者权益合计	实收资本（或股本）	资本公积	盈余公积	未分配利润	所有者权益合计
3.盈余公积弥补亏损										
4.其他										
四、本年年末余额	4 000	800	1 000	1 200	7 000	2 000	1 600	100	300	4 000

注:综合收益总额=净利润+其他综合收益-所得税
　　股份支付计入所有者权益的金额是指企业处于等待期中的权益结算的股份支付当年计入资本公积的金额。

S公司为非全资子公司,P公司拥有其80%的股份。在合并工作底稿中P公司按权益法调整的S公司本期投资收益为316万元(995×80%-480),S公司本期少数股东损益为79万元(995×20%-120)。S公司年初未分配利润为0,S公司本期提取盈余公积100万元、分派现金股利600万元、未分配利润295万元(300-5)。为此,进行抵销处理时,应编制如下抵销分录:

（19）借:投资收益　　　　　　　　　　　　　　　　　　7 960 000
　　　　少数股东损益　　　　　　　　　　　　　　　　1 990 000
　　　　未分配利润——年初　　　　　　　　　　　　　　0
　　　　贷:提取盈余公积　　　　　　　　　　　　　　　　1 000 000
　　　　　　对所有者（或股东）的分配　　　　　　　　　6 000 000
　　　　　　未分配利润——年末　　　　　　　　　　　　2 950 000

其合并工作底稿如表10-4。

需要说明的是,在将母公司投资收益等项目与子公司本年利润分配项目抵销时,应将子公司个别所有者权益变动表中提取盈余公积的金额全额抵销,即通过贷记"提取盈余公积""对所有者（或股东）的分配"和"未分配利润——年末"项目,将其全部抵销。在当期合并财务报表中不需再将已经抵销的提取盈余公积的金额调整回来。

二、母公司在报告期内增减子公司在合并利润表中的反映

（一）母公司在报告期内增加子公司在合并利润表中的反映

母公司因追加投资等原因控制了另一个企业即实现了企业合并。根据《企业会计准则第20号——企业合并》的规定,企业合并形成母、子公司关系的,母公司应当编制合并日的合并利润表。有关合并日合并利润表的编制,请参见第九章的相关内容。但是,在企业合并发生当期的期末和以后会计期间,母公司应当根据《企业会计准则第33号——合并财务报表》的规定编制合并利润表。《企业会计准则第33号——合并财务报表》规定,在编制合并利润表时,应当区分同一控制下的企业合并增加的子公司和非同一控制下的企业合并增加的子公司两种情况。

（1）因同一控制下企业合并增加的子公司,在编制合并利润表时,应当将该子公司合并

当期期初至报告期末的收入、费用、利润纳入合并利润表。

（2）因非同一控制下企业合并增加的子公司,在编制合并利润表时,应当将该子公司购买日至报告期末的收入、费用、利润纳入合并利润表。

（二）母公司在报告期内处置子公司在合并利润表的反映

母公司在报告期内处置子公司,应当将该子公司期初至处置日的收入、费用、利润纳入合并利润表。

三、合并利润表的编制

为了便于理解和掌握合并利润表的编制方法,了解合并利润表编制的全过程,现就本节中合并利润表的编制举例综合说明如下:

【例 10-12】 沿用[例 10-1][例 10-3][例 10-5]至[例 10-7][例 10-9]至[例 10-11]。P公司与S公司 20×7 年度个别利润表的资料参见表 10-7。

表 10-7

利 润 表(简表)
20×7 年度

会企 02 表
单位:万元

项 目	P公司	S公司
一、营业收入	8 700	6 300
减:营业成本	4 450	4 570
税金及附加	300	125
销售费用	15	10
管理费用	100	12
财务费用	300	90
资产减值损失	25	
加:公允价值变动收益(损失以"－"号填列)		
投资收益(损失以"－"号填列)	500	
其中:对联营企业和合营企业的投资收益		
二、营业利润(亏损以"－"号填列)	4 010	1 493
加:营业外收入		
减:营业外支出	10	
其中:非流动资产处置损失		
三、利润总额(亏损总额以"－"号填列)	4 000	1 493
减:所得税费用	1 320	493
四、净利润(净亏损以"－"号填列)	2 680	1 000

根据上述资料，P公司首先应当设计合并工作底稿（见表 10-4），将 P 公司、S 公司个别利润表的数据过入合并工作底稿，并计算利润表各项目的合计金额。其次，编制调整分录，按照 P 公司备查簿中所记录的 S 公司可辨认资产、负债及或有负债在购买日的公允价值的资料（见表 10-1）调整 S 公司的财务报表，将 S 公司的财务报表调整成以购买日可辨认资产、负债及或有负债的公允价值为基础编制的财务报表，按照权益法调整 P 公司对 S 公司的长期股权投资。最后，编制抵销分录，将 P 公司与 S 公司之间的内部交易对合并利润表的影响予以抵销。

四、合并利润表的基本格式

合并利润表的格式综合考虑了企业集团中一般工商企业和金融企业（包括商业银行、保险公司和证券公司）的经营成果列报的要求。

与个别利润表的格式基本相同，主要增加了两个项目，即在"净利润"项目下增加"归属于母公司所有者的净利润"和"少数股东损益"两个项目，分别反映净利润中由母公司所有者所享有的份额和非全资子公司当期实现的净利润中属于少数股东权益的份额，即不属于母公司享有的份额。在属于同一控制下企业合并增加的子公司当期的合并利润表中还应在"净利润"项目之下增加"其中：被合并方在合并前实现的净利润"项目，用于反映同一控制下企业合并中取得的被合并方在合并日以前实现的净利润。合并利润表的一般格式见表 10-8。

根据上述合并工作底稿（表 10-4）的合并金额，可编制该企业集团 20×7 年合并利润表（见表 10-8）。

表 10-8 　　　　　　　　　　　合并利润表（简表）　　　　　　　　　　会企 02 表
20×7 年度　　　　　　　　　　　　　　单位：万元

项　　目	本年金额	上年金额
一、营业收入	10 200	
减：营业成本	4 450	
税金及附加	425	
销售费用	25	
管理费用	108	
财务费用	370	
资产减值损失		
加：公允价值变动收益（损失以"－"号填列）		
投资收益（损失以"－"号填列）		
其中：对联营企业和合营企业的投资收益		
二、营业利润（亏损以"－"号填列）	4 822	

项　目	本年金额	上年金额
加：营业外收入		
减：营业外支出		
其中：非流动资产处置损失		
三、利润总额（亏损总额以"－"号填列）	4 822	
减：所得税费用	1.813	
四、净利润（净亏损以"－"号填列）	3 009	
归属于母公司所有者的净利润	2 810	
少数股东损益	199	
五、每股收益		
（一）基本每股收益		
（二）稀释每股收益		

五、子公司发生超额亏损在合并利润表中的反映

《企业会计准则第 33 号——合并财务报表》规定，子公司少数股东分担的当期亏损超过了少数股东在该子公司期初所有者权益中所享有的份额，其余额应当分别下列情况进行处理：

（1）公司章程或协议规定少数股东有义务承担，并且少数股东有能力予以弥补的，该项余额应当冲减少数股东权益。

（2）公司章程或协议未规定少数股东有义务承担的，该项余额应当冲减母公司的所有者权益。该子公司以后期间实现的利润，在弥补了由母公司所有者权益所承担的属于少数股东的损失之前，应当全部归属于母公司的所有者权益。

第五节　合并现金流量表

合并现金流量表是综合反映母公司及其所有子公司组成的企业集团在一定会计期间现金和现金等价物①流入和流出的报表。现金流量表作为一张主要报表已经为世界上一些主要国家的会计事务所采用，合并现金流量表的编制也成为各国会计实务的重要内容。

现金流量表要求按照收付实现制反映企业经济业务所引起的现金流入和流出，其有关经营活动产生的现金流量的编制方法有直接法和间接法两种。《企业会计准则第 31 号——

---

① 在本节提及现金时，除非同时提及现金等价物，均包括现金和现金等价物。

现金流量表》明确规定企业应当采用直接法列示经营活动产生的现金流量。在采用直接法的情况下,以合并利润表有关项目的数据为基础,调整得出本期的现金流入和现金流出:分别经营活动产生的现金流量、投资活动产生的现金流量、筹资活动产生的现金流量三大类,反映企业集团在一定会计期间的现金流量情况。

需要说明的是,某些现金流量在进行抵销处理后,需站在企业集团的角度,重新对其进行分类。比如,母公司持有子公司向其购买商品所开具的商业承兑汇票向商业银行申请贴现,母公司所取得现金在其个别现金流量表反映为经营活动的现金流入,在将该内部商品购销活动所产生的债权与债务抵销后,母公司向商业银行申请贴现取得的现金在合并现金流量表中应重新归类为筹资活动的现金流量列示。

合并现金流量表的编制原理、编制方法和编制程序与合并资产负债表、合并利润表的编制原理、编制方法和编制程序相同。即首先编制合并工作底稿,将母公司和所有子公司的个别现金流量表各项目的数据全部过入同一合并工作底稿;然后根据当期母公司与子公司,以及子公司相互之间发生的影响其现金流量增减变动的内部交易,编制相应的抵销分录,通过抵销分录将个别现金流量表中重复反映的现金流入量和现金流出量予以抵销;最后,在此基础上计算出合并现金流量表的各项目的合并金额,并填制合并现金流量表。

合并现金流量表补充资料,既可以以母公司和所有子公司的个别现金流量表为基础,在抵销母公司与子公司、子公司相互之间发生的内部交易对合并现金流量表的影响后进行编制,也可以直接根据合并资产负债表和合并利润表进行编制。

一、编制合并现金流量表时应进行抵销处理的项目

现金流量表作为以单个企业为会计主体进行会计核算的结果,分别从母公司本身和子公司本身反映其在一定会计期间现金流入和现金流出。在以其个别现金流量表为基础计算的现金流入和现金流出项目的加总金额中,也必然包含有重复计算的因素,因此,编制合并现金流量表时,也需要将这些重复的因素予以剔除。

编制合并现金流量表时需要进行抵销处理的项目,主要有如下项目。

(一) 企业集团内部当期以现金投资或收购股权增加的投资所产生的现金流量的抵销处理

母公司直接以现金对子公司进行的长期股权投资或以现金从子公司的其他所有者(即企业集团内的其他子公司)处收购股权,表现为母公司现金流出,在母公司个别现金流量表作为投资活动现金流出列示。子公司接受这一投资(或处置投资)时,表现为现金流入,在其个别现金流量表中反映为筹资活动的现金流入(或投资活动的现金流入)。从企业集团整体来看,母公司以现金对子公司进行的长期股权投资实际上相当于母公司将资本拨付下属核算单位,并不引起整个企业集团的现金流量的增减变动。因此,编制合并现金流量表时,应当在母公司与子公司现金流量表数据简单相加的基础上,将母公司当期以现金对子公司长期股权投资所产生的现金流量予以抵销。

(二) 企业集团内部当期取得投资收益收到的现金与分配股利、利润或偿付利息支付的现金的抵销处理

母公司对子公司进行的长期股权投资和债权投资,在持有期间收到子公司分派的现

金股利（利润）或债券利息，表现为现金流入，在母公司个别现金流量表中作为取得投资收益收到的现金列示。子公司向母公司分派现金股利（利润）或支付债券利息，表现为现金流出，在其个别现金流量表中反映为分配股利、利润或偿付利息支付的现金。从整个企业集团来看，这种投资收益的现金收支，并不引起整个企业集团的现金流量的增减变动。因此，编制合并现金流量表时，应当在母公司与子公司现金流量表数据简单相加的基础上，将母公司当期取得投资收益收到的现金与子公司分配股利、利润或偿付利息支付的现金予以抵销。

【例 10-13】 沿用[例 10-1]和[例 10-10]，P 公司应编制如下抵销分录：

（20）借①：分配股利、利润或偿付利息支付的现金　　　　　　　　　　5 000 000
　　　　　贷：取得投资收益收到的现金　　　　　　　　　　　　　　　　　5 000 000

其合并工作底稿如表 10-4 所示。

（三）企业集团内部以现金结算债权与债务所产生的现金流量的抵销处理

母公司与子公司、子公司相互之间当期以现金结算应收账款或应付账款等债权与债务，表现为现金流入或现金流出，在母公司个别现金流量表中作为收到其他与经营活动有关的现金或支付其他与经营活动有关的现金列示，在子公司个别现金流量表中作为支付其他与经营活动有关的现金或收到其他与经营活动有关的现金列示。从整个企业集团来看，这种现金结算债权与债务，并不引起整个企业集团的现金流量的增减变动。因此，编制合并现金流量表时，应当在母公司与子公司现金流量表数据简单相加的基础上，将母公司当期以现金结算债权与债务所产生的现金流量予以抵销。

（四）企业集团内部当期销售商品所产生的现金流量的抵销处理

母公司向子公司当期销售商品（或子公司向母公司销售商品或子公司相互之间销售商品，下同）所收到的现金，表现为现金流入，在母公司个别现金流量表中作为销售商品、提供劳务收到的现金列示。子公司向母公司支付购货款，表现为现金流出，在其个别现金流量表中反映为购买商品、接受劳务支付的现金。从整个企业集团来看，这种内部商品购销现金收支，并不会引起整个企业集团的现金流量的增减变动。因此，编制合并现金流量表时，应当在母公司与子公司现金流量表数据简单相加的基础上，将母公司与子公司、子公司相互之间当期销售商品所产生的现金流量予以抵销。

【例 10-14】 沿用[例 10-4][例 10-5]和[例 10-9]，假设 P 公司 20×7 年向 S 公司销售商品的价款 3 500 万元中实际收到 S 公司支付的银行存款 2 600 万元，同时 S 公司还向 P 公司开具了票面金额为 400 万元的商业承兑汇票。S 公司 20×7 年向 P 公司销售商品 1 000 万元的价款全部收到。应编制如下抵销分录：

（21）借：购买商品、接受劳务支付的现金　　　　　　　　　　　　　36 000 000
　　　　　贷：销售商品、提供劳务收到的现金　　　　　　　　　　　　　36 000 000

其合并工作底稿如表 10-4。

【例 10-15】 沿用[例 10-6]，假设 S 公司 20×7 年 1 月 1 日向 P 公司销售商品 300 万

---

① 在本节，合并现金流量表的抵销分录中，"借记"表示现金流出的减少，"贷记"表示现金流入的减少。

元的价款全部收到。应编制如下抵销分录：

  （22）借：购建固定资产、无形资产和其他长期资产支付的现金   3 000 000

     贷：销售商品、提供劳务收到的现金   3 000 000

其合并工作底稿如表10-4所示。

  （五）企业集团内部处置固定资产等收回的现金净额与购建固定资产等支付的现金的抵销处理

  母公司向子公司处置固定资产等长期资产，表现为现金流入，在母公司个别现金流量表中作为处置固定资产、无形资产和其他长期资产收回的现金净额列示。子公司表现为现金流出，在其个别现金流量表中反映为购建固定资产、无形资产和其他长期资产支付的现金。从整个企业集团来看，这种固定资产处置与购置的现金收支，并不会引起整个企业集团的现金流量的增减变动。因此，编制合并现金流量表时，应当在母公司与子公司现金流量表数据简单相加的基础上，将母公司与子公司、子公司相互之间处置固定资产、无形资产和其他长期资产收回的现金净额与购建固定资产、无形资产和其他长期资产支付的现金相互抵销。

  【例10-16】 沿用［例10-7］，假设P公司向S公司出售固定资产的价款120万元全部收到，应编制如下抵销分录：

  （23）借：购建固定资产、无形资产和其他长期资产收到的现金   1 200 000

     贷：处置固定资产、无形资产和其他长期资产支付的现金   1 200 000

其合并工作底稿如表10-4所示。

二、母公司在报告期内增减子公司在合并现金流量表中的反映

  （一）母公司在报告期内增加子公司在合并现金流量表中的反映

  母公司因追加投资等原因控制了另一个企业即实现了企业合并。根据《企业会计准则第20号——企业合并》的规定，企业合并形成母子公司关系的，母公司应当编制合并日的合并现金流量表。有关合并日合并现金流量表的编制，请参见第九章的相关内容。但是，在企业合并发生当期的期末和以后会计期间，母公司应当根据《企业会计准则第33号——合并财务报表》的规定编制合并现金流量表。《企业会计准则第33号——合并财务报表》规定，在编制合并现金流量表时，应当区分同一控制下的企业合并增加的子公司和非同一控制下的企业合并增加的子公司两种情况：

  （1）因同一控制下企业合并增加的子公司，在编制合并现金流量表时，应当将该子公司合并当期期初至报告期末的现金流量纳入合并现金流量表。

  （2）因非同一控制下企业合并增加的子公司，在编制合并现金流量表时，应当将该子公司购买日至报告期末的现金流量纳入合并现金流量表。

  （二）母公司在报告期内处置子公司在合并现金流量表的反映

  母公司在报告期内处置子公司，应将该子公司期初至处置日的现金流量纳入合并现金

流量表。

三、合并现金流量表中有关少数股东权益项目的反映

合并现金流量表编制与个别现金流量表相比,一个特殊的问题就是在子公司为非全资子公司的情况下,涉及子公司与其少数股东之间的现金流入和现金流出的处理问题。

对于子公司与少数股东之间发生的现金流入和现金流出,从整个企业集团来看,也影响到其整体的现金流入和流出数量的增减变动,必须在合并现金流量表中予以反映。子公司与少数股东之间发生的影响现金流入和现金流出的经济业务包括:少数股东对子公司增加权益性投资、少数股东依法从子公司中抽回权益性投资、子公司向其少数股东支付现金股利或利润等。为了便于企业集团合并财务报表使用者了解掌握企业集团现金流量的情况,有必要将与子公司与少数股东之间的现金流入和现金流出的情况单独予以反映。

对于子公司的少数股东增加在子公司中的权益性投资,在合并现金流量表中应当在"筹资活动产生的现金流量"之下的"吸收投资收到的现金"项目下"其中:子公司吸收、少数股东投资收到的现金"项目反映。

对于子公司向少数股东支付现金股利或利润,在合并现金流量表中应当在"筹资活动产生的现金流量"之下的"分配股利、利润或偿付利息支付的现金"项目下"其中:子公司支付给少数股东的股利、利润"项目反映。

对于子公司的少数股东依法抽回在子公司中的权益性投资,在合并现金流量表应当在"筹资活动产生的现金流量"之下的"支付其他与筹资活动有关的现金"项目反映。

1. 合并现金流量表的编制

为了便于理解和掌握合并现金流量表编制方法,了解合并现金流量表编制的全过程,现就本节中合并现金流量表的编制举例综合说明如下:

【例10-17】 沿用[例10-13]至[例10-16]。P公司与S公司20×7年度个别现金流量表的资料参见表10-9。

表10-9 现金流量表(简表) 会企03表
20×7年 单位:万元

项 目	P公司	S公司
一、经营活动产生的现金流量:		
销售商品、提供劳务收到的现金	7 675	5 990
收到的税费返还		
收到其他与经营活动有关的现金		
经营活动现金流入小计	7 675	5 990
购买商品、接受劳务支付的现金	1 420	3 170
支付给职工以及为职工支付的现金	1 100	250

项　　目	P公司	S公司
支付的各项税费	1 820	758
支付其他与经营活动有关的现金	45	22
经营活动现金流出小计	4 385	4 200
经营活动产生的现金流量净额	3 290	1 790
二、投资活动生产的现金流量：		
收回投资收到的现金		
取得投资收益收到的现金	500	
处置固定资产、无形资产和其他长期资产收回的现金	120	
处置子公司及其他营业单位收到的现金净额		
收到其他与投资活动有关的现金		
投资活动现金流入小计	620	
购建固定资产、无形资产和其他长期资产支付的现金	930	900
投资支付的现金		
取得子公司及其他营业单位支付的现金净额	3 000	
支付其他与投资活动有关的现金		
投资活动现金流出小计	3 930	900
投资活动产生的现金流量金额	－3 310	－900
三、筹资活动产生的现金流量：		
吸收投资收到的现金		
取得借款收到的现金		
收到其他与筹资活动有关的现金		
筹资活动现金流入小计		
偿还债务支付的现金		
分配股利、利润和偿付利息支付的现金	1 980	690
支付其他与筹资活动有关的现金		
筹资活动现金流出小计	1 980	690
筹资活动产生的现金流量净额	－1 980	－690
四、汇率变动对现金的影响		
五、现金及现金等价物净增加额	－2 000	200

项　目	P公司	S公司
加：年初现金及现金等价物余额	3 000	300
六、年末现金及现金等价物余额	1 000	500

根据上述资料，P公司首先应当设计合并工作底稿（见表10-4），将P公司、S公司个别现金流量表的数据过入合并工作底稿，并计算现金流量表各项目的合计金额。其次，编制抵销分录，将P公司与S公司之间的内部交易对合并现金流量表的影响予以抵销。

四、合并现金流量表格式

合并现金流量表的格式综合考虑了企业集团中一般工商企业和金融企业（包括商业银行、保险公司和证券公司）的现金流入和现金流出列报的要求，与个别现金流量表的格式基本相同，主要增加了反映金融企业行业特点和经营活动现金流量项目。合并现金流量表的一般格式如表10-10所示。

根据上述合并工作底稿（表10-4）的合并金额，可编制该企业集团20×7年度合并现金流量表如表10-10。

表 10-10　　　　　　　　　　合并现金流量表（简表）　　　　　　　　会企 03表
编制单位：P公司　　　　　　　　　　　　20×7年　　　　　　　　　　　单位：万元

项　目	本年金额	上年金额
一、经营活动产生的现金流量		
销售商品、提供劳务收到的现金	9 765	
收到的税费返还		
收到其他与经营活动有关的现金		
经营活动现金流入小计	9 765	
购买商品、接受劳务支付的现金	990	
支付给职工以及为职工支付的现金	1 350	
支付的各项税费	2 578	
支付其他与经营活动有关的现金	67	
经营活动现金流出小计	4 985	
经营活动产生的现金流量净额	4 780	
二、投资活动产生的现金流量		
收回投资收到的现金		
取得投资收益收到的现金		
处置固定资产、无形资产和其他长期资产收回的现金净额		

项　目	P公司	S公司
处置子公司及其他营业单位收到的现金净额		
收到其他与投资活动有关的现金		
投资活动现金流入小计		
购建固定资产、无形资产和其他长期资产支付的现金	1 410	
投资支付的现金		
取得子公司及其他营业单位支付的现金净额	3 000	
支付其他与投资活动有关的现金		
投资活动现金流出小计	4 410	
投资活动产生的现金流量净额	−4 410	
三、筹资活动产生的现金流量		
吸收投资收到的现金		
其中：子公司吸收少数股东投资收到的现金		
取得借款收到的现金		
发行债券收到的现金		
收到其他与筹资活动有关的现金		
筹资活动现金流入小计		
偿还债务支付的现金		
分配股利、利润或偿付利息支付的现金	2 170	
其中：子公司支付给少数股东的股利、利润	120	
支付其他与筹资活动有关的现金		
筹资活动现金流出小计	2 170	
筹资活动产生的现金流量净额	−2 170	
四、汇率变动对现金及现金等价物的影响		
五、现金及现金等价物净增加额	−1 800	
加：期初现金及现金等价物余额	3 300	
六、年末现金及现金等价物余额	1 500	

第六节　合并所有者权益变动表

合并所有者权益变动表是反映构成企业集团所有者权益的各组成部分当期的增减变动情况的财务报表。

合并报表准则规定,合并所有者权益变动表应当以母公司和子公司的所有者权益变动表为基础,在抵销母公司与子公司、子公司相互之间发生的内部交易对合并所有者权益变动表的影响后,由母公司合并编制。合并所有者权益变动表也可以根据合并资产负债表和合并利润表进行编制。

所有者权益变动表作为以单个企业为会计主体进行会计核算的结果,分别从母公司本身和子公司本身反映其在一定会计期间所有者权益构成及其变动情况。在以其个别所有者权益变动表为基础计算的各所有者权益构成项目的加总金额中,也必然包含重复计算的因素,因此,编制合并所有者权益变动表时,也需要将这些重复的因素予以剔除。

编制合并所有者权益变动表时需要进行抵销处理的项目,主要有如下项目:

(1) 母公司对子公司的长期股权投资与母公司在子公司所有者权益中所享有的份额相互抵销,其抵销处理参见本章第三节有关"长期股权投资与子公司所有者权益的抵销处理"的内容。

(2) 母公司对子公司、子公司相互之间持有对方长期股权投资的投资收益应当抵销等,其抵销处理参见本章第四节有关"母公司与子公司、子公司相互之间持有对方长期股权投资的投资收益的抵销处理"的内容。

一、合并所有者权益变动表的编制

为了便于理解和掌握合并所有者权益变动表编制方法,了解合并所有者权益变动表编制的全过程,现就本节中合并所有者权益变动表的编制举例综合说明如下。

【例 10-18】　沿用[例 10-1]和[例 10-11]。P 公司与 S 公司 20×7 年度个别所有者权益变动表,如表 10-6 所示。

根据上述资料,P 公司首先应当设计合并工作底稿(见表 10-4),将 P 公司、S 公司个别所有者权益变动表的数据过入合并工作底稿,并计算所有者权益变动表各项目的合计金额。其次,编制抵销分录,将 P 公司与 S 公司之间的内部交易对所有者权益变动表的影响予以抵销。

二、合并所有者权益变动表格式

合并所有者权益变动表的格式与个别所有者权益变动表的格式基本相同。所不同的只是在子公司存在少数股东的情况下,合并所有者权益变动表增加"少数股东权益"栏目,用于反映少数股东权益变动的情况。合并所有者权益变动表的一般格式如表 10-11。

根据上述合并工作底稿(表 10-4)的合并金额,可编制该企业集团 20×7 年合并所有者权益变动表如表 10-11 所示。

表 10-11　　　　　　　　　　　合并所有者权益变动表　　　　　　　　　会企 04 表
编制单位:P 公司　　　　　　　　　　　　　20×7 年度　　　　　　　　　　　单位:万元

项目	本年金额								上年金额(略)
	归属于母公司所有者权益						少数股东权益	所有者权益合计	……
	实收资本(或股本)	资本公积	减:库存股	盈余公积	未分配利润	其他			
一、上年年末余额	4 000	800		732	468			6 000	
加:会计政策变更							720①	720	
前期差错更正									
二、本年年初余额	4 000	800		732	468		720	6 720	
三、本年增减变动金额(减少以"-"号填列)		80		268	862		99	1 309	
(一)综合收益总额					2 810		199	3 009	
(二)所有者投入和减少资本		80					20	100	
1. 所有者投入资本									
2. 股份支付计入所有者权益的金额		80						80	
3. 其他							20	20	
(三)利润分配				268	-1 948		-120	-1 800	
1. 提取盈余公积				268	-268			0	
2. 对所有者(或股东)的分配					-1 680		-120	-1 800	
3. 其他									
(四)所有者权益内部结转									
1. 资本公积转增资本(或股本)									
2. 盈余公积转增资本(或股本)									
3. 盈余公积弥补亏损									
4. 其他									
四、本年年末余额	4 000	880		1 000	1 330		819	8 029	

───────────

　① 720 万元为 20×7 年 1 月 1 日,P 公司购买 S 公司 80% 的股份时,按其可辨认净资产的公允价值计算确定的少数股东权益金额=(S 公司的所有者权益总额 3 500 万元+S 公司固定资产公允价值增加额 100 万元)×20%。

本 章 小 结

本章主要介绍了合并财务报表的编制方法。合并财务报表是指反映母公司和其全部子公司形成的企业集团（以下简称企业集团）整体财务状况、经营成果和现金流量的财务报表。合并财务报表的合并范围应当以控制为基础予以确定。合并财务报表的编制程序主要是通过编制合并工作底稿来进行的。在合并工作底稿上，根据需要调整子公司的个别财务报表，将母公司对子公司的长期股权投资由成本法调整为权益法，最后通过抵销内部交易对合并财务报表的影响，完成对合并财务报表的编制。

本章的主要内容包括：

（1）合并财务报表的概念和合并财务报表的合并范围。

（2）在合并工作底稿中对子公司个别报表进行调整。

（3）在合并工作底稿中将母公司对子公司的长期股权投资由成本法调整为权益法。

（4）合并资产负债表的内容、格式和编制方法。

（5）合并利润表的内容、格式和编制方法。

（6）合并现金流量表的内容、格式和编制方法。

（7）合并所有者权益表的内容、格式和编制方法。

【关键术语】

母公司　合并工作底稿　未实现内部销售损益　少数股东损益　子公司超额亏损

【思考题】

1. 应如何确定合并财务报表的合并范围？

2. 在合并工作底稿中，应如何调整子公司的个别财务报表？

3. 在合并工作底稿中将母公司对子公司的长期股权投资由成本法调整为权益法，具体应调整哪些项目？

4. 在合并工作底稿中，母、子公司个别财务报表中的递延所得税资产和递延所得税负债是否需要抵销？如果需要，应如何抵销？

5. 在合并工作底稿中，母、子公司各自计提的资产减值项目是否需要抵销？如果需要，应如何抵销？

【练习题】

一、单项选择题

1. 下列事项中，C公司必须纳入A公司合并范围的情况是（　　）。

　　A. A公司拥有B公司50%的权益性资本，B公司拥有C公司60%的权益性资本

　　B. A公司拥有C公司48%的权益性资本

C. A公司拥有B公司60%的权益性资本,B公司拥有C公司40%的权益性资本

D. A公司拥有B公司60%的权益性资本,B公司拥有C公司40%的权益性资本同时A公司拥有C公司20%的权益性资本

2. 甲公司编制合并报表时以下合并范围确认正确的是(　　)。

　　A. 报告期内购入的子公司不纳入合并范围

　　B. 报告期内新设立的子公司不纳入合并范围

　　C. 规模小的子公司不纳入合并范围

　　D. 规模小的子公司也要纳入合并范围

3. 下列关于合并财务报表的合并范围确定的叙述中,不正确的是(　　)。

　　A. 合并财务报表的合并范围应当以控制为基础予以确定

　　B. 在确定能否控制被投资单位时应当考虑潜在表决权因素

　　C. 小规模的子公司应纳入合并财务报表的合并范围

　　D. 经营业务性质特殊的子公司不纳入合并财务报表的合并范围

4. M公司拥有A公司70%的股权,拥有B公司30%股权,拥有C公司60%股权,A公司拥有C公司20%股权,B公司拥有C公司10%股权,则M公司合计拥有C公司的股权为(　　)。

　　A. 60%　　　　　　B. 80%　　　　　　C. 74%　　　　　　D. 90%

5. 编制合并报表抵销分录的目的在于(　　)。

　　A. 将母、子公司个别会计报表各项目加总

　　B. 将个别报表各项目加总数据中集团内部经济业务的重复因素予以抵销

　　C. 代替设置账簿、登记账簿的核算程序

　　D. 反映全部内部投资、内部交易、内部债权债务等会计事项

6. 因同一控制下企业合并增加的子公司,在编制合并资产负债表时,下列说法中正确的是(　　)。

　　A. 只调整年初未分配利润

　　B. 不调整年初未分配利润

　　C. 不调整合并资产负债表的期初数

　　D. 应当调整合并资产负债表的期初数

7. 甲、乙公司没有关联关系,甲公司于20×7年1月1日投资500万元购入乙公司80%股权,乙公司可辨认净资产公允价值为500万元,账面价值为400万元,其差额为应在5年摊销的无形资产,20×7年乙公司实现净利润100万元,20×8年乙公司分配60万元,20×8年乙公司又实现净利润120万元,资本公积增加100万元,所有者权益其他项目不变,在20×8年期末甲公司编制合并抵销分录时,长期股权投资应调整为(　　)万元。

　　A. 596　　　　　　B. 676　　　　　　C. 660　　　　　　D. 620

8. 子公司20×6年从母公司购入的75万元存货没有实现对外销售,20×7年全部销售,取得销售收入120万元,该项存货母公司的销售成本为60万元,母公司编制20×7年合并报表时所作的抵销分录为(　　)。

　　A. 借:未分配利润——期初　　　　　　　　　　　　　　　300 000

　　　　贷:营业成本　　　　　　　　　　　　　　　　　　　　　　300 000

B. 借：未分配利润——期初 150 000
　　贷：营业成本 150 000
C. 借：未分配利润——期初 150 000
　　贷：存货 150 000
D. 借：营业收入 1 050 000
　　贷：营业成本 750 000
　　　　存货 300 000

9. 母、子公司采用应收账款余额百分比法计提坏账准备，计提比例为10%，20×7年年初内部应收账款余额为450万元，本年末内部应收账款余额为315万元，在连续编制合并会计报表的情况下，20×7年就该项内部应收账款计提的坏账准备编制的抵销分录为（　　）。

A. 借：资产减值损失 135 000
　　贷：应收账款——坏账准备 135 000
B. 借：应收账款——坏账准备 135 000
　　贷：资产减值损失 135 000
C. 借：应收账款——坏账准备 450 000
　　贷：未分配利润——年初 450 000

　　借：应收账款——坏账准备 135 000
　　贷：资产减值损失 135 000
D. 借：应收账款——坏账准备 450 000
　　贷：未分配利润——年初 450 000

　　借：资产减值损失 135 000
　　贷：应收账款——坏账准备 135 000

10. 乙公司和丙公司均为纳入甲公司合并范围的子公司。20×7年6月1日，乙公司将其产品销售给丙公司作为管理用固定资产使用，售价为35.1万元(含增值税)，乙公司适用的增值税税率为17%，销售成本为24万元。丙公司购入后按4年的期限．采用直线法计提折旧，预计净残值为0。甲公司在编制20×8年年度合并会计报表时，应调减"固定资产——累计折旧"项目的金额是（　　）万元。

A. 1.5　　　　　B. 9　　　　　C. 6　　　　　D. 2.25

11. 企业对于以前年度内部交易形成的固定资产，以前年度提取的累计折旧中由于未实现内部销售利润而多计提的数字，在本期编制合并会计报表进行抵销处理时，应当（　　）。

A. 借记"未分配利润——年初"项目，贷记"管理费用"项目
B. 借记"固定资产——累计折旧"项目，贷记"管理费用"项目
C. 借记"营业外支出"项目，贷记"固定资产——累计折旧"项目
D. 借记"固定资产——累计折旧"项目，贷记"未分配利润——年初"项目

12. 甲、乙公司没有关联关系，甲公司按照净利润的10%提取盈余公积。20×7年1月1日，甲公司投资500万元购入乙公司100%股权，乙公司可辨认净资产公允价值为500万元，账面价值为400万元，其差额为应在5年摊销的无形资产，乙公司20×7年实现净利润100万元，期初未分配利润为0，20×8年分配60万元，20×8年又实现120万元，乙公司在

20×8年期末甲公司编制投资收益和利润分配的抵销分录时,应抵销的期初和期末未分配利润分别是(   )万元。

    A. 0,60   B. 0,120   C. 70,108   D. 70,98

13. 下列关于母公司投资收益和子公司利润分配的抵销分录表述中,不正确的是(   )。

    A. 抵销母公司投资收益和少数股东损益均按照调整后的净利润份额计算

    B. 抵销子公司利润分配有关项目按照子公司实际提取和分配数计算

    C. 抵销期末未分配利润按照期初和调整后的本期净利润减去实际分配后的余额计算

    D. 抵销母公司投资收益按照调整后的净利润份额计算,计算少数股东损益的净利润不需调整

14. 甲公司只有乙公司一个子公司,20×7年度,甲公司和乙公司个别现金流量表中"销售商品、提供劳务收到的现金"项目的金额分别为2 000万元和1 000万元,"购买商品、接受劳务支付的现金"项目的金额分别为1 800万元和800万元。20×7年甲公司向乙公司销售商品收到现金100万元,不考虑其他事项,合并现金流量表中"购买商品、接受劳务支付的现金"项目的金额为(   )万元。

    A. 3 000   B. 2 600   C. 2 500   D. 2 900

15. 甲公司拥有A公司40%的权益性资本,甲公司控制的M公司拥有A公司30%权益性资本,A公司权益性资本包括股本等共计5 000万元,在编制甲公司合并报表时,甲公司投资与A公司权益相抵销的分录是(   )。

    A. 借:股本等   35 000 000
            贷:长期股权投资——甲公司   20 000 000
                少数股东权益   15 000 000

    B. 借:股本等   50 000 000
            贷:长期股权投资——甲公司   20 000 000
                长期股权投资——M公司   15 000 000
                少数股东权益   15 000 000

    C. 借:股本等   50 000 000
            贷:长期股权投资——甲公司   20 000 000
                少数股东权益   30 000 000

    D. 借:股本等   50 000 000
            贷:长期股权投资——甲公司   20 000 000
                合并价差   15 000 000
                少数股东权益   15 000 000

16. 下列各项中,不属于合并会计报表编制的前提及准备事项的是(   )。

    A. 统一母子公司的会计报表决算日

    B. 统一母子公司的会计期间

    C. 统一母子公司的会计政策

    D. 统一母子公司采用的会计科目

17. 20×7年9月,子公司从母公司购入的150万元存货,本年全部没有实现销售,期末

该批存货的可变现净值为 105 万元,子公司计提了 45 万元的存货跌价准备,母公司销售该存货的成本为 120 万元,20×7 年年末在母公司编制合并报表时对该准备项目所作的抵销处理为(   )。

A. 借:存货跌价准备　　　　　　　　　　　　　　　　300 000
　　　贷:资产减值损失　　　　　　　　　　　　　　　　　300 000

B. 借:资产减值损失　　　　　　　　　　　　　　　　150 000
　　　贷:存货跌价准备　　　　　　　　　　　　　　　　　150 000

C. 借:存货跌价准备　　　　　　　　　　　　　　　　450 000
　　　贷:资产减值损失　　　　　　　　　　　　　　　　　450 000

D. 借:未分配利润——年初　　　　　　　　　　　　　300 000
　　　贷:存货跌价准备　　　　　　　　　　　　　　　　　300 000

18. 甲、乙公司没有关联关系,甲公司于 20×7 年 1 月 1 日投资 500 万元购入乙公司 100%股权,乙公司可辨认净资产公允价值为 500 万元,账面价值为 400 万元,其差额为应在 5 年摊销的无形资产,20×7 年乙公司实现净利润 100 万元。所有者权益其他项目不变,期初未分配利润为 0,在 20×7 年期末甲公司编制投资收益和利润分配的抵销分录时,应抵销的投资收益是(   )万元。

A. 100　　　　　　B. 80　　　　　　C. 60　　　　　　D. 120

19. 甲、乙公司没有关联关系,甲公司于 20×7 年 1 月 1 日投资 500 万元购入乙公司 100%股权,乙公司可辨认净资产公允价值为 500 万元,账面价值为 400 万元,其差额为应在 5 年摊销的无形资产,20×7 年乙公司实现净利润 100 万元,所有者权益其他项目不变,在 20×7 年期末甲公司编制合并抵销分录时,长期股权投资应调整为(   )万元。

A. 600　　　　　　B. 720　　　　　　C. 580　　　　　　D. 540

20. 甲公司于 20×6 年 1 月 1 日投资 500 万元购入乙公司 100%股权,乙公司可辨认净资产为 500 万元。当年年末,乙公司未分配利润为 -50 万元,所有者权益其他项目不变,在期末甲公司编制合并抵销分录时,应该(   )。

A. 调整成权益法,减少长期股权投资账面价值和投资收益 50 万元
B. 调整成权益法,增加长期股权投资账面价值和投资收益 50 万元
C. 调整成权益法,减少长期股权投资账面价值和未分配利润 50 万元
D. 未分配利润为负数不合并

21. 20×4 年 3 月,母公司以 1 000 万元的价格(不含增值税额)将其生产的设备销售给其全资子公司作为管理用固定资产。该设备的生产成本为 800 万元。子公司采用年限平均法对该设备计提折旧。该设备预计使用年限为 10 年。预计净残值为 0。编制 20×4 年合并报表时,因该设备相关的未实现内部销售利润的抵销而影响合并净利润的金额为(   )万元。

A. 180　　　　　　B. 185　　　　　　C. 200　　　　　　D. 215

22. 将期初内部交易无形资产的摊销额抵销时,应编制的抵销分录是(   )。

A. 借记"未分配利润——年初"项目,贷记"管理费用"项目
B. 借记"无形资产——累计摊销"项目,贷记"管理费用"项目
C. 借记"无形资产——累计摊销"项目,贷记"未分配利润——年初"项目
D. 借记"未分配利润——年初"项目,贷记"无形资产——累计摊销"项目

23. 母公司期初、期末对子公司应收款项余额分别是 250 万元和 200 万元，母公司始终按应收款项余额的 5‰提取坏账准备，则母公司期末编制合并报表抵销内部应收款项计提的坏账准备分录是（　　）。

    A. 借：应收账款   10 000
        贷：资产减值损失   10 000

    B. 借：期初未分配利润   12 500
        贷：应收账款   10 000
           资产减值损失   2 500

    C. 借：应收账款   12 500
         贷：期初未分配利润   10 000
            资产减值损失   2 500

    D. 借：应收账款   12 500
         贷：期初未分配利润   12 500
        借：资产减值损失   2 500
        贷：应收账款   2 500

24. 子公司上期从母公司购入的 50 万元存货全部在本期实现销售，取得 70 万元的销售收入，该项存货母公司的销售成本 40 万元，在母公司编制本期合并报表时所作的抵销分录为（　　）。

    A. 借：未分配利润——年初   200 000
        贷：营业成本   200 000

    B. 借：未分配利润——年初   100 000
        贷：存货   100 000

    C. 借：未分配利润——年初   100 000
        贷：营业成本   100 000

    D. 借：营业收入   700 000
        贷：营业成本   500 000
           存货   200 000

二、多项选择题

1. 合并财务报表的特点有（　　）。

    A. 合并财务报表反映的是经济利益主体的整体财务状况，经营成果及现金流量

    B. 合并财务报表的编制主体是母公司

    C. 合并财务报表的编制基础是构成企业集团的母、子公司的个别报表

    D. 合并财务报表就是各个子公司个别报表的汇总

2. 下列企业与甲公司有如下关系，其中应纳入甲公司合并报表合并范围的有（　　）。

    A. 甲公司拥有 A 公司 30％的表决权，甲公司控制的另一家公司同时拥有 A 公司 35％的表决权

    B. 甲公司拥有 B 公司 30％的表决权，甲公司拥有 40％表决权的另一家公司同时拥有 B 公司 35％的表决权

    C. 甲公司拥有 C 公司 40％的表决权，同时甲公司受托管理控制另一家公司在 C 公司的 30％表决权，从而在 C 公司股东会上有半数以上表决权

D. 甲公司拥有 E 公司 60％的表决权,由于 E 公司连年亏损,所有者权益为负数,但还在继续经营

3. 下列各项中,有关合并会计报表不正确的表述方法有(　　)。

   A. 母公司不应当将其全部子公司纳入合并财务报表的合并范围,如小规模的子公司、经营业务性质特殊的子公司

   B. 纳入合并财务报表的合并范围的子公司,在合并工作底稿中按照权益法调整对子公司的长期股权投资,编制相关调整分录

   C. 将内部交易固定资产相关的销售收入、销售成本以及其原价中包含的未实现内部销售损益予以抵销

   D. 因同一控制下企业合并增加的子公司,在编制合并利润表时应当将该子公司购买日至报告期末的收入、费用、利润纳入合并利润表

4. 在编制合并财务报表时,不纳入合并范围的有(　　)。

   A. 规模很小的子公司

   B. 已宣告被清理整顿的原子公司

   C. 已宣告破产的原子公司

   D. 合营企业

5. 甲公司拥有乙公司有表决权股份的 60％;乙公司拥有丙公司有表决权股份的 52％,拥有丁公司有表决权股份的 31％;甲公司直接拥有丁公司有表决权股份的 22％;甲公司接受戊公司的委托,对戊公司的子公司己公司提供经营管理服务,甲公司与戊和己公司之间没有直接或间接的投资关系。假定上述公司均以其所持表决权股份参与被投资企业的财务和经营决策。假定不考虑其他因素,下列公司中,应纳入甲公司合并会计报表范围的有(　　)。

   A. 乙公司　　　　　　　　　　　B. 丙公司

   C. 丁公司　　　　　　　　　　　D. 戊公司

6. 下列情况中,W 公司没有拥有该被投资单位半数以上权益性资本,但可以纳入合并会计报表合并范围的有(　　)。

   A. 通过与被投资企业其他投资者之间的协议,持有该被投资企业半数以上表决权

   B. 根据公司章程或协议,有权控制被投资企业财务和经营政策

   C. 有权任免董事会等权力机构的多数成员

   D. 在董事会或者类似权力机构的会议上有半数以上投票权

7. 关于确定能否控制被投资单位时对潜在表决权的考虑,下列说法正确的有(　　)。

   A. 潜在表决权包括在将来某一日期或将来发生某一事项才能转换的可转换公司债券或才能执行的认股权证

   B. 应当考虑影响潜在表决权的所有事项和情况,包括执行条款或其他合约安排

   C. 要考虑的是本企业在被投资单位的潜在表决权,而不用考虑其他企业或个人在被投资单位的潜在表决权

   D. 要考虑可能会提高或降低本企业在被投资单位持股比例的潜在表决权

8. 远洋股份有限公司于 20×5 年年初通过收购股权成为 B 股份有限公司的母公司。20×5 年年末,远洋公司应收 B 公司账款为 150 万元;20×6 年年末,远洋公司应收 B 公司账款为 450 万元;20×7 年年末,远洋公司应收 B 公司账款为 225 万元。远洋公司坏账准备计提比例为 2％。对此,编制 20×7 年年末合并报表工作底稿时应编制的抵销分录包括(　　)。

A. 借：应收账款——坏账准备　　　　　　　　　　45 000
　　　贷：资产减值损失　　　　　　　　　　　　　　　　45 000
B. 借：应付账款　　　　　　　　　　　　　　2 250 000
　　　贷：应收账款　　　　　　　　　　　　　　　　2 250 000
C. 借：资产减值损失　　　　　　　　　　　　　　45 000
　　　贷：应收账款——坏账准备　　　　　　　　　　　　45 000
D. 借：应收账款——坏账准备　　　　　　　　　　90 000
　　　贷：未分配利润——年初　　　　　　　　　　　　　90 000

9. 20×6年子公司将成本为120万元的一批产品销售给母公司，销售价格为150万元，母公司购入该产品未对外销售形成存货；20×7年子公司又将成本为210万元的一批产品销售给母公司，销售价格为300万元，20×7年母公司将上述存货对外销售，销售价格为450万元，销售成本为200万元。采用先进先出法对存货计价。20×7年期末编制合并报表时，母公司应作的抵销分录有（　　　）。

A. 借：未分配利润——年初　　　　　　　　　　300 000
　　　贷：营业成本　　　　　　　　　　　　　　　　300 000
B. 借：营业收入　　　　　　　　　　　　　3 000 000
　　　贷：营业成本　　　　　　　　　　　　　　　3 000 000
C. 借：营业成本　　　　　　　　　　　　　　330 000
　　　贷：存货　　　　　　　　　　　　　　　　　330 000
D. 借：营业成本　　　　　　　　　　　　　　750 000
　　　贷：存货　　　　　　　　　　　　　　　　　750 000

10. 将企业集团内部利息收入与内部利息支出抵销时，可能编制的抵销分录有（　　　）。

A. 借记"投资收益"项目，贷记"财务费用"项目
B. 借记"营业外收入"项目，贷记"财务费用"项目
C. 借记"管理费用"项目，贷记"财务费用"项目
D. 借记"投资收益"项目，贷记"在建工程"项目

11. 因非同一控制下企业合并增加的子公司，在编制合并财务报表时，下列说法中正确的有（　　　）。

A. 编制合并利润表时，应当将该子公司购买日至报告期末的收入、费用、利润纳入合并利润表
B. 编制合并利润表时，应当将该子公司合并当期期初至报告期末的收入、费用、利润纳入合并利润表
C. 编制合并资产负债表时，应当调整合并资产负债表的期初数
D. 编制合并资产负债表时，不应调整合并资产负债表的期初数

12. 下列各项中，属于母、子公司合并现金流量表应抵销的项目有（　　　）。

A. 以现金投资或收购股权增加的投资所产生的现金流量
B. 当期取得投资收益收到的现金与分配股利、利润或偿付利息支付的现金
C. 以现金结算债权与债务产生的现金流量
D. 内部处置固定资产、无形资产和其他长期资产收回的现金净额与购建固定资产等支付的现金

13. 子公司本期将其成本为 80 万元的一批产品销售给母公司,销售价格为 100 万元,母公司本期购入该产品都形成存货,并为该项存货计提 5 万元跌价准备,期末编制合并报表时,母公司应抵销的项目和金额有(   )。

    A. 资产减值损失—5 万元

    B. 营业收入—100 万元

    C. 营业成本—80 万元

    D. 存货—20 万元

14. 子公司编制合并报表需做的前期准备工作有(   )。

    A. 应当向母公司提供财务报表

    B. 采用的与母公司不一致的会计政策及其影响金额

    C. 与母公司不一致的会计期间的说明

    D. 与母公司、其他子公司之间发生的所有内部交易的相关资料

15. A 公司和 B 公司是母、子公司关系。2006 年年末,A 公司应收 B 公司账款为 100 万元,坏账准备计提比例为 2%;20×7 年年末,A 公司应收 B 公司账款仍为 100 万元,坏账准备计提比例变更为 4%。对此,母公司编制 20×7 年合并会计报表工作底稿时应编制的抵销分录包括(   )。

    A. 借:应付账款   10 000 00

           贷:应收账款   10 000 00

    B. 借:应收账款——坏账准备   100 00

           贷:资产减值损失   100 00

    C. 借:应收账款——坏账准备   200 00

           贷:资产减值损失   200 00

    D. 借:应收账款——坏账准备   200 00

           贷:未分配利润——年初   200 00

16. 下列关于母公司在报告期增减子公司在合并现金流量表的反映中,正确的有(   )。

    A. 因同一控制下企业合并增加的子公司,在编制合并现金流量表时,应当将该子公司合并当期期初至报告期末的现金流量纳入合并现金流量表

    B. 母公司在报告期内处置子公司,应将该子公司处置日至期末的现金流量纳入合并现金流量表

    C. 因非同一控制下企业合并增加的子公司,在编制合并现金流量表时,应当将该子公司购买日至报告期末的现金流量纳入合并现金流量表

    D. 因同一控制下企业合并增加的子公司,在编制合并现金流量表时,应当将该子公司购买日至报告期末的现金流量纳入合并现金流量表

17. 下列关于母公司在报告期增减子公司在合并利润表的反映中,说法中正确的有(   )。

    A. 因同一控制下企业合并增加的子公司,在编制合并利润表时,应当将该子公司合并当期期初至报告期末的收入、费用、利润纳入合并利润表

    B. 因非同一控制下企业合并增加的子公司,在编制合并利润表时,应当将该子公司合并当期期初至报告期末的收入、费用、利润纳入合并利润表

C. 因非同一控制下企业合并增加的子公司,在编制合并利润表时,应当将该子公司购买日至报告期末的收入、费用、利润纳入合并利润表

D. 因同一控制下企业合并增加的子公司,在编制合并利润表时,应当将该子公司购买日至报告期末的收入、费用、利润纳入合并利润表

18. 下列关于母公司在报告期增减子公司在合并资产负债表的反映中,正确的有( )。

A. 因同一控制下企业合并增加的子公司,编制合并资产负债表时,应当调整合并资产负债表的期初数

B. 因非同一控制下企业合并增加的子公司,不应调整合并资产负债表的期初数

C. 因同一控制下企业合并增加的子公司,编制合并资产负债表时,不应当调整合并资产负债表的期初数

D. 母公司在报告期内处置子公司,编制合并资产负债表时,应当调整合并资产负债表的期初数

19. 编制合并现金流量表时应进行的抵销处理有( )。

A. 母公司与子公司、子公司相互之间当期以现金投资或收购股权增加的投资所产生的现金流量

B. 母公司与子公司、子公司相互之间当期取得投资收益收到的现金与分配股利、利润或偿付利息支付的现金

C. 母公司与子公司、子公司相互之间当期销售商品所产生的现金流量

D. 母公司与子公司、子公司相互之间处置固定资产等收回的现金净额与购建固定资产等支付的现金

20. 下列各个公司中,应纳入母公司的合并财务报表的有( )。

A. 受所在国外汇管制及其他管制,资金调度受到限制的境外子公司

B. 已宣告被清理整顿的原子公司

C. 联营企业

D. 合营企业

三、计算分析题

1. 远洋公司于20×7年1月1日通过非同一控制下企业合并了甲公司,持有甲公司80%的股权,合并对价成本为4 500万元。远洋公司在20×7年1月1日备查簿中记录的甲公司的可辨认净资产、负债的公允价值与账面价值相同。有关资料如下:

(1) 甲公司20×7年1月1日的所有者权益为5 250万元,其中,实收资本为3 000万元,资本公积为2 250万元,盈余公积为0,未分配利润为0。

(2) 甲公司20×7年度实现净利润为1 500万元(均由投资者享有),按照净利润的10%计提盈余公积。甲公司20×7年因持有可供出售金融资产,公允价值变动计入资本公积223.88万元(未扣除所得税影响,甲公司所得税税率为25%)。甲公司20×7年度宣告发放现金股利600万元。

(3) 甲公司20×8年度实现净利润为3 000万元(均由投资者享有)。甲公司20×8年因持有可供出售金融资产,公允价值变动计入资本公积200万元(已扣除所得税影响)。甲公司20×8年度宣告发放现金股利900万元。

(4) 甲公司采用的会计政策和会计期间与远洋公司一致。

要求：

（1）20×7年按照权益法对子公司的长期股权投资进行调整，编制在工作底稿中应编制的调整分录。

（2）编制20×7年母公司与子公司股权投资项目与子公司所有者权益项目的抵销分录。

（3）编制20×7年母公司对子公司持有对方长期股权投资的投资收益的抵销分录。

（4）20×8年按照权益法对子公司的长期股权投资进行调整，编制在工作底稿中应编制的调整分录。

（5）编制20×8年母公司对子公司股权投资项目与子公司所有者权益项目的抵销分录。

（6）编制20×8年母公司对子公司持有对方长期股权投资的投资收益的抵销分录。

2. 20×7年，甲公司（子公司）向乙公司（母公司）销售A产品100台、B产品50台，每台不含税（下同）售价分别为A产品7.5万元和B产品12万元，增值税税率为17%，价款已收存银行。每台成本分别为A产品4.5万元和B产品9万元，均未计提存货跌价准备。乙公司购进的该商品支付运杂费5万元。当年乙公司从甲公司购入的A产品和B产品对外售出各40台，其余部分形成期末存货。20×7年年末乙公司进行存货检查时发现，因市价下跌，库存A产品和B产品的可变现净值下降至420万元和60万元。乙公司按单个存货项目计提存货跌价准备；存货跌价准备在结转销售成本时结转。

20×8年，乙公司对外售出A产品30台，其余部分形成期末存货。B产品全部对外售出。20×8年年末，乙公司进行存货检查时发现，因市价持续下跌，库存A产品可变现净值下降至150万元。

20×9年，乙公司从甲公司购入A产品200台，每台售价为8万元，增值税税率为17%，价款已收存银行。A产品每台成本5万元，乙公司从甲公司购入的A产品对外售出150台，其余部分形成期末存货。20×9年年末，乙公司进行存货检查时发现，库存A产品的可变现净值300万元。发出存货采用后进先出法核算。

要求：编制20×7年、20×8年和20×9年内部购销存货的抵销分录，以及企业集团内部当期销售商品所产生的现金流量的抵销分录。

3. A股份有限公司（以下简称A公司）于20×7年1月1日以货币资金投资2 000万元，取得B公司60%的股权。A公司和B公司所得税均采用债务法核算，适用的所得税税率均为25%。A公司和B公司不属于同一控制下的两个公司，均按净利润的10%提取法定盈余公积。有关资料如下：

（1）20×7年1月1日，B公司的股东权益为2 850万元，其中股本为1 500万元，资本公积为850万元，盈余公积为50万元，未分配利润为450万元。

20×7年1月1日，B公司除一台固定资产和一项无形资产的公允价值和账面价值不同外，其他资产和负债的公允价值与账面价值相同。该项固定资产的公允价值为400万元，账面价值为300万元，预计尚可使用年限为10年，采用年限平均法计提折旧，无残值；该项无形资产的公允价值为200万元，账面价值为150万元，预计尚可使用年限为5年，采用直线法摊销，无残值。20×7年1月1日，B公司可辨认净资产的公允价值为3 000万元。

（2）20×7年和20×8年B公司有关资料如下：

20×7年实现净利润220万元，分派20×6年现金股利50万元；20×8年实现净利润

320 万元,分派 20×7 年现金股利 60 万元,20×8 年 12 月 1 日取得的一项可供出售金融资产,其成本为 200 万元,20×8 年 12 月 31 日,其公允价值为 220 万元。除上述事项外,B 公司的所有者权益未发生其他增减变化。

(3) A 公司与 B 公司 20×7 年度发生的内部交易如下:

① A 公司 20×7 年 7 月 1 日按面值发行两年期债券 5 000 万元,其中 2 000 万元出售给 B 公司。债券票面年利率为 5%,到期一次还本付息。A 公司发行债券所筹建的资金用于在建工程。B 公司将其作为持有至到期投资。假定票面利率与实际利率相同。工程项目于 20×7 年 7 月 1 日开始资本化,至 20×8 年 12 月 31 日尚未达到预定可使用状态。

② B 公司出售库存商品给 A 公司,售价(不含增值税)为 3 000 万元,成本为 2 000 万元,相关账款已结清。A 公司从 B 公司购入的上述库存商品至 20×7 年 12 月 31 日尚有 50% 未出售给集团外部单位。假设 A 公司购入的上述库存商品的剩余部分至 20×8 年 12 月 31 日尚未出售给集团外部单位。

③ A 公司 20×7 年 6 月 30 日以 2 000 万元的价格出售一台管理设备给 B 公司,账款已结清。该台管理设备账面原价为 4 000 万元,至出售日的累计折旧为 2 400 万元,剩余使用年限为 4 年。A 公司采用直线法对这台管理设备计提折旧,折旧年限为 10 年,预计净残值为 0。B 公司购入这台管理设备后,以 2 000 万元作为固定资产的入账价值,采用直线法计提折旧,折旧年限为 4 年,预计净残值为 0。

要求:

(1) 在合并财务报表中分别编制 20×7 年和 20×8 年对 B 公司个别报表进行调整的会计分录,假定合并日固定资产、无形资产的公允价值与账面价值的差额均通过"资本公积"调整。

(2) 分别编制 20×7 年和 20×8 年母公司按权益法进行调整的会计分录。

(3) 分别编制 20×7 年和 20×8 年与合并财务报表有关的抵销分录。

4. 长江公司为母公司,20×7 年 1 月 1 日,长江公司用银行存款 33 000 万元从证券市场上购入大海公司发行在外 80% 的股份并能够控制大海公司。同日,大海公司账面所有者权益为 40 000 万元(与可变认净资产公允价值相等),其中:股本为 30 000 万元,资本公积为 2 000 万元,盈余公积为 800 万元,未分配利润为 7 200 万元。长江公司和大海公司不属于同一控制的两个公司。

(1) 大海公司 20×7 年度实现净利润 4 000 万元,提取盈余公积 400 万元;20×7 年宣告分派 20×6 年现金股利 1 000 万元,无其他所有者权益变动。20×8 年实现净利润 5 000 万元,提取盈余公积 500 万元,20×8 年宣告分派 20×7 年现金股利 1 100 万元。

(2) 长江公司 20×7 年销售 100 件 A 产品给大海公司,每件售价为 5 万元,每件成本为 3 万元,大海公司 20×7 年对外销售 A 产品 60 件,每件售价为 6 万元。20×8 年年长江公司出售 100 件 B 产品给大海公司,每件售价为 6 万元,每件成本为 3 万元。大海公司 20×8 年对外销售 A 产品 40 件,每件售价为 6 万元;20×8 年对外销售 B 产品 80 件,每件售价为 7 万元。

(3) 长江公司 20×7 年 6 月 20 日出售一件产品给大海公司,产品售价为 100 万元,增值税额为 17 万元,成本为 60 万元,大海公司购入后作管理用固定资产入账,预计使用年限为 5 年,预计净残值为 0,按直线法提折旧。

要求:

（1）编制长江公司20×7年和20×8年与长期股权投资业务有关的会计分录。

（2）计算20×7年12月31日和20×8年12月31日按权益法调整后的长期股权投资的账面余额。

（3）编制该集团公司20×7年和20×8年的合并抵销分录。

5. 甲公司是乙公司的母公司。20×4年1月1日销售商品给乙公司,商品的成本为80万元,售价为100万元,增值税税率为17%,乙公司购入后作为固定资产用于管理部门,假定该固定资产折旧期为5年。没有残值,乙公司采用直线法提取折旧,为简化起见,假定20×4年全年提取折旧。乙公司另行支付了运杂费3万元(增税税率为3%)。

要求:

（1）编制20×4—20×7年的抵销分录。

（2）如果20×8年年末该设备不被清理,则当年的抵销分录如何编制?

（3）如果20×8年年末该设备被清理,则当年的抵销分录如何编制?

（4）如果该设备用至20×9年仍未清理,作出20×9年的抵销分录。

（5）如果该设备20×6年年末提前清理而且产生了清理收益,则当年的抵销分录将如何编制?

6. A公司是B公司的母公司,20×5—20×8年发生如下内部交易:

（1）20×5年,A公司销售甲商品给B公司,售价为100万元,毛利率为20%,B公司当年售出了其中的30%,留存了70%。期末该存货的可变现净值为58万元。

（2）20×6年,A公司销售乙商品给B公司,售价为300万元,毛利率为15%,B公司留存60%,对外售出40%,年末该存货的可变现净值为143万元。同一年,B公司将上年购入期末留存的甲产品售出了50%,留存了50%,年末甲存货可变现净值为20万元。

（3）20×7年,B公司将甲产品全部售出,同时将乙产品留存10%,卖出90%,年末乙产品的可变现净值为14万元。

（4）20×8年,B公司将乙产品全部售出。

要求:根据上述资料,作出20×5—20×8年相应的抵销分录。

五、综合题

1. AS公司于20×7年1月1日通过非同一控制下的企业合并形式合并了甲公司,持有甲公司80%的股权,合并对价成本为4 500万元。AS公司在20×7年1月1日备查簿中记录除如表10-12所示的项目外,其他资产、负债的公允价值和账面价值相同。

表10-12　　　　　　　　　　AS公司相关资料表　　　　　　　　单位:万元

项目	账面原价	公允价值	公允价值和账面价值的差额	甲公司预计使用年限	AS公司取得投资后剩余使用年限
固定资产	1 800	2 400	600	20	16
无形资产	1 050	1 200	150	10	8
股本	3 000	3 000			
资本公积	1 500	2 250	750		
盈余公积	0	0			
未分配利润	0	0			

其他有关资料如下：

(1) 甲公司20×7年度实现净利润为1 605万元（均由投资者享有），提取盈余公积150万元。甲公司20×7年因持有可供出售金融资产，公允价值变动计入资本公积223.88万元（未扣除所得税影响，甲公司所得税税率为25%）。甲公司20×7年度实现利润中宣告发放现金股利600万元。

(2) 甲公司20×8年度实现净利润3 105万元（均由投资者享有），提取盈余公积300万元。甲公司20×8年因持有可供出售金融资产，公允价值变动计入资本公积200万元（已扣除所得税影响）。甲公司20×8年度宣告发放现金股利900万元（全部计入投资收益）。

(3) 假设甲公司采用的会计政策和会计期间与AS公司一致，不考虑AS公司、甲公司合并资产、负债的所得税影响。

(4) AS、甲公司均采用应收账款余额百分比法计提坏账准备，计提比例为2%，20×7、20×8年年末AS公司应收账款中对甲企业应收账款分别为500万元、600万元。

(5) 20×7年1月1日，母公司AS公司经批准发行5年期一次还本、分期付息的公司债券2 000万元，债券利息在次年1月3日支付，票面利率为年利率6%。假定债券发行时的市场利率为5%。AS公司该批债券实际发行价格为2 086.54万元。同日，甲公司购入AS公司发行的50%的债券。

要求：

(1) 20×7年按照权益法对子公司的长期股权投资进行调整，编制应在工作底稿中编制的调整分录。

(2) 编制20×7年母公司对子公司长期股权投资项目与子公司所有者权益项目的抵销分录。

(3) 编制20×7年母公司对子公司持有对方长期股权投资的投资收益的抵销分录。

(4) 20×8年按照权益法对子公司的长期股权投资进行调整，编制应在工作底稿中编制的调整分录。

(5) 编制20×8年母公司对子公司长期股权投资项目和子公司所有者权益项目的抵销分录。

(6) 编制20×8年母公司对子公司持有对方长期股权投资的投资收益的抵销分录。

(7) 编制20×7年和20×8年内部应收账款与应付账款的抵销分录。

(8) 编制20×7年和20×8年内部应付债券和持有至到期投资的抵销分录。

2. 甲公司和乙公司是不具有关联关系的两家独立的企业，均为增值税一般纳税人，增值税税率为17%，假定甲、乙公司所得税会计处理均采用资产负债表债务法核算，所得税税率历年均为25%。甲、乙公司均按实现净利润的10%提取法定盈余公积。有关资料如下：

(1) 20×6年12月27日，甲公司与乙公司的股东达成协议，以一项固定资产、一项交易性金融资产和一项库存商品作为对价取得乙公司70%的股份。股权划转日为20×7年1月1日。取得股权以后，甲公司能够控制乙公司的生产经营决策。20×7年1月1日，甲公司作为合并对价的上述资产资料如下：

① 固定资产账面原价为1 800万元，已提折旧为800万元，公允价值为900万元，假定未发生清理费用。

② "交易性金融资产"的明细账有关数据如下："成本"明细账余额为1 000万元，"公允价值变动"明细账借方余额为100万元。20×7年1月1日当天的公允价值为1 300万元。

③ 库存商品账面价值为 800 万元,公允价值为 1 000 万元(均为不含增值税金额)。

甲公司另发生直接相关费用为 60 万元,以银行存款支付。

(2) 20×7 年 1 月 1 日,乙公司可辨认净资产的公允价值与账面价值相等。乙公司所有者权益项目金额如下:

股本	2 000 万元
资本公积	100 万元
盈余公积	600 万元
未分配利润	1 300 万元

(3) 20×7 年 2 月 3 日,乙公司股东大会宣告从未分配利润中分配现金股利 1 000 万元。

(4) 乙公司 20×7 年全年实现净利润 1 500 万元。

(5) 20×7 年 6 月 1 日,甲公司将一台当年生产的机器设备(甲公司的"库存商品")出售给乙公司,甲公司账面上该设备成本为 40 万元,售价为 50 万元(不含增值税)。乙公司当年已全部支付价款。乙公司购入该设备以后作为固定资产划归管理部门使用,按双倍余额递减法计提折旧,折旧年限 5 年,预计净残值率 5%。除此以外,未发生其他内部交易事项。

(6) 20×8 年 2 月 3 日,乙公司股东大会宣告分配现金股利 2 000 万元。

(7) 乙公司 20×8 年全年实现净利润 3 000 万元;20×8 年 12 月 31 日,乙公司的一项可供出售金融资产公允价值增加 133.33 万元。

(8) 20×8 年未发生内部交易及事项。

要求(以下计算结果精确到小数点后两位,答案中金额单位以万元表示):

(1) 编制 20×7 年 1 月 1 日甲公司处置相关资产并购买乙公司股权的会计分录。

(2) 编制 20×7 年 1 月 1 日合并财务报表的抵销分录。

(3) 编制 20×7 年 2 月 3 日乙公司宣告分配现金股利时,甲公司应作的会计分录。

(4) 编制 20×7 年合并财务报表的调整分录和抵销分录。

(5) 编制 20×8 年 2 月 3 日乙公司宣告分配现金股利时,甲公司应作的会计分录。

(6) 编制 20×8 年合并财务报表的调整分录和抵销分录。